Das Buch

Es war die größte Völkerwanderung der Geschichte: Am Ende des Zweiten Weltkriegs machten sich Millionen von Deutschen gegen ihren Willen auf den Weg nach Westen – zunächst flohen sie vor der Roten Armee, dann wurden sie gewaltsam aus ihrer Heimat vertrieben. Parallel betrieb die Sowjetunion die Zwangsumsiedelung zahlreicher Polen in die ehemals ostdeutschen Gebiete.

Das Buch des Historikers und Osteuropaforschers K. Erik Franzen verbindet die historisch fundierte Darstellung jener traumatischen Ereignisse mit bewegenden Zeitzeugnissen und einzigartigem Bildmaterial. Noch einmal werden erschütternde Szenen gegenwärtig: die endlosen Trecks, die von Angst und Erschöpfung gezeichneten Menschen und ihre Ankunft in den zerbombten westlichen Städten, wo sie meist auf eine abweisende Bevölkerung und erbärmliche Notunterkünfte trafen. Eine Einordnung des Geschehens in den größeren politischen Zusammenhang jener Jahre, eine vergleichende Betrachtung der Ereignisse in Polen sowie die Probleme der Integration der Flüchtlinge und Vertriebenen in beiden Teilen Deutschlands bilden weitere Schwerpunkte dieser vorbildlichen Dokumentation.

Die Autoren

K. Erik Franzen, geboren 1964 in Dormagen, ist Historiker und wissenschaftlicher Mitarbeiter am Collegium Carolinum in München und freier Autor. Er betreibt Forschungen zur Geschichte der Vertriebenen in der Bundesrepublik Deutschland.

Hans Lemberg, geboren 1933 in Münster/Westfalen, ist Professor für osteuropäische Geschichte an der Philipps-Universität Marburg, außerdem Vizepräsident des Herder-Forschungsrates und Kovorsitzender der deutsch-tschechischen und deutsch-slowakischen Historikerkommission. Er betreibt Forschungen zur Geschichte Osteuropas, insbesondere Böhmens, Russlands und Polens.

K. Erik Franzen

Die Vertriebenen

Hitlers letzte Opfer

Mit einer Einführung von Hans Lemberg

Ullstein

Dieses Buch erschien als Begleitband zur dreiteiligen Fernsehreihe »Die Vertriebenen. Hitlers letzte Opfer«, produziert von den ARD-Fernsehanstalten *Mitteldeutscher Rundfunk* (MDR) und *Norddeutscher Rundfunk* (NDR).

Der Verlag dankt allen Personen, die sich schriftlich auf die Anzeigen von MDR und NDR im Zusammenhang mit der Fernsehreihe »Die Vertriebenen« gemeldet haben. Auf diese zum größten Teil unveröffentlichten Erinnerungen zu Flucht, Vertreibung und Neubeginn stützt sich wesentlich die Auswahl der Zeitzeugenberichte in diesem Buch. Des Weiteren danken wir ausführlich denen, die dem Abdruck ihrer Stellungnahmen zugestimmt haben. Darüber hinaus wurden neben allgemeinen Zitationen weitere, bereits veröffentlichte Aussagen von Zeitzeugen aus älteren Publikationen verwendet. Hier erwies sich die in den fünfziger Jahren herausgegebene *Dokumentation der Vertreibung der Deutschen aus Ost-Mitteleuropa* wegen der zeitlichen Nähe der Stellungnahmen zu den Kriegs- und Nachkriegsereignissen als sehr wertvoll. In geringem Umfang wurde Material aus dem Buch *Geflohen und vertrieben. Augenzeugen berichten* benutzt, einer Begleitpublikation zu einer Fernsehdokumentation des *Bayerischen Rundfunks* (BR). Zurückgegriffen wurde ebenfalls auf die Dokumentation *Zamojszczyzna – Sonderlaboratorium SS*. Zahlreiche Anregungen – auch ohne Verwendung von Originalzitaten – ergaben sich auch aus dem von polnischer Seite initiierten »Karta«-Aufsatzwettbewerb zum Vertreibungsprozess von Deutschen und Polen. Für diese und weitere bibliographische Angaben sei auf die am Ende des Buches zu findende Literaturliste verwiesen.

Ullstein Taschenbuchverlag
Der Ullstein Taschenbuchverlag ist ein Unternehmen der
Econ Ullstein List Verlag GmbH & Co. KG, München
1. Auflage 2002

Umschlaggestaltung: Thomas Jarzina, Köln
Titelabbildung: Frederick Ramage, Hulton-Deutsch Collection/Corbis
Gesetzt aus der Minion
Satz: LVD GmbH, Berlin
Druck und Bindearbeiten: Elsnerdruck, Berlin
Printed in Germany
ISBN 3-548-75083-4

INHALT

Henning Röhl/MDR

Vorwort

»Wir erreichten das Frische Haff und fuhren am 15. 2. 1945 auf das Eis. Es waren Hunderttausende auf der Flucht, und es ging nur langsam voran. Die Eisdecke war der Belastung nicht gewachsen, es sind Tausende ertrunken. Am 18. 2. 1945 wurden wir vor Kahlberg von Tieffliegern angegriffen und kamen mit dem Leben davon.« Sorgfältig mit der Hand geschrieben, erzählen diese Zeilen von der chaotischen Flucht aus Ostpreußen vor der heranrückenden Roten Armee im Jahr 1945.

Zahlreiche Zuschriften dieser Art erreichten uns für das ARD-Projekt »Die Vertriebenen – Hitlers letzte Opfer«. Allen, die uns geschrieben oder mit uns geredet haben, danke ich herzlich. Mir ist bewusst, dass es vielen sicherlich nicht leicht gefallen ist, die schmerzhaften Erlebnisse zu Papier zu bringen oder gar über sie zu sprechen – vielleicht zum ersten Mal überhaupt.

Es sind gerade solche Schilderungen, die den MDR immer wieder motivieren, Zeitgeschichte über die Erzählungen von Menschen erlebbar zu machen. Bereits in der gemeinsam mit dem NDR produzierten Serie »Soldaten hinter Stacheldraht«, die sich dem Schicksal der Kriegsgefangenen des Zweiten Weltkrieges widmete, gelang dies zuletzt auf exemplarische Weise.

Ebenso wichtige Kapitel unserer Geschichte sind Flucht und Vertreibung der Deutschen seit dem Ende des Zweiten Weltkrieges. Eine unvoreingenommene Auseinandersetzung mit diesem Thema fand bisher nur selten statt. In der Bundesrepublik musste das Leiden der Menschen häufig als Alibi in der innenpolitischen Auseinandersetzung herhalten. »Schlesien bleibt unser« – mit solchen Losungen sollten unrealistische Träume der Vertriebenenverbände untermauert werden.

Auf der anderen Seite des politischen Spektrums gab es nicht wenige, die zwar von Verbrechen durch Deutsche, nicht aber von Verbrechen an Deutschen reden mochten. Andere wiederum deuteten auf

Flucht und Vertreibung, um Auschwitz zu relativieren – Geschichtsklitterung der übelsten Art. Schließlich die DDR: Hier war das Thema tabu, was der Zwangsfreundschaft mit der Sowjetunion geschuldet war.

Mit dem nötigen historischen Abstand, nach dem Fall der Mauer und dem Ende des Kalten Krieges ist heute ein neuer Blick auf die damaligen Ereignisse möglich. Archive in Osteuropa sind nun zugänglich, bislang unbekannte Dokumente und unveröffentlichtes Filmmaterial ergeben ein in Teilen neues Bild der Ereignisse. Heute können auch die Deutschen, die in der DDR zum Schweigen verurteilt waren, offen über ihre Leidensgeschichte sprechen. Aber auch Polen, Russen, Tschechen melden sich in der ARD-Dokumentation »Die Vertriebenen« zu Wort. Dies war uns besonders wichtig. So mussten viele Polen den Osten des Landes verlassen, weil Stalin sie ihrer Heimat beraubte. Viele von ihnen wurden in den ehemals deutschen Gebieten angesiedelt. Oft wurde übersehen: Auch sie waren Vertriebene.

Die Filmreihe von MDR und NDR ist darüber hinaus von erschreckender Aktualität. Im ehemaligen Jugoslawien waren »ethnische Säuberungen« noch vor kurzem Teil eines zynischen machtpolitischen Kalküls. Die Bilder von endlosen Flüchtlingstrecks, von Menschen, die ihre Häuser verlassen mussten, von Lagern und Massengräbern sind in unserem Gedächtnis noch lebendig.

Unsere Dokumentationsreihe hält die Erinnerung wach an die leidvollen Erfahrungen, die Millionen Deutsche im Zweiten Weltkrieg und in den folgenden Jahren machen mussten – und mahnt damit zugleich uns alle, wachsam zu sein und nationalistischen Wahnideen zu widerstehen.

Hans Lemberg

Mehr als eine Völkerwanderung

Eine Einführung

»Die Völkerwanderung des zwanzigsten Jahrhunderts« – so hat man die großen, meist unfreiwilligen Bevölkerungsverschiebungen kurz vor der Jahrhundertmitte genannt. Das knüpfte an historisches, damals allgemein verbreitetes Bildungsgut an und sollte die Vorstellung einer allgemeinen Wanderungsbewegung hervorrufen, die so umfassend war, dass gleichsam danach die Landkarten neu gezeichnet werden mussten.

Und doch war das ein schwacher Vergleich, ja es fehlte für einen solchen, wie die Expertin Elisabeth Pfeil 1948 feststellte, an »weltgeschichtlicher Erfahrung«. Die um die Mitte des ersten Jahrtausends nach Christus ihre Wohnsitze in Europa wechselnden Stämme zählten zwar einige Hunderttausend Menschen, ihre »Wanderung« zog sich aber über längere Zeiträume hin. Was jetzt, in den vierziger Jahren des zwanzigsten Jahrhunderts geschah, war dagegen gigantisch: Millionen von Menschen wurden binnen weniger Monate gewaltsam verschoben. Die Transportmittel konnten dabei so altertümlich sein wie zur Zeit der Völkerwanderung – man fuhr oder zog einen Wagen, wenn man nicht zu Fuß unterwegs war. Neu aber war der massenhafte Transport von Tausenden von Menschen innerhalb eines kurzen Zeitraums mit den Vehikeln des modernen Verkehrs: mit Eisenbahnzügen und mit Schiffen. Götz Aly hat den Lauf eines Güterzuges verfolgt, der – fast ein Symbol für die Unmenschlichkeit dieser Ära – zunächst Häftlinge nach Auschwitz und dann, auf der Rückreise, Volksdeutsche »heim ins Reich« beförderte.

Das vorliegende Buch von K. Erik Franzen stellt die Ereignisse und Strukturen vor allem für eine Generation von Leserinnen und Le-

Vorherige Seite: Auf der Flucht nach Westen, 1945

sern dar, welche die beschriebenen Ereignisse nicht mehr selbst miterlebt haben und sie allenfalls aus Erzählungen ihrer Eltern oder Großeltern oder von deren Zeitgenossen kennen. Dieser Generation stellt sich oft die Frage, warum mehr als ein halbes Jahrhundert nach jenen Erlebnissen viele damals Betroffene das Geschehene nicht vergessen können, wie es möglich ist, dass der Schmerz darüber heute noch lebendig ist, auch Vorbehalte, ja Hass gegenüber der Nachbarnation, deren Mitglieder so nachhaltig ins eigene Leben eingegriffen haben – ein Gefühl, das in Polen wie in Deutschland, in Tschechien wie in Russland oder in den Niederlanden noch immer weit verbreitet ist.

Wir haben heute die Chance, die Ereignisse der Epoche von Flucht und Vertreibung, von Entwurzelung und langsamer Wiedereingliederung in eine neue Gesellschaft im Zweiten Weltkrieg und in den Jahren danach in Mittel- und Osteuropa systematisch und zusammenfassend darzustellen. Noch sind wir erst auf dem Wege dorthin.

Dieses Buch ist aus der Arbeit an einem dreiteiligen Fernsehfilm des Mitteldeutschen Rundfunks und des Norddeutschen Rundfunks entstanden. Die Dreharbeiten dazu fanden im Sommer und Herbst 2000 statt. Leserinnen und Leser werden bemerken, dass der Verfasser dem gemeinsamen Leid von Deutschen, Polen oder Tschechen nachgeht: Zeitlich versetzt, manchmal auch gleichzeitig, haben über die Grenzen der Nationen hinweg Menschen ein gleiches oder ähnliches Schicksal der Entwurzelung erfahren, und sie alle waren gezwungen, sich in neuer, fremder Umgebung zurechtzufinden. Dieses Buch geht vor allem den Spuren der Opfer nach, weit weniger denen der Täter.

Flucht, Vertreibung aus der Heimat und Eingliederung in die »neue Heimat« sind drei Aspekte eines Geschehens, drei Chiffren für ein vielgestaltiges Bündel, in dem das Leid und das Überleben vieler Millionen Menschen im Zweiten Weltkrieg und in der unmittelbaren Nachkriegszeit eingebunden war – ein Glück noch für den, der überlebte und nach wochen- und monatelangem, oft auch jahrelangem Elend eine neue, zunächst provisorische, dann aber zunehmend sichere Existenz in einer bisher fremden Umgebung finden konnte. Viele der Schicksalsgenossen haben freilich physische und psychische Schäden erlitten oder gar den Tod gefunden.

Eigentlich müsste es hier heißen: der Schicksalsgenossinnen. Denn wenn der Krieg von 1939 bis 1945 vor allem Männer gefährdet und getötet hat und Frauen erst in zweiter Linie betroffen waren, beispielsweise bei den Bombenangriffen auf die Städte, lag das Schicksal von Flucht und Vertreibung mit seiner größten Last auf den Schultern der Frauen. Sie hatten ihre Kinder und die Alten und Schwachen in schwierigster Zeit zu versorgen – die Männer waren oft noch in Gefangenschaft, wenn sie denn den Krieg überlebt hatten.

Wie konnte es dazu kommen?

Lange Zeit stand man fassungslos vor dem Phänomen dieser Massen-Zwangswanderung. Wie verwerflich, wie moralisch verkommen mussten diejenigen gewesen sein, die Elend und Entwurzelung verursacht hatten, die den Menschen ihre Habseligkeiten raubten und sie einem ungewissen Schicksal in der Fremde auslieferten! Das Unverständnis, ja der Abscheu und das Entsetzen richteten sich nicht nur gegen die vielen Einzeltäter, sondern auch gegen diejenigen, die den so genannten Bevölkerungstransfer – welch verwaltungs-kühles Wort für solch eine brutale Aktion! – im Großen in Gang gesetzt haben, ob sie nun Hitler oder Stalin, Beneš oder Churchill hießen.

Das Geschehen in den vierziger Jahren des gerade vergangenen Jahrhunderts ist kein singuläres historisches Phänomen. Es ordnet sich ein in die endlose Kette von Gewaltakten, die die Geschichte der Menschheit begleitet.

Das allein erklärt aber nicht die spezifischen Gründe für diese Massen-Zwangswanderung. Sie beruhten letztlich auf einer im 20. Jahrhundert weit verbreiteten politischen Ideologie. Schon während des Ersten Weltkrieges zeichnete sich ab, dass die Zukunft auch im östlichen Europa, wie in West- und Mitteleuropa, dem Nationalstaat gehören würde. Nicht mehr die Herrschaft einer Dynastie, nicht mehr die überkommene ständisch geordnete Welt sollte die Staaten ordnen, sondern die moderne Nation als Gemeinschaft gleicher Staatsbürger, die ein und derselben sprachlich-ethnischen Großgruppe angehörten. Bereits in der zweiten Hälfte des 19. Jahrhunderts war die Gründung von Nationalstaaten auf dem Balkan vorgezeichnet worden; entsprechend nannte man das, was nach dem Ersten Weltkrieg in Ostmitteleuropa geschah, spöttisch »Balkanisierung«.

Schon diejenigen, die eine solche neue Staatsordnung kommen sahen, beispielsweise die österreichischen Sozialdemokraten, die Austromarxisten zu Beginn des 20. Jahrhunderts, haben sich deshalb Gedanken um ein neues Phänomen gemacht, das es in der bisherigen Ordnung nicht gegeben hatte: die nationalen Minderheiten. Es war nämlich wegen der historisch gewachsenen sprachlich gemischten Siedlungsstruktur im östlichen Europa unmöglich, die Grenzen von Nationalstaaten so zu gestalten, dass jeweils nur Menschen einer Sprachgruppe, einer Nation, in einem, in ihrem Staat vereinigt wurden; immer lebten in diesem vermeintlichen Nationalstaat auch Menschen einer anderen Sprachgruppe, also nationale Minderheiten. Dem Problem konnte man durch Autonomielösungen begegnen, wie sie schon in der Habsburgermonarchie angedacht, aber nie recht verwirklicht worden waren – aber auch radikale Lösungen schienen machbar, wie sie der in diesem Buch erwähnte Schweizer Georges Montandon im Ersten Weltkrieg ersann, der im homogenen Nationalstaat die einzige Garantie für einen künftigen Frieden erblickte und zu diesem Zweck empfahl, Angehörige anderer Nationalitäten in Nachbarstaaten zwangsweise auszusiedeln.

Die Friedensordnung der Pariser Vororteverträge 1919/20 hat eine solche Radikallösung vermieden. Stattdessen wurde ein durch den Völkerbund garantierter Minderheitenschutz eingeführt, der erst mit dem Ende des Völkerbundes im Zweiten Weltkrieg seine Wirksamkeit verlor. So wurde tatsächlich im Vertrag von Lausanne 1923 zwischen Griechenland und der Türkei nach einem mörderischen Krieg als Mittel letzter Wahl vereinbart, zwangsweise die jeweils gegenseitigen »Minderheiten« auszutauschen; davon waren fast zwei Millionen Menschen betroffen. In Ost- und Mitteleuropa blieb es aber während der Zeit zwischen den Weltkriegen ausgeschlossen, dass Menschen ihrer nationalen Zugehörigkeit wegen gewaltsam ausgewiesen oder an die »Staatsnation« assimiliert wurden. Die Idee des homogenen Nationalstaates schien also zunächst eine Utopie zu sein. Erst Adolf Hitler ging ohne Skrupel daran, das »Versailler System«, das die nationale Gemischtheit der Nationalstaaten und damit nationale Minderheiten nicht nur in Kauf nahm, sondern sogar schützte, bewusst zu zerstören.

Er tat dies durch Verschiebung von Grenzen, die bisher garantiert waren, und die verunsicherten Garantiemächte von Versailles und

Saint Germain griffen nicht ein. Als diese Methode, die noch im Falle der Abtrennung des Sudetenlandes von der Tschechoslowakei nach dem Münchner Abkommen funktioniert hatte, im Verhältnis zum Bündnispartner der »Achse«, zum faschistischen Italien, nicht angängig erschien, wurde nach dem »Anschluss« Österreichs ans Reich im März 1938 das deutsch besiedelte Südtirol nicht gleichfalls von Deutschland annektiert. An die Südtiroler erging 1939 vielmehr die Aufforderung, sich ins Deutsche Reich umsiedeln zu lassen. Damit wurde in Mitteleuropa erstmals die Umsiedlungsmethode für ganze Minderheiten praktiziert. Nach dem »Blitzkrieg« gegen Polen, das zwischen dem Dritten Reich und der Sowjetunion aufgeteilt wurde, hat Hitler in einer Reichstagsrede programmatisch die »Entmischung« (ein Ausdruck des britischen Außenministers George N. Curzon von 1923) zum Nahziel erklärt: »Unhaltbare Splitter deutschen Volkstums« sollten aus dem östlichen Europa »heim ins Reich« umgesiedelt werden, um »Konfliktstoffe zu beseitigen«. Auch Hitler also verfolgte den Homogenisierungsgedanken (alle Deutsche in den deutschen Nationalstaat, das Reich). Die daraufhin ausgeweiteten Umsiedlungsaktionen, die mehrere Hunderttausend Menschen betrafen, zogen sich bis zum Kriegsende hin. Die SS, der man einen Tag nach Hitlers Rede das Umsiedlungswesen übertragen hatte, überlagerte alsbald den Homogenisierungsgedanken mit einer Gewaltmethode, die die ursprüngliche Idee weit hinter sich ließ: Unter der Devise der »Eindeutschung« gingen das pseudowissenschaftlich begründete Hin- und Hersiedeln von nichtdeutschen und deutschen Bevölkerungen, gigantische Umsiedlungsplanungen, die Ghettoisierung und die Massentransporte in Konzentrationslager, ja der millionenfache Genozid ineinander über; Staatsgrenzen, in der nationalstaatlichen Ära so wichtig, spielten im deutschen Herrschaftsbereich nahezu keine Rolle mehr, dessen grenzenlose Ausdehnung als Ziel erschien.

Die gegnerische, alliierte, vor allem die britische, Seite bewies bei ihren Planungen für die Nachkriegszeit einen weit konservativeren Umgang mit der Homogenisierungsidee. Der in den dreißiger Jahren auch dort verbreitete Gedanke, mit der Einrichtung »reiner«, nur von einer Nation besiedelter Nationalstaaten, also mit der Aus- und Umsiedlung von nationalen Minderheiten, könnten sich Konflikte vermeiden lassen, war auch hier tief verwurzelt. Und so liefen die – insbesondere nach dem durch den deutschen Angriff von Juni 1941 erzwungenen Frontwechsel der Sowjetunion ins alliierte Lager – sich zusehends konkretisierenden Planungen darauf hinaus, Gebiete im Osten Deutschlands nach dessen Niederlage abzutrennen und – Minderheiten durfte es ja nicht mehr geben! – die dort wohnenden Deutschen auszusiedeln. Das Gleiche sollte auch mit den Deutschen aus der Tschechoslowakei geschehen. Es existierten verschiedene Übergangspläne, die alle die Schaffung von homogenen Nationalstaaten durch Umsiedlung von Minderheiten hinter die neuen Grenzen zum Prinzip erhoben.

Es ist aufschlussreich, dass in den internen alliierten Denkschriften immer wieder auf das Muster von Lausanne, aber auch auf Südtirol und die anderen Hitlerschen Umsiedlungen von Volksdeutschen, Polen usw. verwiesen wurde. Die wachsende Kenntnis von den Gräueln deutscher Besatzer, deren Formen oft zum Muster für die Gewaltakte der Nachkriegszeit werden sollten, hatte zur Folge, dass in die Planungen Elemente der Bestrafung einflossen. Aus der Perspektive der Sieger, zu denen nun auch die vordem unterworfenen Nachbarstaaten Deutschlands im Osten zählten, existierte eine deutsche Kollektivschuld. Die östlichen Staaten versuchten nunmehr, ihre deutschen Minderheiten möglichst rasch und gründlich loszuwerden – einerseits motiviert von der Idee der ethnischen Homogenisierung des eigenen Staates, andererseits vom Gedanken an Rache. Wie verlockend das in diesem Moment erschien, kann man daran ermessen, dass im letzten Moment auch noch die ungarische Regierung auf diesen Zug aufsprang und sich in Potsdam die Legitimation der Alliierten zur Austreibung der Deutschen besorgte.

Fragt man also, wer die Massenvertreibung der Deutschen aus Ostmitteleuropa und aus Teilen ihres bisherigen Vaterlandes verschuldet hat, so weist die Antwort nicht allein auf die Krudität einzelner Personen, sondern in erster Linie auf die Verwirklichung einer der großen Wahnideen des 20. Jahrhunderts, die Homogenisierung der Nationalstaaten und die Beseitigung von nationalen Minderheiten könne auf Dauer den Frieden sichern. Dieses ideologische Konstrukt ohne Rücksicht auf die Menschenwürde gewaltsam verwirklicht zu haben wird man den »Tätern« allerdings als Schuld anlasten müssen. Die Brutalität der deutschen Besatzungspolitik im Zweiten Weltkrieg zeichnete sich nach dem Krieg in mancher Hinsicht als nachgestaltetes Muster ab. Welches millionenfache Leid, welche Verarmung der

Kultur in Ostmitteleuropa und Südosteuropa sind durch die gewaltsame Entfernung der Minderheiten aus diesen Teilen Europas entstanden! Aber – wie sich auf dem Balkan und anderswo zeigt – die Menschen haben bis heute nicht daraus gelernt.

Typen der Bevölkerungsverschiebungen

Im Sprachgebrauch der Bundesrepublik Deutschland hat sich seit den fünfziger Jahren zunehmend eingebürgert, für die Gesamtheit der erzwungenen Bevölkerungsbewegungen nach Kriegsende das Wort »Vertreibung« zu verwenden. Andere Vokabeln wie »Zwangsaussiedlung«, »Bevölkerungstransfer« usw. wurden geradezu als Frontalangriff gegen den Status und den Leidensgrad der Vertriebenen gewertet und verurteilt. Dies ist umso erstaunlicher, als unter dem unmittelbaren Eindruck der Ereignisse in den ersten Jahren nach 1945 eine Vielzahl von Begriffen für dieses Phänomen in Gebrauch war: Flucht, Ausweisung, Austreibung, Um- oder Aussiedlung u. a. m. Der Grund für diese seither eingetretene Vereinfachung liegt in den Regelungen des Bundesvertriebenengesetzes (BVFG) von 1953, in dem drei Kategorien definiert wurden: Heimatvertriebene, Vertriebene und Flüchtlinge. Der Flüchtlingsbegriff wurde hier ausschließlich für Flüchtlinge aus der Sowjetzone verwendet; Deutsche, die in Reichsgebieten östlich der Oder und Neiße oder im Ausland ihren Wohnsitz hatten und ihn »infolge Vertreibung, durch Ausweisung oder Flucht« verlassen mussten, werden seither »Vertriebene« genannt, diejenigen aus dieser Gruppe, die schon vor Ende 1937 dort gewohnt hatten, »Heimatvertriebene«. Es ist also streng genommen verwunderlich, dass nicht die meisten derer, die sich heute »Vertriebene« nennen, Wert darauf legen, als »Heimatvertriebene« bezeichnet zu werden, da sie es doch in der Mehrzahl waren und sind. Jedenfalls ist diese Begrifflichkeit der »Vertreibung«, des »Vertriebenen« sozusagen »geronnen« und damit vereinheitlicht worden. Es mag kurios erscheinen, dass 1947 in der sowjetischen Besatzungszone ein Befehl der Besatzungsmacht ebenfalls eine Vereinheitlichung der Bezeichnungen bewirkt hat, die auch in der DDR weiter gelten sollte: Die Personengruppe durfte nur noch als »Umsiedler« bezeichnet werden.

Trotz dieser doppelten Begriffsvereinfachung wird man zwischen verschiedenen Formen unterscheiden müssen, die zum mehr oder weniger unfreiwilligen Auszug von Millionen Menschen aus ihren Heimatgebieten führten:

• *Vertragsumsiedlung:* Seit dem Vertrag von Lausanne 1923 war es möglich, internationale zwischenstaatliche Verträge über den Austausch von Staatsangehörigen des eigenen Staates mit einer dem anderen Staat zugehörigen sprachlich-kulturellen Personengruppe abzuschließen – um beim Beispiel zu bleiben: Griechen aus Kleinasien nach Griechenland, Türken aus dem griechischen Thrakien in die Türkei.

Ähnliche zwischenstaatliche Verträge gab es dann später zwischen dem Deutschen Reich und Italien über die Südtiroler, mit Lettland und Estland über die Deutschbalten usw. In den letztgenannten Fällen handelte es sich schon nicht mehr um einen Bevölkerungsaustausch, sondern um eine Vertragsaussiedlung in einer Richtung. Ähnliche Verträge wurden ab 1939 vom Deutschen Reich auch mit der Sowjetunion und anderen osteuropäischen Staaten abgeschlossen; immer ging es dabei um die Umsiedlung von Volksdeutschen ins Reich (oder, wie sich zeigen sollte, in von Deutschland besetzte bzw. annektierte Gebiete).

• *Deportation zum Arbeitseinsatz:* Der fließende Übergang von der Freiwilligkeit zum Zwang ist im Bereich der Arbeitswanderung am ehesten zu beobachten. Selbstverständlich hat es schon seit Jahrhunderten Menschen gegeben, die über Grenzen hinweg Arbeit suchten und fanden. Noch zu Beginn des Zweiten Weltkrieges gab es zahlreiche Menschen in Europa, die freiwillig der Anwerbung von Arbeitskräften ins Deutsche Reich folgten. Der Bedarf der Wirtschaft ließ sich damit jedoch nicht decken, und so gingen die deutschen Organe zur Zwangsrekrutierung über: Massen von Arbeitskräften insbesondere aus dem östlichen Europa wurden ins Reich zur Zwangsarbeit deportiert.

• *Deportation aus rassischen und politischen Gründen:* Von Beginn an hatte das NS-Regime Lager eingerichtet, in denen man politisch und rassisch Missliebige gefangen hielt. Diese Lager wurden unter Leitung der SS zum System der Konzentrationslager ausgebaut, in die Millionen von Menschen aus dem Reich und aus besetzten und verbündeten Ländern deportiert wurden – zur Zwangsarbeit oder zur physischen Vernichtung. Judenghettos waren eine besondere Variante solcher Zwangslager.

• *Flucht:* Das Ausweichen von Nichtbeteiligten vor Kampfhandlungen ist eine uralte menschliche Reaktion. Auch im 20. Jahrhundert gab es solche Bewegungen. Die Menschen flohen vor der sich nähernden Front oder vor den Bombardierungen der Städte. Flucht als »freiwillige« Form der Wanderung zu charakterisieren ist zwar nicht ganz unzutreffend (man könnte ja auch dableiben, und viele haben es getan), aber die Entscheidung zur Flucht fiel unter existenziellem Druck und bedeutete größte Gefahr für Leib und Leben. Flucht kann organisiert werden: als Evakuierung, auch aus dem Frontgebiet, als so genannte Kinderlandverschickung oder dergleichen, sie kann aber auch ganz spontan unternommen werden – in Gruppen, Trecks oder einzeln. Von denen, die flüchten, wird Flucht immer als vorübergehendes Ausweichen angesehen; stets ist mit Flucht die Aussicht bzw. die feste Hoffnung auf Rückkehr verbunden. Viele Flüchtlinge kehrten so auch nach dem Ende des Zweiten Weltkrieges in ihre Heimat nach Osten zurück – oder sie versuchten es vergebens und wurden an neuen Grenzen (z. B. an Oder und Neiße) abgewiesen: Aus Flüchtlingen waren damit Vertriebene geworden.

• *Wilde Vertreibung:* Im Vorfeld der Entscheidung von Lausanne (1923) hatten Türken massenhaft Griechen »wild« vertrieben – um diesem Flüchtlingselend Einhalt zu gebieten, wurde die Konferenz einberufen. Im Zweiten Weltkrieg hat die deutsche Besatzungsmacht im »Warthegau« Polen und Juden ebenso willkürlich vertrieben; Ähnliches geschah in anderen besetzten Gebieten. Unmittelbar nach dem Krieg erlitten dieses Schicksal Deutsche in den bis dahin ostdeutschen Provinzen, die jetzt unter sowjetischer Besatzung und zunehmend unter polnischer Verwaltung standen, aber auch in der Tschechoslowakei und in anderen deutschen Siedlungsgebieten. »Wilden Vertreibungen« eignete ein hohes Maß an Brutalität – Menschen wurden binnen kürzester Zeit aus ihren Wohnungen verjagt, mit einem Bruchteil ihrer Habe zogen sie zu Fuß oder auf Lastwagen ins Ungewisse. Chaos herrschte vor; Zivilisten, selbst ernannte Milizen, aber auch Militär waren beteiligt; die »wilden Vertreibungen« wirkten »spontan«, waren aber weitgehend auch gelenkt, um möglichst rasch Fakten zu schaffen, das heißt Grenzgebiete »ethnisch zu säubern«, wie man das später nennen sollte.

• *Zwangs-Aussiedlung:* Das chaotische Einströmen deutscher Bevölkerungsteile in die alliierten Besatzungszonen Deutschlands infolge der »wilden Vertreibungen« unmittelbar nach Kriegsende verursachte dort zunehmende Schwierigkeiten bei der Versorgung und drohte die Ordnung in den Besatzungszonen, insbesondere in der sowjetischen, zu destabilisieren. Deshalb verfügten die Alliierten in der Potsdamer Konferenz (Anfang August 1945), dass die Deutschen aus Polen, der Tschechoslowakei und Ungarn grundsätzlich ausgesiedelt werden sollten, allerdings »ordnungsgemäß und human« und erst nach einer mehrmonatigen Pause und unter Beachtung genauer Übernahmequoten, die von den aussiedelnden Staaten und den Besatzungsorganen in Deutschland vereinbart werden mussten. Der Aufschub wurde insbesondere in Polen durch erzwungene »freiwillige Ausreisen« umgangen; die vereinbarten Aussiedlertransporte setzten im Winter 1946/47 ein und wurden in der ČSR bis Ende 1946, in Polen bis 1947/48 durchgeführt – allenfalls in der Einhaltung der Quoten einigermaßen ordnungsgemäß, sonst aber immer noch chaotisch und alles andere als human.

Herrschaftsausübung und Mittel der Unterdrückung

Die weit in den Krieg zurückreichende Vorbereitung der Ausweisung der Deutschen ist inzwischen recht gut erforscht, vor allem durch die Untersuchung von Detlev Brandes (s. Literaturhinweise), und soll hier nicht behandelt werden. Es gilt hier, einen Blick auf die Unterschiede und auf die zahlreichen Ähnlichkeiten zwischen der Situation der Deutschen im polnischen und im tschechoslowakischen Machtbereich zu werfen. Selbstverständlich befanden sich gegen Ende der vierziger Jahre in den deutschen Besatzungszonen und in Österreich Massen von Umsiedlern, Flüchtlingen und Vertriebenen aus ganz Ostmittel- und Südosteuropa, auch aus der Sowjetunion. Wenn sich das vorliegende Buch und die dazugehörigen Fernsehfilme auf Polen und die Tschechoslowakei konzentrieren, dann geschieht das zum einen, um exemplarisch ein deutlicheres Bild zu vermitteln – in den anderen Regionen des östlichen Europas, aus denen Flüchtlinge, Umsiedler und Vertriebene kamen, waren die Verhältnisse mutatis mutandis ähnlich –, aber auch, weil aus diesen beiden Bereichen weitaus die meisten Personen in die deutschen Besatzungszonen gelangt waren.

Die Situation der Deutschen in der wieder erstandenen Tschechoslowakei und im nach Westen hin verschobenen Polen war in Hinsicht auf die Methoden der Diskriminierung und der Unterdrückung, die gegen sie angewendet wurden, in vielem ähnlich. Dennoch gab es einen wesentlichen Unterschied: Die Deutschen in der Tschechoslowakei und auf dem Gebiet Polens in seinen Grenzen vor 1939 haben rasch erkannt, dass die kurze Zeit zwischen 1938/39 und 1945, in der das Sudetenland, der Warthegau und andere Gebiete an das Deutsche Reich angegliedert waren, vorüber war und nun der Zustand der Zwischenkriegszeit, also ihre Zugehörigkeit zu Polen bzw. der Tschechoslowakei, wiederhergestellt wurde. Ganz anders hingegen die Befindlichkeit derjenigen, die bisher in den östlichen deutschen Reichsgebieten (vor allem Ostpreußen, Pommern, Schlesien) gelebt hatten und die sich bei Kriegsende zunächst unter der Besatzung der Roten Armee befanden. Sie fühlten sich – ähnlich wie Mecklenburger, Sachsen oder Brandenburger – wie in einem sowjetisch besetzten Teil Deutschlands, und auch das Eintreffen von polnischen Verwaltungskräften, Soldaten oder Siedlern vermochte zunächst noch nicht das Bewusstsein zu erzeugen, dass diese Gebiete künftig auf Dauer zu Polen gehören sollten. Es gab also eine längere Zeit des Übergangs, in der sich die dortigen Deutschen anfänglich auch anders verhielten als die im »alten« Polen bzw. in der ČSR. Unter anderem auch auf Grund der unklaren Haltung der sowjetischen Organe, die stellenweise gegen die polnischen Neuankömmlinge zu deren Entsetzen mit den einheimischen Deutschen zusammenarbeiteten.

Das Vorgehen gegen die deutsche Bevölkerung und die Schicksale der Betroffenen in den beiden Ländern waren freilich dann doch vergleichbar. Vorbereitet durch die Zusammenarbeit zwischen den Exilregierungen Polens und der Tschechoslowakei in London sowie den Untergrundorganisationen auf der einen und den Alliierten auf der anderen Seite, bestand zumindest im Prinzip Einigkeit darüber, dass die Deutschen aus den zum Teil in veränderten Grenzen wieder erstandenen Staaten Ostmitteleuropas »entfernt« werden müssten. Die Bedingungen gegen Ende des Krieges konnten ungünstiger nicht sein: Die Besetzung des deutschen Ostens durch die Rote Armee, vor der ein großer Teil der Bevölkerung in Richtung Westen geflohen war, geschah in erschreckenden Formen im Winter 1944/45 und im Frühjahr unter zerstörerischen Kampfhandlungen und mit nachfolgenden

Plünderungen und Vergewaltigungen; die Bevölkerung bestand vorwiegend aus Frauen, Kindern und alten Menschen; der Front folgte ein plötzlicher Mangel an Lebensnotwendigem; eine Erholung von den Kriegsfolgen war nicht möglich, sondern durch die sofort beginnenden Repressionen und ausbrechende Krankheiten verschlimmerte sich die Lage der Deutschen zunehmend.

Ähnlich verhielt es sich in den böhmischen Ländern. Von hier aus hat es allerdings bis Kriegsende nahezu keine Flucht gegeben, befand sich doch zu diesem Zeitpunkt ein großer Teil Böhmens und Mährens noch unter deutscher Herrschaft. Im Gegenteil, hier hatte gegen Kriegsende eine Masse von Flüchtlingen aus dem Osten und Norden (Schlesier u. a.) Aufnahme gefunden; hinzu kamen Evakuierte aus dem Reich und Wehrmachts- und SS-Truppenteile. Der in den letzten Kriegstagen in Prag und an anderen Orten Böhmens kurz vor dem Eintreffen der Roten Armee ausbrechende tschechische Aufstand und die rasche Besetzung der deutsch besiedelten Sudetengebiete stellten eine ähnliche Situation her wie in den Reichsgebieten in Polen; eine Besonderheit bildete die amerikanische Besetzung eines schmalen Gebietsstreifens im böhmischen Westen.

Der Roten Armee folgten unsystematisch und erst nach und nach polnische bzw. tschechoslowakische Armee- oder Milizeinheiten (»Rote Garden«); sie begannen umgehend mit der Austreibung der Deutschen. Dabei wurde in der Tschechoslowakei zwischen »Reichsdeutschen« (also erst kurz zuvor Zugewanderten bzw. Flüchtlingen) und Sudetendeutschen unterschieden. Im polnischen Machtbereich trat ein anderer Unterschied in den Vordergrund: In den Ostgebieten des Reiches waren ohnehin nahezu alle Einheimischen »Reichsdeutsche«; hinzu kamen die so genannten Volksdeutschen. Unter ihnen befand sich eine große Zahl solcher, die wenige Jahre zuvor von den NS-Behörden in germanisierende »Volkslisten« eingestuft und jetzt einer ebenfalls willkürlichen »Rehabilitierung« unterworfen wurden, die bisweilen auf eine (Re-)Polonisierung hinauslief. Ebenso viel Raum für willkürliche Entscheidungen der Verwaltungen bot die so genannte Verifizierung der großen Zahl von Menschen, deren Zugehörigkeit weder eindeutig deutsch noch polnisch war (darunter Masuren, Kaschuben, Schlonsaken u. a., aber auch Volksdeutsche); viele der jetzt so genannten Autochthonen wurden durch die diskriminierenden Maßnahmen der neuen polnischen Organe jedoch eher abgestoßen statt für ein Bekenntnis zum Polentum gewonnen; viele von ihnen meldeten sich später freiwillig zur Ausreise nach Deutschland.

Vom Elend dieser Zeit vermittelt das vorliegende Buch viele auf Zeitzeugenberichte und inzwischen erschlossene Quellen gestützte Eindrücke, die sich im Wesentlichen auf folgende Themen beziehen:

- *Erster Terror:* Das erste Eintreffen von Polen bzw. Tschechen in den »wiedergewonnenen Gebieten« war in vielen Fällen mit Gewaltakten verbunden; Militär- oder Milizeinheiten, aber auch selbst ernannte Gardisten begannen mit der »Säuberung« von Deutschen, die teils in Lager gesteckt, teils über die Grenze abgeschoben wurden; es kam zu zahlreichen Plünderungen. Die später eintreffenden zivilen Verwaltungsorgane waren nicht selten unqualifiziert und nicht zu einer ordnungsgemäßen Amtsführung in der Lage, zumal insbesondere in vom Krieg verwüsteten Gegenden auch die einfachsten Voraussetzungen dafür fehlten; in dieser Hinsicht war die Situation in der ČSR etwas besser.
- *Lokale Aktion und zentrale Stimulierung:* Die Exzesse gegen Deutsche in den ersten Wochen und Monaten, Terror, persönliche Bereicherung, Sadismus und Mordaktionen gingen oft auf das Konto von Einzeltätern oder Gruppen; Teile der Gesellschaft waren »entgleist«, der traditionelle Wertekanon außer Kraft gesetzt. Aufgrund der Erfahrungen unter der deutschen Okkupation, insbesondere gegen Kriegsende, wurde dem menschlichen Leben wenig Wert beigemessen, geschweige denn der Achtung der Menschenwürde. Es hat jedoch auch nicht an regierungsamtlicher und politischer Ermutigung, ja an zentralen Richtlinien des Militärs und der Regierungen für die Austreibung der Deutschen gefehlt; mit der Zeit wurden sogar unterstützende Rechtsnormen dafür geschaffen. In Polen, wo zwar schon 1944 ein Staatliches Repatriierungsamt (PUR) eingerichtet worden war, das die Umsiedlungen aus den von der Sowjetunion annektierten Gebieten zu lenken hatte, wurde erst im Frühjahr 1945 als neue Aufgabe für diese Sonderbehörde die Aussiedlung von Deutschen aus den besetzten Reichsgebieten erkannt. Vorrangig wurde ein militärischer Grenzsiedlungsstreifen an Oder und Neiße angelegt, um vollendete Fakten zu schaffen (der alliierten Zustimmung konnte man nicht sicher sein); die Vertreibung von Deutschen vor allem aus diesem Gebiet wurde forciert. Auch in der ČSR drängte die Regierung

darauf, möglichst viele Deutsche aus dem Land zu schaffen, solange die Alliierten das nicht verhinderten. In der Eile wurden selbst solche Menschen ausgesiedelt, die eigentlich von dieser Aktion ausgenommen waren: Antifaschisten, Juden, Österreicher oder noch zu verhörende Geheimnisträger.

• *Höhepunkt der »wilden Austreibung« (Juni bis Juli 1945) und Potsdam:* Das Chaos und der Terror der »wilden Austreibungen« hatten im Juni und Juli 1945 ihren Höhepunkt erreicht: Viele der Vertriebenen wurden mehrfach verschickt oder blieben stecken, sei es, dass deutsche Mährer, die über die Grenze nach Neupolnisch-Schlesien geschafft wurden, von dort wieder zurückgeschickt und erst nach Lageraufenthalten nach Sachsen transportiert wurden oder dass im Gebiet östlich von Oder-Neiße sowjetische Kommandeure die Vertreibungsaktionen der polnischen Militärs wieder rückgängig machten; oft stauten sich dies- und jenseits der neuen Grenze Menschen, die nicht auf die andere Seite gelassen wurden, aber dort, wo sie waren, nicht mehr bleiben konnten. Die Verhältnisse unmittelbar jenseits der polnischen und tschechoslowakischen Grenze in der sowjetischen Zone Deutschlands waren katastrophal: Menschen starben vor Hunger, und es kam zu zahlreichen Selbstmorden. In diese Phase fielen auch die berüchtigten Ereignisse wie das Aussiger Massaker, der Brünner oder der Iglauer »Todesmarsch«. Der dann von der Potsdamer Konferenz verhängte Aufschub weiterer Ausweisungen wurde vielfach umgangen, leitete aber einen neuen Stil, oft auch eine Intensivierung der Aussiedlungen ein, die nach Abstimmung mit den Alliierten im Winter 1945/46 in beiden Ländern begannen.

• *Recht und Willkür:* Die Vertreibung der Deutschen wurde fast ausnahmslos von der gesamten herrschenden Klasse in Polen und in der Tschechoslowakei getragen. Deshalb hätte es keine Schwierigkeiten gegeben, in beiden Staaten Rechtsnormen durchzusetzen, die diese Vorgänge regelten. Dennoch gab es zwischen beiden Ländern erhebliche Unterschiede. In der Tschechoslowakei wurde, wie in anderen Nachkriegsstaaten auch, bis zum Zusammentritt eines ersten, wenn auch noch provisorischen Nachkriegsparlaments im Oktober 1945 neues Recht durch Präsidialdekrete gesetzt (heute so genannte Beneš-Dekrete). Ein Teil dieser Dekrete betraf die stets gemeinsam mit der ungarischen Minderheit gleichbehandelten Deutschen und verengte ihren Rechtszustand schrittweise und erheblich; sie regelten die Vermögenskonfiskation, den Verlust der tschechoslowakischen Staatsbürgerschaft und die Arbeitspflicht. Gesonderte Lebensmittelkarten mit kennzeichnendem Aufdruck, die Pflicht zum Tragen von gelben oder weißen Armbinden, die Schließung aller deutschen Schulen und Hochschulen, die Abgabe von Radiogeräten, das Verbot der Benutzung öffentlicher Verkehrsmittel waren weitere diskriminierende Maßnahmen, die ebenfalls über Verordnungen durchgesetzt wurden. Viele dieser Akte waren antijüdischen Maßnahmen des Dritten Reiches nachgebildet (wenn auch ohne deren massenmörderische Konsequenz); auch in Polen gab es deutliche Parallelen zur NS-Siedlungspolitik. Es bleibt aber festzustellen, dass weder in der ČSR noch in Polen die Ausweisung der Deutschen aus dem Lande selbst eine gesetzliche Grundlage erhielt. In Polen gab es zudem außer der Vermögenskonfiskation gar keine gesetzlichen Sonderregelungen für die verschiedenen Gruppen von Deutschen; dies ließ Willkürakten noch größeren Spielraum.

• *Lager und Zwangsarbeit:* Die Einrichtung von Lagern ist in allen totalitären und autoritären Systemen des 20. Jahrhunderts eine symptomatische Erscheinung (mit Ausnahme von Kriegsgefangenen- oder Flüchtlingsaufnahmelagern, die dem Kriegsrecht entsprechen oder humanitären Zwecken dienen). Polen und die Tschechoslowakei, gerade erst befreit, zeigten ihren Weg zum neuen Totalitarismus in der Weiterverwendung oder Neuerrichtung von Hunderten von Lagern aller Art für Zivilpersonen. Es würde zu weit führen, hier eine Typologie aufzustellen, zumal diese Lager die verschiedensten Namen hatten wie »Sammelpunkt«, »Sammel- und Arbeitslager«, »Internierungslager«, »Straflager«, ja sogar »Konzentrationslager«. Diese hatten allerdings mit den deutschen Vernichtungslagern nur den Namen gemeinsam; selbst in den berüchtigtsten Lagern, in denen durch Epidemien, Hunger, Quälereien und Morde Tausende von Menschen umkamen, hat es keine Massentötung wie in Auschwitz oder Treblinka gegeben. Die so genannten Sammelpunkte (Auffangstellen für Menschen, die aus ihren Häusern oder Wohnungen vertrieben worden waren, nur ganz wenig Gepäck mit sich führen durften und auf ihren Abtransport über die Grenze warteten) waren vielleicht noch die harmlosesten, obwohl deren fürchterlicher hygienischer Zustand gelegentlich selbst bei den polnischen Behörden Entsetzen hervorrief; oft dehnte sich der Lageraufenthalt aber über Monate oder Jahre aus, sei es, weil die Insassen Strafen abzusitzen hatten oder weil man nicht wusste, wohin mit ihnen. Die für die diskriminierten Minderheiten verhängte allgemeine Arbeitspflicht ließ sich in Lagern am besten verwirklichen: Enteignete, auch nicht verurteilte Deutsche wurden in Lager gesteckt; ihre Zwangsarbeit wurde unmittelbar von dort aus oder durch Vermietung der Arbeitskräfte an Unternehmen jeder Art verwaltet. Bezeichnenderweise hatte es die Verwaltung der Gefängnisse und Lager nicht nur mit Deutschen zu tun: Ende 1945 waren nur die Hälfte aller in Polen Inhaftierten Deutsche.

• *Verelendung und Krankheit:* Die Menschen in den hier betrachteten Ländern, vor allem in den deutschen Ostgebieten (nicht so sehr in der vom Krieg weniger mitgenommenen ČSR) waren seit Beginn des Jahres 1945 durch Kriegszerstörungen, durch mangelnde Versorgung mit Waren, durch Chaos, mehrfache Beraubung und Ausplünderung und durch physische Beschädigung rapide in Armut und Elend abgesunken; ein Wandel zum Besseren war nicht in Sicht; im Gegenteil: Rechtsunsicherheit, Besetzung von Höfen und Wohnungen durch einströmende Siedler aus Zentralpolen und so genannte »Repatrianten« (Ausgewiesene aus den abgetrennten polnischen Ostgebieten), Beschlagnahmen und Plünderungen sowie fortdauernde Willkür der Behörden, der polnischen und der Roten Armee ließen das entstehen, was man »Heimatverlust in der Heimat« genannt hat. Dies alles zerstörte jede Hoffnung auf Besserung der Verhältnisse. Die Verelendung und Schwächung durch Hunger, vor allem aber die Extremsituationen in den Lagern und auf den Transporten bildeten überall den Nährboden für grassierende Epidemien (v. a. Typhus, Fleckfieber, Tuberkulose) und Schädlingsbefall wie Krätze oder Läuse.

• *Gewalt und Transporte:* Die Epidemien, der Hunger und die medizinische Unterversorgung, aber auch die unmittelbare Gewalteinwirkung führten zu zahlreichen Todesfällen; dazu kamen die unerträglichen Verhältnisse bei den Transporten. Nach der Phase der »wilden Vertreibungen« und dem eher nur ansatzweise verwirklichten Aussiedlungsstopp nach der Potsdamer Konferenz bis etwa zur Jahreswende 1945/46 setzte die Phase der Aussiedlungen ein, die in ausgehandelten Quoten bisher nicht erreichte Massen von Deutschen aus der Tschechoslowakei und (Neu-)Polen in die deutschen Besatzungszonen verfrachtete. Das klassische Transportmittel waren Eisenbahnzüge; meist Güterzüge (so genannte Viehwaggons). Sie wurden bei den Sammelpunkten oder Sammellagern mit etwa 1200 bis 1700 Menschen und deren zugelassener Habe (30 oder 50 kg Gepäck) beladen und nach Vereinbarung mit den Alliierten in eine der deutschen Zonen gefahren. Auf diese Weise erhielten die zu den gleichen Zwecken auch schon im Zweiten Weltkrieg verwendeten Viehwaggons geradezu symbolische Bedeutung. Dass auch diese Phase der Zwangsaussiedlung entgegen der Potsdamer Vereinbarung außerordentlich inhuman verlief, zeigen die darüber angefertigten Berichte und die vielen alliierten Proteste beispielsweise über die unsäglichen sanitären Zustände, in deren Folge sich Typhus ausbreitete, oder über die Tatsache, dass Menschen auf dem Transport in die britische Zone in den ungeheizten Waggons erfroren. Die große Welle der Aussiedlungstransporte, in denen etwa sechs Millionen Menschen west- oder nordwärts verfrachtet wurden, endete für die Tschechoslowakei im November 1946, in Polen ein Jahr später. Insgesamt hat die Entfernung der Deutschen gerade aus Polen und der Tschechoslowakei erheblich dazu beigetragen, die Staaten auf den Weg zur Sowjetisierung stalinschen Typs zu bringen. Die ersten Verstaatlichungsmaßnahmen, bei denen das eingezogene deutsche Eigentum eine wichtige Rolle spielte, leitete die völlige Verstaatlichung der größeren (in der Tschechoslowakei auch der kleineren) Unternehmen ein. Die kollektive Rechtlosigkeit der Deutschen machte ganz allgemein unempfindlicher für Verletzungen der Menschenrechte. Vor allem sollte es sich für die folgenden Jahrzehnte für die kommunistischen Staatsführungen als propagandistisch außerordentlich nützlich erweisen, mit der stets geschürten Angst vor dem Revanchismus der Vertriebenen über ein wichtiges Moment der Herrschaftsstabilisierung an der Seite Moskaus zu verfügen. Da ansonsten die Vorgänge der Deutschenaustreibung in der öffentlichen Erinnerung tabuisiert wurden, gerieten sie in den nachwachsenden Generationen rasch in Vergessenheit.

Selbst die Vertreibung, Aus- und Umsiedlung der Deutschen aus dem östlichen Mitteleuropa und aus Südosteuropa als Akt der »ethnischen Säuberung« – ein Vorgang von größter Bedeutung für die Geschichte des 20. Jahrhunderts – hat in all seinem Grauen und seiner Bitternis Augenblicke gehabt, die einen Rest von Humanität bewahrten; etwa wenn eine zentrale Weisung in Polen erfolgte, die Deutschen dürften nicht mit Armbinden gekennzeichnet werden, weil das unwürdig sei (leider blieb diese Weisung völlig ergebnislos, wie viele andere Mahnungen zur Zurückhaltung); oder wenn sich mutige Journalisten, wenn auch wenige, in Polen oder der Tschechoslowakei gegen die Austreibung der Deutschen wandten. Persönliche Akte der Menschlichkeit und der Linderung des Leids der Betroffenen ließen für die Zukunft hoffen; etwa wenn den Elenden Brot und Getränke gereicht wurden oder wenn Přemysl Pitter deutsche Kinder aus den Lagern holte und sie in leer stehenden Schlössern oder anderen Gebäuden, gemeinsam mit tschechischen und jüdischen Kindern, eine Zeit lang in relativ »normalen« Verhältnissen leben und erziehen ließ.

Ist »integriert« dasselbe wie »assimiliert«?

In der alten Bundesrepublik Deutschland, in der die Situation der Vertriebenen stets ein Thema von politischer Bedeutung war, wurde deren Eingliederung in die einheimische Gesellschaft rückschauend lange Zeit als ein wesentlicher Teil des (west)deutschen Wirtschaftswunders gefeiert. An dieser gesamtgesellschaftlichen und politischen Leistung ist insgesamt nicht zu zweifeln. Dabei wird in der Erinnerung oft übersehen, dass die ersten Wochen und Monate für die Vertriebenen außerordentlich schwer waren. Viele kamen abermals in Lager, und die Bedrängnis in Dörfern, deren Einwohnerzahl sich mehr als verdoppelte, oder in städtischen Notunterkünften war groß. Vor allem galt das für das maßlos überbelegte Schleswig-Holstein (hier sollte es einige Jahre später eine Nach-Umsiedlung in die frühere französische Zone geben, die sich zunächst der Aufnahme von Flüchtlingen verweigerte). Hinzu kam die verständliche, verbreitete Unwilligkeit vieler lokaler Behörden und Bewohner, die »Flüchtlinge« aufzunehmen, die entsprechend auch strafweise verteilt wurden, zum Beispiel wurde dem größten Nazi des Ortes die kinderreichste Familie zugewiesen. Die Integrationsforschungen der jüngsten Jahre haben erwiesen, dass oft die Besatzungsmacht die Aufnahme von Vertriebenen bei den deutschen Verwaltungen erzwingen musste. Deren Leistungen, insbesondere auf zentraler Ebene wie auch auf der der Länder, war indes bewundernswert.

Die Integration der Vertriebenen war allerdings nicht nur eine Leistung der drei westlichen Zonen bzw. der Bundesrepublik. In der sowjetischen Besatzungszone, wo das unmittelbare Einströmen über die polnische und die tschechoslowakische Grenze katastrophale Verhältnisse hervorrief, haben die Umsiedlerverwaltungen enorme Leistungen vollbracht. Hier hat die Parzellierung des Großgrundbesitzes manche Not lindern helfen – und gleichzeitig den Weg zum sozialistischen System gebahnt.

Integrationsleistungen manchmal sehr viel komplizierterer Art waren jedoch auch in Polen und der Tschechoslowakei zu vollbringen. Während die Aufnahme von Flüchtlingen in den deutschen Zonen relativ einschichtig war (Deutsche kamen zu Deutschen, wenn auch aus unterschiedlichen staatlichen Strukturen und kulturellen Traditionen), ergaben sich in Polen und in der Tschechoslowakei weit größere Integrationsprobleme, da die Menschen, die hier zusammenkamen, eine heterogene Mischung bildeten. Da fanden sich in einem Dorf gleichzeitig ein paar verbliebene Deutsche, Tschechen aus dem Binnenland, Slowaken, Ungarn aus der Slowakei, repatriierte Tschechen aus der Ukraine; jede Gruppe mit ihren Gebräuchen und Wertvorstellungen. Die »ethnischen Prozesse«, die sich hier oder in den so genannten wiedergewonnenen Gebieten vollzogen, haben ihre Spuren bis heute hinterlassen; sie verliefen in den neupolnischen Gebieten umso schwieriger, als in den ersten Jahrzehnten noch Unsicherheit darüber herrschte, ob die Zugehörigkeit zu Polen endgültig sei. Es gab keinen Friedensvertrag, und das Abkommen mit der DDR von 1950 über die Gültigkeit der Oder-Neiße-Grenze galt nicht für die Bundesrepublik, die diese Grenze erst vierzig Jahre später, nach der Wiedervereinigung, anerkannte.

In der sowjetischen Besatzungszone wurde das Vertriebenen- und Flüchtlingsproblem – so groß es anfänglich war – etwa seit 1949, dem Zeitpunkt der Gründung der DDR, nicht thematisiert. Im Zeichen der »sozialistischen Völkerfreundschaft« wurde es vielmehr für erledigt erklärt, die entsprechende Bevölkerungsgruppe als »Umsiedler« bezeichnet und ihr keine Sonderrolle zuerkannt. In der Bundesrepublik Deutschland ist auch ohne eine solche Politik der Einebnung von Staats wegen die Integration der Vertriebenen in einer Zeit der Wirtschaftsblüte rasch vorangegangen. Insbesondere die damals jüngste Generation hat es geschafft, sich so weitgehend in die vorhandene Gesellschaft einzufügen, dass ihre Herkunft durch nichts mehr, auch nicht durch eine spezielle sprachliche Färbung identifizierbar werden konnte, wie das bei älteren Vertriebenen oft der Fall war. Umgekehrt hat das massenweise Einströmen »neuer« Menschen in der ganzen Bundesrepublik – und auch in der DDR – zu einer »Durchmischung« der gesamten deutschen Gesellschaft geführt.

Gleichwohl ist aus der Integration der Vertriebenen nicht eine restlose Assimilation geworden, durch die vermutlich auch das kulturelle Erbe der Vergangenheit der Vertriebenen verschüttet worden wäre. Auf der Grundlage gesetzlicher Verpflichtungen der Bundes- und der Landesregierungen in Deutschland ist große Mühe darauf verwandt worden, die kulturelle Hinterlassenschaft der historischen deutschen Ostgebiete und der deutschen Siedlungsgebiete im Osten Europas durch die Einrichtung von Museen, wissenschaftlichen Arbeitsstätten und Forschungsprojekten zu pflegen. Diese fruchtbare Förderung hat – insbesondere seit der Wende zu den neunziger Jahren – durch die neu ermöglichte Zusammenarbeit mit den Kultur- und Wissenschaftsinstitutionen der Herkunftsländer der Vertriebenen einen erheblichen Aufschwung erfahren. Er wird erfreulicherweise noch dadurch verstärkt, dass in diesen Ländern selbst die deutsche Vergangenheit nicht mehr wie in der kommunistischen Ära verdrängt wird, sondern in den Schatz der eigenen Geschichte Aufnahme findet. So wird ein Teil des historischen Vermächtnisses zu einem Faktor und einem Ferment der Begegnung und der Zusammenarbeit zwischen Deutschland und seinen östlichen Nachbarländern umgemünzt.

Geschichten und Geschichte

Im Abstand von einem halben Jahrhundert, der die Zahl der Zeitzeugen immer geringer werden lässt, beginnen die Erzählungen von den traumatischen Ereignissen und Zuständen sich zu verändern. Die »Alten«, die heute von Flucht und Vertreibung erzählen, aber auch von der mehr oder weniger geglückten Eingliederung in die alliierten Besatzungszonen in Deutschland oder in die späteren beiden deutschen Staaten – diese heutigen »Alten« sind die Kinder oder allenfalls die jungen Menschen von damals. Es liegt auf der Hand, dass dies eine ganz besondere Sichtweise ergibt: Im Kindheits- und Jugendalter sind die Menschen zwar in vielem empfindsamer, ausgelieferter als Erwachsene, andererseits jedoch können gerade Kinder das Dauerhafte, die Tragweite und die Folgen von grausamen Geschehnissen gemeinhin nicht so durchschauen wie die Erwachsenen. Oft werden objektiv schreckliche Ereignisse von ihnen als eine Art Abenteuer empfunden, in dem Ausnahmesituationen erlebt werden können. So sind aber auch viele Jugendliche und Kinder der Kriegs- und unmittelbaren Nachkriegszeit vorschnell über das Kindliche oder das Verhalten von Heranwachsenden hinaus gereift, haben Verantwortung übernommen, die sie eigentlich überforderte. Sie mussten »organisieren« im damaligen Doppelsinn des Wortes: die jüngeren Geschwister miterziehen, und, wenn es sein musste, stehlen, um das Überleben zu sichern. Ihre »Eingliederung« in wieder halbwegs normale Verhältnisse hat ihnen einige Monate oder Jahre später dann oft einen Rückfall in ein vorher allzu früh überwundenes Alter, eine Verweisung auf ihren eigentlichen Platz (als Lernende, als Unmündige) gebracht und damit durchaus Konflikte im kleinen sozialen Bereich provoziert.

Die Ereignisse liegen lange zurück. Die damals schon Erwachsenen verbindet die Erfahrung von einst. Das gilt für diejenigen, die Tötungen und Qualen in Lagern und Gefängnissen verantworteten, die Massentransporte in Gang setzten, für diejenigen, die sich nicht um menschliches Elend scherten oder die aus der Entrechtung anderer materiellen Nutzen zogen, wie auch für solche, die in all dem Elend Zeichen der Menschlichkeit setzten, die Einzelnen halfen oder die die Linderung der Not erwirkten oder die einen Neuanfang ermöglichten. Es gilt für alle, die – mit mehr oder weniger Murren, aber eigene Entbehrung in Kauf nehmend – zusammengerückt sind, wenn die »Flüchtlinge« kamen, die ihr Brot mit ihnen teilten und ihnen ein Dach über dem Kopf, ein Zimmer, die nötigsten Möbel oder Heizmaterial zur Verfügung stellten. Und es gilt für die Flüchtlinge und Vertriebenen selbst.

Dies alles ist, wie gesagt, lange vergangen, und es wächst in unseren Jahren aus der Sphäre der Erinnerung immer mehr in die der Geschichten hinüber, die man sich von den Eltern, den Großeltern erzählt, Geschichten, die in den kommenden Jahrzehnten immer mehr in Vergessenheit geraten werden. Viele jüngere Menschen wissen schon heute allenfalls noch, dass der eine Großvater oder die andere Großmutter irgendwo aus dem Osten kamen, Genaueres kaum mehr.

In dieser »Dämmerung« beginnt »die Eule der Minerva ihren Flug«, das heißt, die Geschichtswissenschaft nimmt sich dieser Ereignisse an. Ihr steht mehr zur Verfügung als das bloße Erzählen der Miterlebenden, so unersetzbar farbig das auch sein mag. (Ein Glück umso mehr, wenn diese Berichte aufgeschrieben sind und die Erlebnisgeneration überdauern!) Historikerinnen und Historiker haben aber den Zugriff auf einen Ersatz für die verblassenden Erzählungen derer, die alles erlebt haben: Es sind die Quellen, die in Archiven aufbewahrt werden. In der Mehrzahl sind dies amtliche Akten, ein sprödes Material, das erst durch die »historische Methode« zum Sprechen gebracht werden kann. Das ist aber durchaus möglich, denn anders könnten wir nichts Neues mehr über das 19. Jahrhundert oder gar über das Mittelalter erfahren.

Beides aber, das Erzählen, also die Geschichten, und die von Fachleuten erforschte und dargestellte Geschichte, ist in die sich verändernden Bedingungen der gesellschaftlichen Umwelt und des öffentlichen Interesses eingebettet. So ging es auch mit den Erzählungen, mit den Geschichten und mit der Geschichte von Flucht und Vertreibung der Deutschen aus Ostmitteleuropa.

Zunächst – gleich nach der großen Verpflanzung, der Flucht, der Ausweisung, dem Transport in einen unbekannten Teil Deutschlands oder Österreichs oder anderer Länder Europas – erzählte man sich in den Familien und im Kreis der wieder gefundenen Freunde aus der Heimat, wie es einem ergangen war. Die Kinder, die Jugendlichen, mit aller Kraft darauf aus, sich in der neuen Heimat zu integrieren und anzupassen, wollten diese »Flüchtlingsgeschichten« oft gar nicht mehr hören. Und die Nachbarn in der neuen Umgebung wollten es auch nicht: die Leidensgeschichten nicht, weil jeder nach dem Krieg viel zu sehr in seine eigenen Probleme verstrickt war, und auch nicht die Klagen der Flüchtlinge, die oft als ebenso übertrieben angesehen wurde wie die Berichte darüber, wie schön es in der Heimat gewesen sei und dass dort ein gewisser Wohlstand geherrscht habe. Man kannte ja aus den vergangenen Jahrzehnten Menschen, die »aus dem Osten« gekommen waren: »Zigeuner«, »Polacken« (also Saisonarbeiter), Gefangene und Zwangsarbeiter (während des Krieges) – allesamt elende Menschen also ...

So erzählte man sich die Geschichten von zu Hause und von der Flucht eben selbst, in der Familie, in den zunächst kleineren, dann größeren Treffen der Heimatgemeinden und in den wie Pilze aus dem Boden sprießenden Heimatblättern aller Art. Zu dieser »Ersatzheimat«, in der sich ein Gefühl von Gemeinschaft herstellte, in der man sich mitteilen konnte und verstanden wurde, gehörten auch die landsmannschaftlichen Vereinigungen. Sie waren nach dem Krieg wie alle politischen Vereine zunächst verboten und entstanden erst nach und nach. Die große Anziehungskraft der Landsmannschaften, die sich in den »Vereinigten Ostdeutschen Landsmannschaften« auf dem ganzen Gebiet der neuen Bundesrepublik organisierten, erwuchs aus der Möglichkeit, sich zu begegnen und die alten Verbindungen wenigstens virtuell aufrechtzuerhalten. Daneben gab es eine andere Gruppe von Vertriebenenvereinigungen, die eher als Interessenvertretung gegenüber den Behörden und Landesregierungen, aber auch in der Bundeshauptstadt Bonn wirken sollte: der »Zentralverband der vertriebenen Deutschen«. Es hat einige Jahre gedauert, bis sich diese beiden (zwischendurch auch umbenannten) Zweckverbände auf ihr gemeinsames Anliegen besannen. Die berühmt gewordene »Charta der Heimatvertriebenen« von 1950, in der, verpackt in viel zeitgenössisches Abendland-Pathos, der Verzicht auf »Rache und Vergeltung«, moderner gesagt, der Verzicht auf Gewalt, proklamiert wurde, war noch von beiden Organisationssträngen separat eingebracht worden, immerhin aber schon gemeinsam getragen. 1957/58 schlossen sie sich zum »Bund der Vertriebenen« (BdV) zusammen. Gleichwohl blieb gerade im landsmannschaftlichen Bereich die Identität der einzelnen Herkunftsgebiete auch in organisatorischer Hinsicht gewahrt; der BdV hingegen versuchte sich als Pressure Group im politischen Raum zu etablieren. Sogar eine Vertriebenenpartei wurde gegründet, der »Block der Heimatvertriebenen und Entrechteten« (BHE), der in einer der frühen Bundesregierungen sogar den Vertriebenenminister stellte. Die Spaltung dieser Partei an ihrer Spitze war ein Symptom für deren langsamen Verfall. Wenig später gab es den BHE nicht mehr; die Eingliederung der Vertriebenen und Flüchtlinge war bereits so weit vorangeschritten, dass sie sich auch politisch in die bestehenden Parteien der Bundesrepublik Deutschland einfügten und – nicht wenige von ihnen – Karriere machten.

Um eine solche Eingliederung zu erreichen, hatte es jedoch einer grundsätzlichen Vorentscheidung bedurft. Sie wurde – für die Zeitgenossen fast unmerklich – schon wenige Jahre nach dem großen Exodus eingeleitet. Damals, sogar schon vor der Währungsreform von 1948, wurden erste soziologische Analysen der Situation der »Flüchtlinge« angestellt, so von Elisabeth Pfeil. Oder man dachte wie Eugen

Lemberg darüber nach, ob die Entwurzelten weiter auf die von Monat zu Monat unwahrscheinlicher werdende Heimkehr warten oder sich nicht besser im Hier und Heute einrichten sollten. Mehr noch: ob nicht in dem Schicksal des »Exils« und des Neuanfangs eine neue Aufgabe zu finden sei, ein neuer Lebenssinn gerade als »Ostvertriebene«? Diese Saat scheint aufgegangen zu sein.

In den folgenden Jahrzehnten haben auch die nicht bis zur »Unkenntlichkeit« integrierten Vertriebenen, also diejenigen, die sich in Landsmannschaften und Vertriebenenorganisationen zusammenschlossen, oft eine Haltung der »zwei Eisen im Feuer« eingenommen: Im Alltagsleben voll eingegliederte Bürgerinnen und Bürger mit zum Teil beachtlichen Erfolgsgeschichten in der neuen Heimat, pflegten sie feiertags ihren Heimkehrwunsch, der sich immer stärker zur bloßen Rechtswahrung, zur Forderung nach dem »Heimatrecht« wandelte.

Dabei gerieten die Vertriebenen im Laufe der zweiten Jahrhunderthälfte in ein Wechselbad: Zunächst, in der Hoch-Zeit des Kalten Krieges, in den fünfziger Jahren, waren sie durch damals kommunistische Staaten geschädigt und sichere Vertreter des Antikommunismus, lagen also politisch »richtig«, ließen sich mit Gewinn funktionalisieren. In den sechziger Jahren aber wendete sich langsam das Blatt. Je mehr die Entspannungs-Ära Raum gewann, desto weniger »brauchte« die große Politik die deutschen Vertriebenen, ja sie gerieten in den Geruch der Entspannungsfeindlichkeit. Als dann zusätzlich um 1968 große Teile der jungen Intelligenz in Westdeutschland sich der Neuen Linken oder noch radikaleren linken Lehren zuwandte, wurden die Vertriebenen bzw. ihre Verbände immer mehr mit den Epitetha »reaktionär« und »revanchistisch« belegt, während die kommunistischen Nachbarstaaten mit großer, oft allzu großer politischer Korrektheit behandelt wurden. Das Vertriebenen-»Milieu« zog sich daraufhin weitgehend aus dem öffentlichen Diskurs zurück oder es wurde daraus verdrängt; es versank in Selbstzufriedenheit. Genügte es nicht, wenn man Zustimmung in seinen wohl ausgebauten Organisationen fand, denen staatliche Förderung regelmäßig und sicher zufloss? Wer fragte, ob nicht Vertriebene durch ihre Kenntnisse und ihre Affinität zu Ostmitteleuropa eher ein »Ferment der Verständigung« bilden könnten, als Störenfriede der Entspannung zu sein, fand wenig Gegenliebe auf beiden Seiten.

Doch auch aus dieser Position schwang das langsame Pendel wieder zurück: Zunächst nahmen sich (in den siebziger Jahren) sensible Schriftsteller des Vertreibungsthemas wieder an, und in den achtziger Jahren wurden Vertreibung und Eingliederung auf einmal – auch für junge Gelehrte! – abermals zum wissenschaftlichen Gegenstand, insbesondere für Historiker: Nach der üblichen Sperrfrist wurden die Archive der Flüchtlingsverwaltungen jetzt geöffnet, die aktuellen Wendungen der Geschichtsmethode standen günstig (Sozialgeschichte, Alltagsgeschichte, Kulturgeschichte, Anthropologie), und nicht zuletzt zeichnete sich in der Perestroika-Ära ab, dass die harten Frage-Tabus im östlichen Europa sich lockern könnten. Der Zusammenbruch des Kommunismus ließ dann die letzten Dämme fallen, und so konnte bald nach 1990 auch ein politisch-wissenschaftlicher Dialog zwischen polnischen, deutschen und tschechischen Historikern über die Themen von Flucht und Vertreibung eröffnet werden. Flüchtlings- und Eingliederungsforschung mit aufschlussreichen Ergebnissen konnte nun auch für die SBZ/DDR betrieben werden, und in den letzten Jahren hat die Erforschung dieser leidvollen Themen erhebliche Fortschritte gemacht. Vieles kann heute neu und schärfer gesehen werden; Vergleiche – etwa zwischen polnischen und deutschen Vertriebenen, zwischen den Abläufen und Strukturen in benachbarten Ländern oder zwischen den bislang als unvergleichbar erscheinenden politischen Grundideen, die zu »ethnischen Säuberungen« führten und führen.

* * *

Es geht in unseren Tagen, zu Beginn des 21. Jahrhunderts, auch darum, die Fackel der Erinnerung weiterzutragen. Günter Grass hat in einer denkwürdigen Rede in Wilna/Vilnius im Herbst 2000 davon gesprochen, es sei heute, »als wollten sich die Kinder und Enkel stellvertretend für ihre schweigsamen Väter und Großväter erinnern«. Dies soll auch im vorliegenden Buch geschehen. Es soll Erinnerungen wecken und vermitteln, und es soll, ähnlich der antiken Tragödie, »Schauder« und »Mitleiden« erregen und zur Katharsis, zur Reinigung, beitragen. Das heißt für die Phänomene von Flucht und Vertreibung: zur Wachsamkeit, dass sich solches nicht wiederholen möge.

Flucht

Vertriebene heute

Die Frau, die mir gegenübersitzt, zögert nicht lange. Rasch hat sie das hellgrüne amtliche Papier aus ihrem Portemonnaie hervorgeholt: ihren Vertriebenenausweis. Sie hat diesen Ausweis all die Jahre sehr sorgsam behandelt. Das 1961 vom Osnabrücker Amt für Flüchtlinge und Vertriebene ausgestellte Dokument sieht noch wie neu aus. Die Frau ist Mitte 1946 mit ihren Großeltern im Zuge der »organisierten« Aussiedlungen aus Bad Salzbrunn in Niederschlesien nach Niedersachsen gekommen. Von ihren Erlebnissen auf dem wochenlangen Transport hat sie bisher niemandem etwas erzählt. Sie hat im Westen geheiratet, zwei Töchter bekommen. Sind das auch Vertriebene, wie einige Landsmannschaften behaupten, die von einer Vererbbarkeit der Vertriebeneneigenschaft ausgehen?

Von Nemmersdorf erfuhr sie erst in den fünfziger Jahren. Der Ort in Ostpreußen markiert den Beginn der Flucht der Deutschen und wurde von den Nationalsozialisten zu einem Propagandafeldzug gegen die vorrückende Rote Armee benutzt. Mitte Oktober 1944 war die Rote Armee tief nach Ostpreußen eingedrungen, hatte auch Nemmersdorf erreicht. Nach der Rückeroberung des Ortes durch die Wehrmacht, zwei Tage später, verbreitete sich der inszenierte Aufschrei: »Rache für Nemmersdorf!«. Für das, was hier am 21. Oktober geschah, gibt es keine Augenzeugen. Aber diejenigen Soldaten, die mit ihrer Volkssturmkompanie, Hitlers letztem Aufgebot, in Nemmersdorf

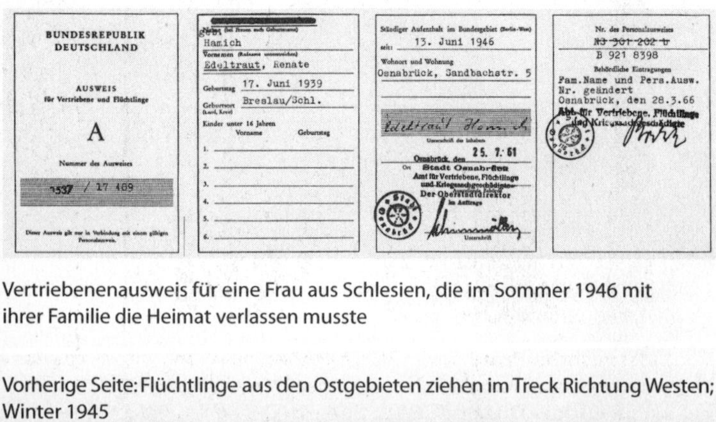

BUNDESREPUBLIK
DEUTSCHLAND

AUSWEIS
für Vertriebene und Flüchtlinge

A

Nummer des Ausweises

1537 / 17 409

Dieser Ausweis gilt nur in Verbindung mit einem gültigen Personalausweis.

[redacted]

Name (bei Frauen auch Geburtsname) geb.
Hamich

Vornamen (Rufname unterstreichen)
Edeltraut, Renate

Geburtstag 17. Juni 1939

Geburtsort (Land, Kreis) Breslau/Schl.

Kinder unter 16 Jahren
Vorname Geburtstag

1.
2.
3.
4.
5.
6.

Ständiger Aufenthalt im Bundesgebiet (Berlin-West)
seit: 13. Juni 1946

Wohnort und Wohnung
Osnabrück, Sandbachstr. 5

Edeltraut Hamich
Unterschrift des Inhabers

Osnabrück, den 25. 7. 61
Ort
Stadt Osnabrück
Amt für Vertriebene, Flüchtlinge und Kriegssachgeschädigte
Ausstellende Behörde
Der Oberstadtdirektor
Im Auftrage
Unterschrift

Nr. des Personalausweises
~~N3 301 202 b~~
B 921 8398

Behördliche Eintragungen
Fam.Name und Pers.Ausw.
Nr. geändert
Osnabrück, den 28.3.66
Abt. für Vertriebene, Flüchtlinge und Kriegssachgeschädigte

Vertriebenenausweis für eine Frau aus Schlesien, die im Sommer 1946 mit ihrer Familie die Heimat verlassen musste

Vorherige Seite: Flüchtlinge aus den Ostgebieten ziehen im Treck Richtung Westen; Winter 1945

einrückten, stießen auf einen Ort des Grauens. Alle Frauen und Mädchen, ganz gleich welchen Alters, waren ermordet worden.

Bis zu diesem Zeitpunkt hatte die deutsche Öffentlichkeit keine offiziellen Informationen über die Situation der Zivilbevölkerung an der Ostfront bekommen. Jetzt wendete sich das Blatt: Die nationalsozialistische Propaganda benutzte die Darstellung des Massakers – verstärkt durch die Vortäuschung von Vergewaltigungen – als Waffe im Kampf um die Durchhaltekraft ihrer Bevölkerung. Aber alle, die damals von Nemmersdorf hörten, wollten nicht kämpfen: Sie flohen.

Mai 1945. Rückkehrer finden sich nach der Kapitulation des Deutschen Reiches in ihren zuvor verlassenen Dörfern Ostpreußens wieder ein. Von der Konferenz in Jalta und der in Aussicht genommenen Westverschiebung Polens haben sie nichts gehört. Sie wollten einfach nach Hause. Noch drei Jahre leben Deutsche in Nemmersdorf, bis sie im April 1948 endgültig aus der Heimat ausgewiesen – vertrieben – wurden. Ihr Ort heißt jetzt Majakowskoje und gehört zur Sowjetunion.

Zerstörter russischer Panzer an der Brücke von Nemmersdorf. Nachdem deutsche Truppen das ostpreußische Dorf im November 1944 zurückerobert hatten, stießen sie auf einen Ort des Grauens. Alle Bewohner waren ermordet worden.

Von den Untaten der Nationalsozialisten, den zahlreichen Umsiedlungen in Europa vor 1945 und den Zusammenhängen der Vertreibungen hat die Frau während des Krieges und in der frühen Nachkriegszeit ebenfalls nichts gehört. Auch diese Ereignisse holten sie nur langsam ein. Stück für Stück musste die heranwachsende Frau sich ihr Bild von der Vergangenheit nun neu zusammensetzen. In einer zunächst fremden, neuen Heimat. In dem Versuch, zu verstehen, während Vertriebenenverbände Rückkehr forderten.

Wo hatte alles begonnen? Die Suche nach dem Ursprung führt nur zu oft ins Leere. Es gibt keinen Erfinder der Vertreibung. Aber es gibt direkte Zusammenhänge zwischen den Vertreibungen von Polen und Deutschen in den Jahren von 1939 bis 1945.

Die Teilung Polens. Radikale territoriale und ethnische Neuordnung seit 1939

Am Abend des 31. August 1939 lag ein erschossener KZ-Häftling, den man in eine Wehrmachtsuniform gesteckt hatte, auf dem Gelände des Rundfunksenders Gleiwitz in Oberschlesien. Er sei das Opfer eines polnischen Überfalls auf den deutschen Sender, so behauptete es die deutsche Propaganda am nächsten Tag. Doch die Männer in den polnischen Uniformen gehörten zu einem deutschen Einsatzkommando: Der Überfall war fingiert. Hitler inszenierte den konkreten Anlass zum Angriff gegen Polen.

Die zuvor in einer Geheimkonferenz auf dem Obersalzberg mit Militärfunktionären Ende August 1938 gewählten Worte des Diktators waren so eindeutig wie verräterisch: Von der »Vernichtung Polens«, des Feindes, im Rahmen der »Lösung der Ostfrage« war die Rede.

Hitler hatte schon den im Sommer 1938 geschürten Konflikt um die Sudetendeutschen als kriegsauslösenden Akt bewusst in Kauf genommen. Es folgte nun eine erneute Runde im Machtpoker des deutschen Kriegstreibers. Wie viel Handlungsspielraum würde ihm für künftige außenpolitische Unternehmungen nach dem Münchner Abkommen vom September eingeräumt werden? Waren die Westmächte kriegsbereit? Hitler war ungeduldig geworden.

Schnell wurde dem deutschen Diktator klar, dass ihm die Westmächte den »Lebensraum« im Osten nicht kampflos überlassen wür-

Reichssender Gleiwitz in Oberschlesien. Der von den Deutschen inszenierte Überfall auf den Sender war Anlass für den Einmarsch der deutschen Wehrmacht in Polen am 1. September 1939.

den. Großbritannien und Frankreich versicherten Polen am 31. März 1939 mit einer Garantieerklärung Beistand für den Fall eines Angriffs von deutscher Seite. Hitlers Einnahme des nach dem Anschluss des Sudetenlandes 1938 geschrumpften tschechoslowakischen Staatsgebietes hatte in Europa Alarm ausgelöst. Die Zeit der Appeasement-Politik, der Zugeständnisse, war vorbei, und Europa bewegte sich am Rand eines von Hitler riskierten Krieges.

»Seit 5 Uhr 45 wird jetzt zurückgeschossen!« Hitler musste sich in seiner Reichstagsrede am 1. September 1939 versprochen haben: Die Angabe der Uhrzeit war falsch. Es war, glaubt man zeitgenössischen Lageberichten, nämlich 4.45 Uhr, als die Deutschen ohne Kriegserklärung das Feuer vom Schulschiff »Schleswig-Holstein« aus eröffneten und die polnisch besetzte Danziger Westerplatte beschossen. Das »Diktat von Versailles« musste herhalten, um den Deutschen im Reich und in den angegriffenen Gebieten die Rechtmäßigkeit des Überfalls auf Polen vor Augen zu führen: »Seit Monaten leiden wir alle unter der Qual eines Problems, das uns einst das Versailler Diktat beschert hat und das nunmehr in seiner Ausartung und Entartung unerträglich geworden war. Danzig war und ist eine deutsche Stadt! Der Korridor war und ist deutsch! Alle diese Gebiete verdanken ihre kul-

Historischer Exkurs: Der Vertrag von Versailles

Die Pariser Friedenskonferenz nach dem Ersten Weltkrieg dauerte fast genau ein Jahr. Mit zahlreichen Unterbrechungen fanden die Gespräche und Verhandlungen vom 18. Januar 1919 bis zum 20. Januar 1920 statt. Die 32 teilnehmenden Staaten trafen sich jedoch nur acht Mal gemeinsam auf der Plenarversammlung. Das wichtigste Gremium war der Oberste Rat der Großmächte, der von Januar bis März 1919 aus den USA, Großbritannien, Frankreich, Italien und Japan bestand und danach ohne japanische Beteiligung tagte. Die schließlich in Versailles, St. Germain und Trianon unterzeichneten Verträge zwischen Siegern und Besiegten werden im Hinblick auf die Verhandlungsorte oft als Pariser Vorortverträge bezeichnet.

Beteiligt an der Konferenz waren nur Siegermächte des Ersten Weltkrieges. Verlierer waren, wenn überhaupt, lediglich als stimmlose Zuhörer beziehungsweise Bittsteller zugelassen. An den Ergebnissen der Verträge entzündeten sich daher während und nach der Konferenz starke nationalistische Emotionen in den unterlegenen Staaten. Nicht als Resultat von Verhandlungen, sondern als Diktat wurden die Abschlüsse von den Besiegten aufgefasst. Die daraus resultierende Forderung nach Änderung oder Aufhebung der Vertragsbestimmungen, nach Revision also, bildete in den Folgejahren einen entscheidenden Faktor der nationalistisch aufgeladenen Atmosphäre in Europa.

Als wichtigste Prinzipien der neuen europäischen Ordnung nach 1918 galten in Anlehnung an die berühmten »14 Punkte« des amerikanischen Präsidenten Wilson das nationale Selbstbestimmungsrecht und das System der kollektiven Sicherheit. Von den nach dem Krieg entstandenen neuen Staaten in Europa unterzeichneten drei (Tschechoslowakei, Jugoslawien und Polen) die Verträge und sicherten sich damit die internationale Anerkennung ihrer Unabhängigkeit.

Im Falle Österreichs zeigte sich jedoch, dass Fragen der Machtpolitik im Zweifelsfall Vorrang gegenüber schriftlich formulierten Prinzipien besaßen. Gegen den ausdrücklichen Wunsch der provisorischen Nationalversammlung, als Deutsch-Österreich Teil Deutschlands zu werden, wurde die Unabhängigkeit Österreichs im Vertrag von St. Germain festgehalten und im Versailler Vertrag das Anschlussverbot mit Deutschland ausdrücklich bekräftigt. Es ging den Siegermächten darum, Deutschlands Position im europäischen Mächtesystem zu schwächen. Mit mehr als sechs Millionen Einwohnern in den abgetretenen Gebieten (Oberschlesien, Posen, weite Teile Westpreußens, das Memelgebiet, Nordschleswig, Elsass-Lothringen und Eupen-Malmedy) verlor Deutschland etwa zehn Prozent seiner Gesamtbevölkerung.

Propagandaveranstaltung in Danzig am 17. Juni 1939 anlässlich eines Besuches von Joseph Goebbels

turelle Erschließung ausschließlich dem deutschen Volke, ohne das in diesen östlichen Gebieten tiefste Barbarei herrschen würde. Danzig wurde von uns getrennt! Der Korridor von Polen annektiert!«

Der eingesetzte Gauleiter Albert Forster dankte in einer Proklamation vom 1. September dem »Herrgott« für die »Befreiung«: »Wir Danziger sind überglücklich, nun auch Bürger des Reiches sein zu dürfen. Danziger und Danzigerinnen! Wir werden in dieser feierlichen Stunde zusammenstehen, uns gegenseitig die Hand reichen und dem Führer das heilige Versprechen geben, alles zu tun, was in unseren Kräften steht für unser herrliches Großdeutschland.« Am 3. September lösten Großbritannien und Frankreich ihr kurz zuvor gegebenes Garantieversprechen gegenüber Polen ein und erklärten ihrerseits Deutschland den Krieg. Doch die polnische Widerstandskraft war dem Angriff nicht gewachsen. Die mit modernsten Waffen ausgerüsteten deutschen Truppen errangen in wenigen großen Kesselschlachten einen überlegenen, schnellen Sieg: Der »Blitzkrieg« war geboren. Warschau kapitulierte am 28. September.

Historischer Exkurs: Freie Stadt Danzig

Danzig befand sich seit Mitte des 15. Jahrhunderts unter polnischer Oberhoheit, erst im Zuge der Zweiten Polnischen Teilung von 1793 fiel es an Westpreußen. Dazu gehörte es – unterbrochen durch das Intermezzo der Jahre 1807 (Tilsiter Frieden) bis 1815 (Wiener Kongress) – bis 1918. Am 15. November 1920 wurde Danzig zur »Freien Stadt« erklärt und unter den Schutz des Völkerbundes gestellt. Infolge von Artikel 13 des Versailler Vertrages war damit die Hafenstadt an der Ostsee mitsamt ihrem Umland aus dem Deutschen Reich ausgeschieden. Danzig gehörte zum polnischen Zollgebiet, der Hafen wurde jedoch von einem paritätisch zusammengesetzten Ausschuss verwaltet. Mit dieser und weiteren Kompromisslösungen wollten die Siegermächte sowohl polnische Ansprüche (Zugang zum Meer) als auch die Interessen der vorwiegend deutschsprachigen Einwohner berücksichtigen.

Das angespannte Verhältnis zu Polen und die Frage der Wiedereingliederung Danzigs ins Deutsche Reich spielte eine zentrale Rolle in der Zeit zwischen den beiden Weltkriegen, wenngleich erst mit der Machtübernahme der Nationalsozialisten die Bedeutung des latenten Konflikts zunahm. Die NS-Propaganda in der als exemplarisches Objekt der »Heim-ins-Reich«-Ideologie instrumentalisierten Stadt zeigte Erfolg: Bei den Wahlen vom Mai 1933 und vom April 1935 erreichte die NSDAP jeweils die absolute Mehrheit. Am 1. September 1939 hieß der neue oberste Machthaber auch in Danzig Adolf Hitler. Knapp sechs Jahre später von der Roten Armee erobert, wurde Danzig am 30. März 1945 polnischer Hoheit unterstellt.

Wie war der Weg frei geworden zur militärischen Aktion des Deutschen Reiches? Ein geschickt eingefädelter Coup von zwei totalitären Herrschern: Polen war auf dem Papier schon eine Woche zuvor zwischen Hitler und Stalin aufgeteilt worden. Die Vierte Polnische Teilung, wenn man so will. Im geheimen Zusatzprotokoll zum »deutsch-sowjetischen Nichtangriffspakt« vom 23. August wurde die kommende Beute schon vergeben: Stalin erhielt die polnischen Gebiete östlich der Flüsse Weichsel, Narew und San. Das als »Hitler-Stalin-Pakt« bekannt gewordene Abkommen, das eigentlich nichts anderes war als ein geschickt getarnter Angriffsvertrag, ebnete letztlich der deutschen Kriegsmaschine den Weg. Der Zweite Weltkrieg hatte begonnen. Hitler nahm jetzt keine Rücksichten mehr.

Die am 28. September 1939 gezogene Demarkationslinie zwischen Deutschland und der Sowjetunion trennte Polen nun in zwei unterschiedliche Teile. Während in der deutsch besetzten Westhälfte von den ungefähr 22 Millionen Bewohnern neben mehr als 17 Millionen Polen nur rund 700 000 Deutsche lebten, gab es in der sowjetisch besetzten Osthälfte neben etwa sieben Millionen Ukrainern, Juden und Weißruthenen nur knapp 4,7 Millionen Polen. Beide Staaten vereinbarten in einer Reihe von zweiseitigen Verträgen den Austausch der jeweiligen nationalen oder völkischen Minderheiten. Fluchtbewegungen, Deportationen und Vertreibungen von Millionen Menschen nahmen von nun an ihren Lauf, bestimmten die nächsten Jahre. Es blieb nur die Hoffnung auf ein Ende der erzwungenen Wanderungsbewegungen.

Im Danziger Binnenhafen; im Hintergrund weht bereits die Hakenkreuzfahne.

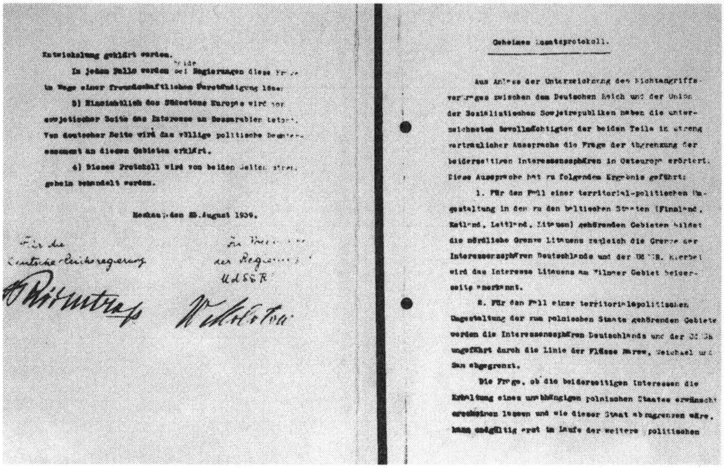

Entwickelung geklärt werden.

In jedem Falle werden beide Regierungen diese Frage im Wege einer freundschaftlichen Verständigung lösen.

3) Hinsichtlich des Südostens Europas wird von sowjetischer Seite das Interesse an Bessarabien betont. Von deutscher Seite wird das völlige politische Desinteressement an diesen Gebieten erklärt.

4) Dieses Protokoll wird von beiden Seiten streng geheim behandelt werden.

Moskau, den 23. August 1939.

Für die Deutsche Reichsregierung

Ribbentrop

der UdSSR

W. Molotow

Geheimes Zusatzprotokoll.

Aus Anlass der Unterzeichnung des Nichtangriffsvertrages zwischen dem Deutschen Reich und der Union der Sozialistischen Sowjetrepubliken haben die unterzeichneten Bevollmächtigten der beiden Teile in streng vertraulicher Aussprache die Frage der Abgrenzung der beiderseitigen Interessensphären in Osteuropa erörtert. Diese Aussprache hat zu folgendem Ergebnis geführt:

1. Für den Fall einer territorial-politischen Umgestaltung in den zu den baltischen Staaten (Finnland, Estland, Lettland, Litauen) gehörenden Gebieten bildet die nördliche Grenze Litauens zugleich die Grenze der Interessensphären Deutschlands und der UdSSR. Hierbei wird das Interesse Litauens am Wilnaer Gebiet beiderseits anerkannt.

2. Für den Fall einer territorialpolitischen Umgestaltung der zum polnischen Staate gehörenden Gebiete werden die Interessensphären Deutschlands und der UdSSR ungefähr durch die Linie der Flüsse Narew, Weichsel und San abgegrenzt.

Die Frage, ob die beiderseitigen Interessen die Erhaltung eines unabhängigen polnischen Staates erwünscht erscheinen lassen und wie dieser Staat abzugrenzen wäre, kann endgültig erst im Laufe der weiteren politischen

Das von Ribbentrop und Molotow unterzeichnete Geheime Zusatzprotokoll zum deutsch-sowjetischen Nichtangriffspakt über die Aufteilung Osteuropas

Was geschah im Einflussgebiet der Sowjets? Stalin setzte das Ziel einer möglichst raschen Sowjetisierung des am 17. September einverleibten ostpolnischen Territoriums mit Hilfe von Zwangsumsiedlungen zügig um. Das in den polnischen Ostgebieten stets virulente nationale Spannungsverhältnis zwischen Polen und Ukrainern versuchte die sowjetische Führung in ihrem Sinne zu nutzen. Da aber eine Revolution gegen die Polen auf keinen großen Zuspruch stieß, griff Stalin auf Massendeportationen als letztes Mittel zurück.

Im Zuge der sowjetischen Deportationen brachte man in drei Schüben 330 000 Personen, überwiegend Polen, aber auch Juden, Weißrussen und Ukrainer nach Sibirien und Zentralasien. An ihrer Stelle wurden zwischen 1939 und 1941 Hunderttausende Russen und Ukrainer in den ostpolnischen Gebieten angesiedelt. Estland, Lettland und Litauen wurden genauso wie das östliche Rumänien (Bessarabien, Nordbukowina) im Juni 1940 von der Sowjetunion besetzt. Ähnlich wie den verschleppten Polen erging es zwischen 1940 und 1941 ungefähr je 60 000 Esten, Letten und Litauern, die ins Innere der Sowjetunion deportiert wurden.

Das »Umsiedlungs-Karussell« drehte sich weiter, ob freiwillig oder erzwungen. Die Planungen der frühen Phase der Bevölkerungsver-

Josef W. Stalin und Joachim von Ribbentrop nach der Unterzeichnung des deutsch-sowjetischen Nichtangriffspakts am 23. August 1939 im Moskauer Kreml

schiebungen verliefen zunächst hektisch. Noch gab es keinen Gesamtplan. Mehr als 400 000 Deutsche gaben schließlich infolge weiterer Umsiedlungsverträge ihre Heimat in Estland, Lettland, Litauen, Wolhynien und Ostgalizien, in Bessarabien und der Bukowina auf und wurden ins Deutsche Reich verbracht, vornehmlich nach Westpreußen und in den neugebildeten Reichsgau Wartheland. Trotz offizieller »Heim-ins-Reich-Politik« war von Wellen nationaler Begeisterung bei diesen Gruppen wenig zu spüren. Sie folgten mehr oder weniger der Einsicht, dass es ihnen in den einverleibten Gebieten unter sowjetischer Herrschaft nur schlechter gehen würde.

Und was spielte sich in der von den Deutschen annektierten Westhälfte Polens ab? Das von den Deutschen besetzte polnische Gebiet wurde praktisch in zwei Zonen unterteilt. In den neu geschaffenen Reichsgauen Wartheland (Februar 1940) und Danzig-Westpreußen (November 1939) entwickelte sich nach und nach das Experiment der »Eindeutschung« fremdnationalen Territoriums mit seinen überwiegend polnischen Einwohnern. Das so genannte Generalgouvernement hatte den Charakter einer deutschen Kolonie und sollte der deutschen Wirtschaft mit seinem »Reservoir« an polnischen Zwangsarbeitern Sklavendienste erweisen.

»Heimholung ins Reich«: Entlassung der deutschen Umsiedler aus der lettischen Staatsangehörigkeit und Ausgabe der Schiffskarten im Großen Saal des Schwarzhäuptersaales in Riga, November 1939

Mit der Verschiebung der Grenzen des Deutschen Reiches nach Osten verbanden die Nationalsozialisten jetzt zum ersten Mal auch radikale Bevölkerungsverschiebungen. Zwecks »Germanisierung« mussten die »Fremden« das Land verlassen. Heinrich Himmler, Reichsführer SS und ab 1939 auch Reichskommissar für die Festigung des deutschen Volkstums, ordnete am 30. Oktober 1939 nicht nur die Deportation von über einer halben Million Juden, sondern auch einer zunächst noch unbekannten Zahl von Polen an.

Schon im Herbst des Jahres fanden örtliche, unsystematische Abschiebungen von Polen aus Westpreußen und dem Warthegau statt. Sicherheitskommandos der Polizei räumten überfallartig Häuser, um Platz für die deutschstämmigen Umsiedler aus Estland und Lettland zu schaffen. Sowohl bei der Auswahl der auszuweisenden Personen als auch beim Abschiebeverfahren kam es zu zahlreichen Zwischenfällen, die Gegenstand ernst zu nehmender Beschwerden im zuständigen Stab des Reichskommissars für die Festigung deutschen Volkstums waren.

Die erste organisierte Massendeportation datiert vom Dezember 1939. Fast 90 000 Personen, überwiegend Polen, wurden bei großer Kälte in Güterzüge getrieben und aus dem Posener Gebiet ins Generalgouvernement transportiert. In den Ankunftsgebieten herrschten überwiegend chaotische Zustände. Teilweise wurden die Transporte von der deutschen Verwaltung sogar zurückgewiesen. Auf der anschließenden, manchmal tagelangen Irrfahrt ohne Verpflegung und bei niedrigen Temperaturen starben zahlreiche Menschen.

Die in Warschau, Krakau, Radom und Lublin ankommenden Polen wurden vor Ort in Übergangslager eingewiesen, gelegentlich auch sich selbst überlassen. Da sich im Generalgouvernement zu diesem Zeitpunkt aber auch viele ostpolnische Flüchtlinge aus dem sowjetischen Besatzungsgebiet aufhielten, verschlimmerten sich sowohl die Versorgungslage als auch die Wohnsituation aller Entwurzelten.

Die in der Folgezeit durchgeführten »Evakuierungen« liefen ebenso brutal ab wie vorher, obwohl es immerhin Richtlinien gab. Mitgenommen werden durften »pro Pole ein Koffer mit Ausrüstungsstücken ..., vollständige Kleidung, pro Pole eine Decke«. Dazu kam Verpflegung für zwei Wochen und Bargeld in Höhe von 20 Złoty. Viele Polen versuchten, sich diesen Evakuierungen zu entziehen, was in zahlreichen Fällen auch gelang: Sie flohen, gewarnt durch Informanten aus den eigenen Reihen, bei angesetzten Räumungen vorübergehend, um danach wieder in ihre Häuser zurückzukehren. Doch die »Evakuierungsergebnisse« entwickelten sich aus Sicht der Okkupanten immer schlechter. Auch die Arbeitsmoral der polnischen Bevölkerung entsprach nicht den Erwartungen der deutschen Unterdrücker.

Das Dorf wurde umzingelt, und kurz vor Mitternacht wurden die Leute aus den Betten herausgejagt. Dann kam der Befehl, binnen einer halben oder Dreiviertelstunde mit einem Gepäck von 30 Kilogramm reisefertig zu sein ... Die Polen mussten in ihren eigenen Wagen in die Kreisstadt fahren und kamen dort hinter Stacheldraht. In der Kreisstadt warteten bereits Volksdeutsche, die man von woanders hergeholt hatte. Diese Volksdeutschen wurden dann auf dieselben Wagen geladen, in denen die polnischen Familien gekommen waren ... (Karl Schoepke, Zeuge der Umsiedlung von Litauendeutschen)

Ankunft von »volksdeutschen« Umsiedlern aus Litauen im Auffanglager Bojahren, Februar 1941

Die Kriegsvorbereitungen im Vorfeld des Russlandfeldzuges verursachten zusehends Probleme im Generalgouvernement, dem bevorzugten Ansiedlungsgebiet der von den Nationalsozialisten verfolgten Polen. So gelang es ab März 1941 nicht mehr, von der Reichsbahn Züge zur Deportation der Polen zu erhalten: Die Wehrmacht hatte Einspruch erhoben. Der Versuch, alle Polen der »eingegliederten Ostgebiete« rigoros zwangsumzusiedeln, wurde abgebrochen und die Erhebung einer Deportationssperre für Transporte ins Generalgouvernement bis Kriegsende aufrechterhalten.

Aus den eingegliederten Gebieten und vornehmlich aus dem annektierten Wartheland wurden schließlich 1939 und 1940 etwa 920 000 Polen vertrieben. Jetzt war Platz für die 630 000 »Volksdeutschen«, die »Heim ins Reich« kehrten – in das für sie fremde, vormals polnische Gebiet.

Im gesamten Prozess der An- und Aussiedlungen trat nun aber eine Veränderung ein: Die deutsche Kriegsindustrie forderte mehr Arbeitskräfte. Noch bis 1944 wurden zwar mehrere Hunderttausend Polen von Haus und Hof getrieben, anstatt ins weit entfernte Gene-

»Volksdeutsche« Vertriebene aus Ostpolen auf dem Weg ins deutsche Reichsgebiet, September 1939

ralgouvernement kamen sie jetzt aber meist in Arbeitslager in der näheren und weiteren Umgebung ihres Wohnortes.

Gab es Unterschiede zwischen den Vertreibungen im geteilten und staatlich nicht mehr vorhandenen Polen? Den sowjetischen Behörden ging es in einer ersten Phase noch vorrangig um die Ausschaltung der bisherigen gesellschaftlichen Eliten Polens, somit um einen gesellschaftlichen Umsturz. Antipolnische und damit nationale Motive gewannen erst gegen Ende der Verschleppungen an Gewicht. Mit der Vertreibung von Juden und Polen durch die Nationalsozialisten waren dagegen von Anfang an ausschließlich ausbeuterische, rassistische und nationalistische Beweggründe verknüpft. Gemeinsam war beiden Unternehmungen der Wunsch nach schneller Vereinheitlichung des eroberten Landes unter ethnischen Gesichtspunkten und die Missachtung der Menschenrechte. Menschenleben zählten nicht.

Russische Zivilisten, die aus den von Deutschen besetzten Gebieten in Ostpolen vertrieben wurden, in einem deutschen Sammellager in Baranowicze

Polen, ostwärts. »In die Tiefe«

Die Vertreibung der Polen verlief in mehreren Stufen. Sie begann 1939 mit dem Einmarsch der Roten Armee. Am Anfang stand die Deportation von 330 000 Personen aus den ostpolnischen Gebieten, die bis zum Einmarsch der deutschen Wehrmacht 1941 infolge des Hitler-Stalin-Paktes nach Sibirien und Zentralasien transportiert wurden. Etwa zwei Drittel von ihnen waren Polen, ein Fünftel Juden sowie Weißrussen und Ukrainer. Damit hatte sich die ethnische Struktur Ostpolens im Sinne der Sowjets verändert. Die Wahlen vom Oktober 1939 brachten das gewünschte Ergebnis: Mehr als 90 Prozent der Bevölkerung Ostpolens stimmten für den Anschluss an die Sowjetunion.

»In die Tiefe«: Dieser polnische Begriff für die Verschleppung in die Sowjetunion symbolisiert die Angst und den Schrecken der Betroffenen vor der unheimlichen Fahrt in das sowjetische Reich. »In die Tiefe«, das hieß ein Leben im Arbeitslager oder in der Verbannung. Schon auf dem Transport bei Temperaturen bis zu minus 40 Grad gab

Historischer Exkurs: Polen

Nach der Dritten Polnischen Teilung 1795 hatte Polen, beziehungsweise die polnische Adelsrepublik, für mehr als ein Jahrhundert aufgehört zu bestehen. Unterbrochen von einer kurzzeitigen Existenz des Herzogtums Warschau unter Napoleon (1807–1815) teilten sich die drei Großmächte Russland (82 Prozent des polnischen Gebiets), Preußen (acht Prozent) und Österreich (zehn Prozent) auf dem Wiener Kongress 1815 wie schon zuvor die »Beute« auf.

Erst die Neuordnung der europäischen Welt 1918/19 brachte die Erfüllung nationalpolnischer Träume: den eigenen Staat, die Zweite Polnische Republik (1918–1939). Ihrem Territorium wurden u.a. große Teile Preußens zugeschlagen (»Polnischer Korridor«).

Eine vom polnischen Staat 1931 durchgeführte Volkszählung ergab, dass in Polen unter 32 Millionen Einwohnern 741000 Deutsche lebten. Die in jüngster Zeit von Wissenschaftlern auf etwa eine Million nach oben korrigierte Zahl demonstriert anschaulich den Status der Deutschen als Minderheit neben 3,3 Millionen Ukrainern, 1,2 Millionen Ruthenen, 2,7 Millionen Juden und einer Million Weißrussen. So unterschiedlich Herkunft und Zeit der Ansiedlung der Deutschen im Einzelnen auch waren, lässt sich dennoch festhalten, dass die meisten von ihnen als Bauern im Zuge der neuzeitlichen Siedlungsbewegung vom 16. bis zum 18. Jahrhundert auf Anwerbung polnischer Grundherren eingewandert waren.

Die Deutschen im Polen der Zwischenkriegszeit entwickelten kein nationales Gemeinschaftsgefühl: Sie verstanden sich als Schlesier, als Galiziendeutsche oder als Posener und nicht etwa als »Polendeutsche«.

Das entscheidende Problem des neuen polnischen Staates resultierte aus dem wechselseitigen Verhältnis zur deutschen und zu den anderen im Lande lebenden Minderheiten, die insgesamt mehr als 30 Prozent der Einwohner ausmachten. Trotz des unterzeichneten Minderheitenschutzvertrages von 1919 lässt sich die Politik den andersnationalen Minoritäten gegenüber als destruktiv charakterisieren: So wurde zum Beispiel mit der Bodenreform hauptsächlich deutscher Grundbesitz enteignet, auch gab es in den zwanzig Jahren zu keiner Zeit einen nicht-polnischen Minister.

Vor allem die Diskussionen um den »Polnischen Korridor«, die Nichtanerkennung dieses polnischen Zugangs zum Meer durch die Weimarer Republik, führten Mitte der zwanziger Jahre zu einer Verstärkung der antideutschen Politik auf polnischer Seite. In deren Folge entschlossen sich viele Menschen zur Auswanderung ins Deutsche Reich.

Seinem in der Polenfrage verfolgten innenpolitischen Revisionskurs ließ Hitler 1934 zunächst eine überraschende strategische Richtung folgen: Der deutsch-polnische Nichtangriffspakt sollte der übrigen Welt die Zurückhaltung expansionistischer deutscher Politik beweisen. Doch Hitlers Kriegsvorbereitungen liefen konsequent weiter. Parallel zu den »Anschlüssen« Österreichs und des Sudetenlandes 1938 verschlechterte sich das deutsch-polnische Verhältnis rapide. Nach Abschluss des Hitler-Stalin-Paktes und dem Überfall Hitlers auf Polen im September 1939 wurde das Land erneut zwischen zwei Großmächten aufgeteilt.

es zahlreiche Opfer. Die anschließende Unterbringung in Baracken, schlechte Ernährung, mangelnde Bekleidung, katastrophale hygienische Bedingungen sowie die schwere körperliche Arbeit taten ein Übriges. Es wird geschätzt, dass bis zu 15 Prozent der Verbannten und bis zu 30 Prozent der Lagerinsassen starben. Die bewusste Inkaufnahme der unmenschlichen Zustände und die rücksichtslose Ausbeutung der Verbannten können durchaus als eine stalinistische Variante der Vernichtungspolitik bezeichnet werden.

»Wir erwarten, dass die Sowjetbehörden so bald wie möglich den Zehntausenden Mitgliedern polnischer Soldatenfamilien und Zehntausenden von polnischen Kindern und Waisen gestatten werden, Sowjetrussland zu verlassen. Wir verlangen auch die Freilassung von Männern polnischer Nationalität, die Waffen tragen können, sowie die Fortsetzung des Wohlfahrts- und Unterstützungswerkes für polnische Staatsangehörige in Sowjetrussland, die nach 1939 deportiert wurden, bis sie in der Lage sind, in ihre Heimstätten in Polen zurückzukehren.« Unmissverständlich machte der Ministerpräsident der

DIE TEILUNG POLENS 1772–1795
SCHWEDEN
Riga
RUSSLAND
Ostsee
Dünaburg
Bornholm
Kowno
Smolensk
Danzig
Königsberg
Preußen
Wilna
Kolberg
Minsk
PREUSSEN
Grodno
Bromberg
Thorn
Bialystok
Posen
Gnesen
Warschau
Brest
Lodz
RUSSLAND
Breslau
Lublin
Luck
Kiew
Kattowitz
Krakau
Przemysl
Lemberg
Tarnopol
ÖSTERREICH-
UNGARN
Tschernowitz
OSMANISCHES
REICH
1. TEILUNG
2. TEILUNG
3. TEILUNG
Polnische Staatsgrenzen 1772
1772 an Preußen
1793 an Preußen
1795 an Preußen
Polen nach dem Wiener Kongress 1815
1772 an Russland
1793 an Russland
1795 an Russland
Preußen
1772 an Österreich
1795 an Österreich

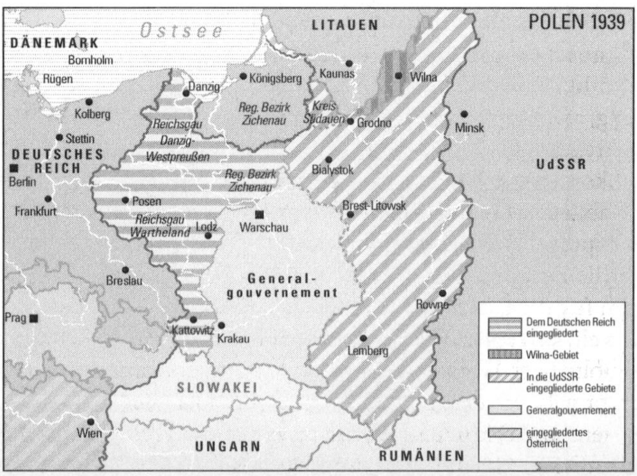
Ostsee
LITAUEN
POLEN 1939
DÄNEMARK
Bornholm
Rügen
Kaunas
Danzig
Königsberg
Wilna
Kolberg
Reg. Bezirk Zichenau
Kreis Sudauen
Grodno
Minsk
Reichsgau Danzig-Westpreußen
Stettin
DEUTSCHES REICH
Berlin
Reg. Bezirk Zichenau
Bialystok
UdSSR
Posen
Frankfurt
Brest-Litowsk
Reichsgau Wartheland
Lodz
Warschau
Breslau
General-gouvernement
Rowno
Prag
Kattowitz
Krakau
Lemberg
SLOWAKEI
Wien
UNGARN
RUMÄNIEN
Dem Deutschen Reich eingegliedert
Wilna-Gebiet
In die UdSSR eingegliederte Gebiete
Generalgouvernement
eingegliedertes Österreich

polnischen Exilregierung in London, General Władisław E. Sikorski, anlässlich des polnischen Nationalfeiertages in einer Rundfunkrede am 4. Mai 1943 klar, dass es so nicht weitergehen könne. »Wenn diese Probleme gelöst sind, wird dies vielleicht für die Wiederherstellung der diplomatischen Beziehungen nützlich sein. Aber es gibt Grenzen der Nachgiebigkeit, die kein Angehöriger der polnischen Nation überschreiten wird.«

Die Sowjetregierung hatte am 25. April ihre Beziehungen zur polnischen Exilregierung in London abgebrochen. Die Politik der als Vertreter des besetzten polnischen Staates von den Alliierten anerkannten Regierung lief den kommunistischen Interessen zuwider. Das Organ der Exilregierung, »Dziennik Polski«, veröffentlichte nach den Verlautbarungen der Konferenz in Teheran im November 1943 einen Artikel, in dem es hieß, dass man die so genannte Curzon-Linie als künftige Grenze nicht anerkennen werde. »Die schon nach dem Ersten Weltkrieg vom damaligen britischen Außenminister Lord Curzon vorgeschlagene Grenzlinie wird nach 1945 die Grenze zwischen der Sowjetunion und Polen bilden ... Wenn man Polen die Hälfte seines Gebietes und fast elf Millionen seiner Bevölkerung zugunsten eines anderen Landes der Vereinigten Nationen abnimmt, so kann das polnische Volk diese Maßnahme nicht als gerechte Handlung oder vernünftige Lösung der polnisch-sowjetischen Beziehungen auf einer wahrhaft friedlichen dauerhaften und freundschaftlichen Basis ansehen.« Was tun? Stalin fand eine Lösung nach eigenem Geschmack: Er gründete einfach eine ihm genehme polnische Staatsvertretung. Das im Juli 1944 eingesetzte Polnische Komitee der Nationalen Befreiung, auch Lubliner Komitee genannt, das zunächst nur von der Sowjetregierung anerkannt wurde, schloss bereits am 27. des Monats ein Abkommen mit der sowjetischen Regierung. In diesem geheimen Grenzabkommen rückte das Lubliner Komitee in der Frage der sowjetisch-polnischen Grenze ganz auf die Seite Moskaus und erhielt dafür die Zusage, dass sich die Sowjetunion in künftigen Verhandlungen für die Oder-Neiße-Linie als zukünftige Grenze im Westen Polens einsetzen werde. Die Taktik schien aufzugehen, als das soeben von Lublin nach Warschau übersiedelte Komitee Anfang Februar 1945 bekannt gab, unverzüglich die Kontrolle über die Zivilverwaltung Schlesiens und Ostpreußens zu übernehmen, und ein scharfer Protest der westlichen Mächte an dieser Stelle ausblieb. In Warschau machte das Wort von den »wiedergewonnenen Gebieten« die Runde, während die Londoner Exilregierung immer mehr an Bedeutung verlor.

»Polnische Septembermorde« und deutscher Terror

Der September 1939 ist vielen Polen und polnischen Juden noch heute in schrecklicher Erinnerung. Ihr Staat wurde nicht nur zwischen Deutschen und Sowjets zerrieben, sie selbst gerieten unter den Druck der autoritären Regime. Besonders die nationalsozialistische Rassenpolitik offenbarte ihr unmenschliches Gesicht. Noch bevor am 6. Oktober die Kämpfe in Polen abgeschlossen waren, separierten die Nationalsozialisten die rund 60 000 Juden unter den insgesamt fast 700 000 polnischen Kriegsgefangenen, um eine »Sonderbehandlung« zu erleichtern. Am 21. September hatte Reinhard Heydrich, einer der maßgebenden Planer der nationalsozialistischen Menschenvernichtungen, eine Anordnung zur »Konzentration« aller polnischer Juden erlassen. Zum ersten Mal unter der NS-Herrschaft wurde in Leslau/Włoclawek am 24. Oktober der Judenstern eingeführt.

Die Reaktion auf den gewaltsamen Einmarsch deutscher Truppen in einigen von Deutschen bewohnten Orten erfolgte prompt. Auch dort hatte man den deutsch-polnischen September 1939 nicht vergessen, als sich in teils spontanen, teils organisierten gewaltsamen Reaktionen der Zorn auf »die Deutschen« entladen hatte. Besonders in Westpreußen waren die ersten Tage nach Kriegsausbruch von gewalttätigen Ausschreitungen gekennzeichnet, von Razzien, Internierungen und Erschießungen. So auch in Bromberg, ehemals zur Provinz Posen gehörend, nach der Besetzung Polens und Gründung des Reichsgaus Danzig-Westpreußen neben Danzig und Marienwerder einer der drei neuen Regierungsbezirke. Die Deutschen der mehr als 100 000 Einwohner zählenden Stadt waren seit den Bestimmungen des Versailler Vertrages, der Bromberg zu einer polnischen Stadt erklärt hatte, massenhaft abgewandert. Hatten 1920 noch mehr als 32 000 Deutsche hier gelebt, so waren es 1939 nur noch etwa 9 000. Was nun in der Stadt und den umliegenden Ortschaften in den ersten Septembertagen geschah, darüber gibt es zahlreiche Augenzeugenberichte von polnischer und besonders von deutscher Seite. Die Lage in Bromberg ähnelte zunächst derjenigen in anderen Bereichen Westpreußens. In der noch

Bromberg, Blick von der Danziger Brücke

nicht von deutschen Truppen eingenommenen Stadt wurden Deutsche verhaftet und deportiert, bloß vereinzelt kam es zu gewalttätigen Ausschreitungen. Mit den ersten deutschen Fliegerangriffen und zahlreichen in die Stadt einziehenden polnischen Flüchtlingen verschärfte sich die Situation jedoch. Am Morgen des 3. September hatten sich Gerüchte um eine bevorstehende Invasion der deutschen Wehrmacht so weit verdichtet, dass noch am Vormittag eine Panik ausbrach, die sich am Mittag und Nachmittag zu pogromartigen Überfällen polnischer Truppenteile und Zivilisten gegen die Deutschen steigerte.

Am Nachmittag des 3. September wurde mein ältester Sohn, Fritz, 18 Jahre alt, verhaftet und abgeführt. 15 Meter vom Gehöft entfernt wurde er auf offner Straße erschossen. Danach wurden dem toten Jungen Kopfhörer und Handgranaten in die Joppentasche gesteckt, was wohl sagen sollte: ›Seht, so machen es die Deutschen!‹ Am Morgen des 4. September wurde mein zweiter Sohn Heinz (16 Jahre) von polnischem Militär erschossen ... Kurz darauf wurde mein Mann Arthur (42 Jahre) angeschossen auf der Schwelle seines Hauses ... Dann mussten meine Tochter und ich in unserem Garten ein tiefes Loch graben, wo alle drei, Vater und seine beiden Jungen, reingeworfen wurden. (Hedwig Radler aus Bromberg)

Hedwig Radler aus Bromberg berichtete, wie eine improvisierte und willkürliche Verhaftungswelle nach Kriegsbeginn zu einer wahllosen Menschenjagd wurde. Auch in den umliegenden Ortschaften kam es zu Exzessen. Else Zabel aus Hopfengarten im Kreis Bromberg sah vom Blumenbeet ihres Hauses aus zu, wie ihr Mann am 4. September von bewaffneten polnischen Männern geschlagen und abtransportiert wurde. Sie machte sich, nachdem sie sich zunächst versteckt gehalten hatte, auf die Suche nach dem Ehemann. Sie fand ihn auf dem Friedhof. Schwer misshandelt und schließlich erschossen lag er in der Nähe des Grabes seiner Eltern. Einer der Polen kannte ihn also wahrscheinlich. »Für mich waren diese Tage die schrecklichsten meines Lebens«, notierte Else Zabel später.

Die auslösenden Momente für die Grausamkeiten beruhten in den allermeisten Fällen auf Denunziationen und vorgetäuschten Anschuldigungen hinsichtlich angeblicher Spionagetätigkeiten oder Gewalttaten der Betroffenen. Unabhängig davon, ob, wie von polnischer Seite behauptet, Deutsche die Eskalation des Schreckens in Bromberg durch Schüsse auf polnische Soldaten provoziert hatten oder nicht:

Sterbliche Überreste von Deutschen, die am 3./4. September 1939 in Bromberg ermordet wurden

die »Verteidigung« einer Stadt, ein damals ebenfalls geläufiger Topos, sieht anders aus.

50 000 Deutsche wurden im Rahmen der Ausschreitungen im Herbst 1939 vorübergehend verschleppt und interniert, 4000 bis 5000 umgebracht – Opfer von Exzessen der polnischen Seite, die nicht zuletzt Folge einer vor allem in der Zwischenkriegszeit beiderseits nationalistisch angeheizten Stimmung zwischen Deutschen und Polen waren. Kann der nun ausbrechende Hass mit dem Überfall Deutschlands, dem begonnenen Krieg und den dadurch ausgelösten Angst- und Panikgefühlen erklärt werden? Eindeutige Antworten fallen nicht leicht angesichts vielfältig geschürter Gewalttaten.

Schwer ins Gewicht fällt der Umstand, dass die Nationalsozialisten zu Profiteuren der Gewalttaten wurden, allen voran Propagandaminister Joseph Goebbels. Er beklagte die Opfer, erklärte aber den in der NS-Sprache als »Bromberger Blutsonntag« apostrophierten Gewaltausbruch in der Folgezeit zum Kollektivverbrechen der polnischen Nation und benutzte ihn als Alibi für die kommende Polenpolitik. Wie der Schmerz der Einzelnen propagandistisch ausgespielt wurde, zeigt das Vorwort einer 1940 vom Reichsgesundheitsverlag geförderten »ärztlichen Dokumentation« mit dem Titel »Höllenmarsch der Volksdeutschen in Polen«: »Der trete hervor, der es danach noch wagt, die Polen in Schutz zu nehmen und die englisch-französische Politik zu verteidigen, die für diese Unmenschen ins Feld zog und dem deutschen Volk den Garaus machen will, während dies so genannte polnische ›Volk‹ seine Unfähigkeit zum eigenständigen Leben nicht nur seit 20, nein, seit 200 oder 2 000 Jahren immer wieder bewiesen, sondern jetzt endgültig unter Beweis gestellt hat für alle, die noch empfinden können, für alle, die sich noch einen Rest von Anstand, Ehrlichkeit und Zorn gegen alles Untermenschliche bewahrt haben.«

Der geplanten Vernichtung des polnischen Volkes kamen die »Septembermorde« als Vorwand gerade recht. »Und unser Friedenswille, Herr Chamberlain, den Sie anzweifeln? Hierzu kann ich Ihnen sagen: Der Wille zum Frieden ist im deutschen Volke groß und tief, und er ist vor allen Dingen am größten und am tiefsten in der Seele des Führers.« Wie tief die Seele des »Führers« und der Friedenswunsch des deutschen Volkes waren, sollte sich in den kommenden Monaten und Jahren herausstellen.

Exekution von Polen durch »Volksdeutsche Selbstschutztruppen«, Herbst 1939

Auf die »Septembermorde« folgte der deutsche »Gegenschlag«. Der offene Terror gegen die polnische Bevölkerung im Herbst 1939 benutzte immer wieder das Argument »Bromberg«. Die spezifische Ausgangslage in Westpreußen schien den Verantwortlichen des NS-Regimes besonders geeignet, das Experiment der »Eindeutschung« und »Entpolonisierung« durchzuführen. Im Gegensatz zu dem fast rein deutsch besiedelten Raum Danzig und den Gebieten des »Polnischen Korridors« war es in Westpreußen in der Vergangenheit immer wieder zu massiven Spannungen im deutsch-polnischen Verhältnis gekommen. Unter dem Eindruck der Ereignisse in Bromberg und weiteren Regionen im September konnten diese Spannungen geschickt instrumentalisiert werden. In mehreren amtlichen Verlautbarungen des deutschen Auswärtigen Amtes über die polnischen »Blutorgien« an den »Volksdeutschen« – den Personen deutscher Abstammung – in Polen wurden die Opferzahlen dramatisch um weit mehr als das Zehnfache gefälscht: Bis zu 60 000 Deutsche seien »eines grausigen Todes gestorben und in den noch nicht geöffneten Massengräbern verscharrt«. Die unter den bekannten rassenpolitischen Gesichtspunkten erfolgte Aufbereitung antideutscher Ausschreitungen bildete den staatlich gelenkten Nährboden der kommenden Ereignisse: öffentliche Erschießungen in den meisten größeren Orten, willkürliche Verhaftungen und Plünderungen. Zumeist nachts wurden ganze Häuserblocks geräumt und deren Bewohner mit Lastkraftwagen abtransportiert, »evakuiert«, zumeist ins Generalgouvernement. Selbstverständlich auch aus Bromberg. »Es ist geplant, die radikalen polnischen Elemente zu liquidieren«, heißt es lapidar in einem Bericht des Bromberger Sicherheitsdienstes der SS im Oktober 1939.

Der »Volksdeutsche Selbstschutz« in den besetzten Gebieten machte sich an seine Aufgabe. Die neuartige Organisation der Nationalsozialisten wurde unmittelbar nach dem deutschen Überfall auf Polen gegründet. Ursprünglich zum Schutz der deutschen Bevölkerung gedacht, verselbständigten sich die Aktionen des durch SS-Offiziere geleiteten und in den meisten Fällen aus ortsansässigen Volksdeutschen bestehenden Verbandes. So kam es beispielsweise zwischen Ende September und Mitte Oktober in Trischen im Kreis Bromberg zu

Vergeltungsaktion der Deutschen: Auf dem Alten Ring in Bromberg warten polnische Geiseln, unter ihnen Dekan Stepcynski, auf ihre Hinrichtung; 9. September 1939

Historischer Exkurs: Reichsgau Wartheland

Nach der Eroberung Polens durch die Wehrmacht wurden am 26. Oktober 1939 von den Nationalsozialisten zwei neue Reichsgaue ausgerufen: der Reichsgau Danzig-Westpreußen und der Reichsgau Posen. Letzterer erhielt am 5. Februar 1940 den Namen Reichsgau Wartheland.

Das 44000 Quadratkilometer große Gebiet umspannte den wesentlichen Teil der von 1815 bis 1918 preußischen Provinz Posen. Dazu kam im Osten ein erheblicher Teil Kongresspolens, der auch Lodz einschloss. Nimmt man den neu geschaffenen Verwaltungsbezirk, so lebten dort unter den insgesamt 4,7 Millionen Menschen, basierend auf den Angaben des Jahres 1938, nur zehn Prozent Deutsche.

Beiden neuen Reichsgauen kam in Hitlers Vorstellung Mustercharakter zu: Nach der hier praktizierten Verschmelzung von Partei- und Verwaltungsämtern – gekennzeichnet durch die Personalunion der jeweiligen Amtsinhaber – sollten nach und nach sämtliche territorialen Gliederungsprinzipien Deutschlands auf Dauer umgestaltet werden. Besonders die Gauleiter, die also gleichzeitig unmittelbar Hitler unterstellte Reichsstatthalter waren, besaßen eine erhebliche Machtfülle. In Danzig-Westpreußen war dies Albert Forster, im Reichsgau Wartheland Arthur Greiser. Greisers Programm einer vollständigen Germanisierung der eroberten Gebiete nach Hitlerschen Vorgaben beinhaltete sowohl Verfolgung und Umsiedlung als auch die Vernichtung der polnischen Bevölkerungsmehrheit und der Juden. Mit der Ansiedlung einer Reihe von deutschen Volksgruppen aus Osteuropa entwickelte sich das Wartheland zum Experimentierfeld der nationalsozialistischen Umsiedlungspolitik.

Massenerschießungen von 700 bis 1000 Personen durch mehrere Exekutionskommandos des »Selbstschutzes«, die von einem SS-Offizier aus Danzig angeführt wurden.

Solche Aktionen fanden anfangs meist willkürlich statt – Denunziationen als Rache. Allmählich verlief das Töten organisierter. Schwerpunkt derartiger Ausschreitungen war Westpreußen, wie zuvor bei den Gewalttaten gegen die Deutschen. Zunächst erschien es wohl einfacher, den im Vergleich zum Posener Gebiet, dem späteren Wartheland, geringeren polnischen Bevölkerungsanteil »einzudeutschen«. Aber auch die Tatsache, dass hier verstärkt Polizeiangehörige aus der Danziger SS stammten, die als besonders antipolnisch eingeschätzt werden kann, war von Bedeutung. Die »volksdeutsche SS« gilt neben der SS und der Polizei als Hauptverantwortliche für den Terror gegen Polen.

Zu den Opfern der eskalierenden Gewalt gehörten sowohl Angehörige der gesellschaftlichen Führungsschichten des annektierten Landes als auch Juden. Insgesamt wurden zwischen 20 000 und 30 000 Polen bei solchen »Vergeltungsmaßnahmen« ermordet.

Gab es kritische Stimmen? In vereinzelten privaten Briefen wird beklagt, dass »Tausende und Abertausende unschuldige Menschen in diesen Kreisen erschossen worden sind. Es ist abwegig, einige 10 000 Juden und Polen, so wie es augenblicklich geschieht, abzuschlachten ... Im Gegenteil, die Art und Weise des Abschlachtens bringt größeren Schaden mit sich ... der feindlichen Propaganda wird ein Material geliefert, wie es wirksamer in der ganzen Welt nicht gedacht werden kann«, heißt es in einer Denkschrift von General Blaskowitz im Februar 1940. Auch wenn die Verharmlosung der Verbrechen an dieser Stelle nicht zu überhören ist, mehrten sich Äußerungen, die vor einer Verselbständigung der radikalen Gewaltpolitik warnen. Das Tempo der schlagartigen »Entpolonisierung« durch groß angelegte Erschießungen und Umsiedlungen musste in seinem zeitlichen Ablauf schließlich gedrosselt werden. Die gesamte Polenpolitik schien gefährdet. Hitlers zur »Eindeutschung« der eingegliederten Ostgebiete und des Generalgouvernements anvisierter Zeitraum von mindestens fünfzehn bis zwanzig Jahren erschien angesichts gelenkter und organisierter Massendeportationen und Ansiedlungen wahrscheinlicher.

Die Lage der Polen unter der deutschen Besatzung mit ihrer Germanisierungspolitik war gekennzeichnet von Hunger, Erniedrigungen, Entwurzelung und Tod. Dies schürte stetig das Bedürfnis nach Rache und Vergeltung. Die Wahnideen und Experimente mit den Bevölkerungsverschiebungen gingen aber noch weiter: Im Generalgouvernement sollten die ethnischen Verhältnisse grundlegend verändert werden.

»SS-Sonderlaboratorium« Zamość

Nachdem der Reichsführer SS Heinrich Himmler im Juli 1941 den Distrikt Lublin und die Region Zamość besucht hatte, befahl er nicht nur die Errichtung eines Konzentrationslagers für 25 000 bis 50 000 Häftlinge. Bemerkenswert ist besonders seine Anweisung, die »Aktion Fahndung nach deutschem Blut« im Generalgouvernement auszuweiten und »ein Großsiedlungsgebiet in den deutschen Kolonien bei Zamosc« einzurichten. Die ohne Widerstand im November 1941 erfolgte Ansiedlung von 2000 Deutschen aus Bessarabien im Distrikt Lublin ermutigte die eifrig bemühten Planer im Rassen- und Siedlungshauptamt, ihre Anstrengungen zielstrebig fortzusetzen. Ein Versuchsobjekt Hitlerscher Lebensraumpolitik schien gefunden. Mehr als ein Jahr später war es so weit: Am 28. November 1942 um drei Uhr morgens begannen die ersten Massendeportationen von Polen in der Region um Zamość, südlich von Lublin. Das Konzept war so einfach wie brutal: Deportation beziehungsweise Vertreibung der Polen und Ansiedlung von »Volksdeutschen« im neu gewonnenen »Lebensraum«.

Der Marktplatz im ostpolnischen Zamość

Historischer Exkurs: Generalgouvernement

Die offizielle Bezeichnung für das von der Wehrmacht während des Zweiten Weltkrieges okkupierte polnische Territorium mit zwölf Millionen Einwohnern lautete bis Sommer 1940 »Generalgouvernement für die besetzten polnischen Gebiete«.
Betrachtet wurde es von der nationalsozialistischen Führung aber schon seit 1939 als »Nebenland« des Reiches, das man nicht mehr aufzugeben gedachte: Ein »polnischer Reststaat«, so die vorübergehend benutzte NS-Vokabel, existierte faktisch nicht mehr. Im Juli 1940 blieb bei der Korrektur der amtlichen Bezeichnung des Territoriums folgerichtig nur noch das »Generalgouvernement« übrig.
Rechtlich blieb der Zustand des besetzten Gebietes während seines gesamten Bestehens allerdings bewusst ungeklärt: Einer vollen Eingliederung ins Reich stand besonders die Tatsache entgegen, dass 80 Prozent der Einwohner des Generalgouvernements Polen waren.
Im Generalgouvernement galt das Prinzip einer vom Reich unabhängigen, letztlich nur Hitler verantwortlichen Eigenverwaltung. Das Territorium gliederte sich in mehrere Distrikte: Warschau, Radom, Lublin, Krakau und Galizien. Sitz der Regierung war die Stadt Krakau, von wo aus Hans Frank den Posten des Generalgouverneurs ausübte.
Das Generalgouvernement war ein bevorzugter Schauplatz nationalsozialistischer Bevölkerungsexperimente sowie eine Region, in der während der Jahre des Zweiten Weltkrieges zentrale Vernichtungslager eingerichtet wurden.

Das historisch-politische Klima schien wie geschaffen für solche Maßnahmen: Der »Endsieg« funkelte als Leuchtbild in manch verdunkelten Köpfen.

Der Einmarsch deutscher Truppen in die Sowjetunion am 22. Juni 1941 markierte zugleich den Übergang zum Massenmord an den Juden. Himmlers Vorstellung, alle Juden des Generalgouvernements, mit Ausnahme von unverzichtbaren Arbeitern, innerhalb des Jahres 1942 umzubringen, wurde fast Realität. Für die so genannte Aktion Reinhardt wählte man die Konzentrationslager Treblinka, Belzec und

Polnische Kinder, die in ein Lager im Distrikt von Zamość deportiert werden sollen

Sobibor aus. Zwischen März 1942 und Oktober 1943 wurden mehr als 1,6 Millionen Juden ermordet. Leiter der Vernichtungs-»Aktion Reinhardt« war der Lubliner SS- und Polizeiführer Odilo Globocnik, derselbe Mann, der auch zur Durchführung der Umsiedlungen in Zamość ausgewählt wurde. Zwei Vorgänge, die teilweise parallel abliefen.

Die »Germanisierung« des Generalgouvernements war also bis Ende 1942 weit fortgeschritten, die »Entjudung« im Distrikt Lublin fast beendet. Nun sollte das Generalgouvernement einer umfassenden Kolonisation unterzogen werden. Die Polen wurden das nächste Opfer. In der Nähe von Lublin, also unweit der Region von Zamość, gab es seit Oktober 1941 das von Himmler befohlene Konzentrationslager Majdanek, neben Auschwitz (Polen), Natzweiler (Frankreich) und Vught bei 's-Hertogenbosch (Holland) das bedeutendste Lagersystem der Nationalsozialisten. Im Vernichtungslager Majdanek, wo es wie in Auschwitz Gaskammern gab, wurden neben Juden vor allem Polen interniert und ermordet.

Die theoretische Grundlage der gesamten Germanisierungspolitik lieferten verschiedene Denkschriften, die schließlich in den berüchtigten »Generalplan Ost« mündeten. Das lange Zeit verschollen geglaubte Dokument datiert vom Juni 1942. Verfasser war Professor Konrad Meyer, Leiter der Abteilung »Planung« in Himmlers Reichskommissariat für die Festigung des deutschen Volkstums. Als eigentlicher Urheber oder Gedankengeber ist aber Heinrich Himmler anzusehen. Worum ging es? Der »Generalplan Ost« sollte das Gesicht Polens auf lange Zeit völlig verändern. In ihm wurden die bisherigen biologisch-völkisch motivierten Planspiele räumlichen, wirtschaftlichen und rechtlichen Aspekten untergeordnet und zusammengeführt: Deportation der Einheimischen und dauerhafte Ansiedlung von Deutschen in den polnischen Gebieten. Aus dem Generalplan Ost entwickelte sich schließlich der so genannte Generalsiedlungsplan. Langfristig, das heißt nach dem deutschen »Endsieg«, sollten mehr als 31 Millionen Menschen nach Sibirien abgeschoben beziehungsweise »ausgesetzt« werden. In den polnischen, ukrainischen und weißrussischen Gebieten sollten dafür »germanische Siedler« die Grenzen des »Großgermanischen Reiches deutscher Nation« weit nach Osten verschieben.

Von der Theorie zur Praxis? Die erzwungenen Siedlungsbewegungen in der Region Zamość zeigten deutlich den Versuch einer Verwirklichung des Generalplans Ost. »Die Kreishauptmannschaft Zamosc wird zum ersten deutschen Siedlungsbereich im Generalgouvernement erklärt.« Himmlers Allgemeine Anordnung vom 12. November 1942 stellte das Resultat einer eineinhalbjährigen, schwierigen Entscheidungsfindung zwischen NS-Behörden im Reich und im Generalgouvernement dar. Zur Ansiedlung vorgesehen waren vorrangig Umsiedler aus Bosnien, »gefährdete volksdeutsche Umsiedler aus den besetzten Ostgebieten« und dem Generalgouvernement selbst. Eine zum Teil bunte Mischung aus »Volksdeutschen« sollte beweisen, wie das Deutschtum im hinzugewonnenen »Lebensraum« funktionieren könnte: deutsche Rückkehrer, die in der Zwischenkriegszeit von Polen ins Deutsche Reich gewandert waren, dazu ehemalige Nachkommen deutscher Kolonisten, die trotz erfolgter Polonisierung wieder bereit waren, ihr Deutschtum anzuerkennen. Serbiendeutsche, Kroatiendeutsche, Russlanddeutsche, Bessarabiendeutsche. Schließlich noch Elsässer, Slowenen, Luxemburger und Lothringer, die trotz zuerkannter deutscher Staatsangehörigkeit ihre Heimat aus politischen Gründen verlassen mussten. Dieser SS-überwachte germanische »Bevölkerungs-Cocktail« konnte seine Wirkung allerdings kaum entfalten, da er nur für kurze Zeit existierte.

Keine An- ohne Aussiedlung. Es begann also gleichzeitig die Selektion der Polen in der Region Zamość. Wer durfte bleiben? Wer wurde

Ein Transport mit jüdischen Frauen auf dem Verladebahnhof in Łodz, 1943

in ein Konzentrationslager geschickt oder zur Zwangsarbeit ins Altreich verpflichtet? »Sollen wir ausrotten oder aufbauen, soll die Arbeit hier oder im Reich geschaffen werden, sollen wir Arbeiter abgeben oder sie hier behalten. Sollen wir die Polen verhungern lassen oder sie ernähren?« Hans Frank, der Generalgouverneur, beschwerte sich noch im Dezember 1942 über die unklare Linie in der Polenpolitik. Für den Raum Zamość hingegen gab es klare Vorschriften. »Rassisch wertvolle und brauchbare Elemente« waren zur »Wiedereindeutschung« oder zum Arbeitseinsatz im Deutschen Reich vorgesehen. Der überwiegende Teil der polnischen Bevölkerung war zur Zwangsarbeit entweder vor Ort oder ebenfalls im Deutschen Reich zugeteilt. »Rassisch schlechte Nichtdeutsche« sollten nach Auschwitz-Birkenau transportiert werden.

Bei der Verwirklichung des »Feldversuchs« Zamość stießen die Nationalsozialisten auf nicht erwartete Widerstände. Die Polen erwiesen sich nicht als demoralisierte, bereitwillige Opfer der unmenschlichen Umsiedlungspolitik. Die Bauern flüchteten zunächst einmal, sie wollten nicht verschleppt werden. Der kürzeste Weg war der in die umliegenden Ortschaften und Wälder. Dort konnten sie auf bewaffnete polnische Untergrundeinheiten oder marodierende Banden treffen. Einige der Flüchtenden schlossen sich den Kämpfern an. Die organisierten Widerstandsbewegungen, zu ihnen gehörten unter anderem die Heimatarmee, Bauernbataillone und die Volksgarde, leisteten erhebliche Gegenwehr. Insgesamt mehr als 300 bewaffnete Aktionen, darunter Überfälle auf Eisenbahntransporte und von Deutschen besiedelte Dörfer, verursachten erheblichen Schaden und Verunsicherung auf Seiten der Besatzer.

Die Zwangsevakuierung Tausender polnischer Bauern zog aber auch weitere Probleme nach sich. So verschlechterte sich die Versorgungslage, da die festgelegten Ablieferungsquoten der noch nicht evakuierten Bauern sanken: eine Form des passiven Widerstandes. Zudem war die allgemeine Sicherheit nicht mehr gewährleistet. »Beim polnischen Teil der Bevölkerung ist die Widerstandsbewegung wieder sehr rührig geworden«, heißt es lakonisch in einem Lagebericht an Globocnik vom Februar 1943. »Bei den Polen macht sich eine starke Mißstimmung gegen die Anordnungen der deutschen Behörden bemerkbar.« Unruhe und allgemeine Furcht der Polen vor einem ähnlichen Schicksal wie dem der Juden führte neben den oben genannten organisierten Partisanenaktionen vereinzelt zu gewaltsamen, spontanen Überfällen verbliebener und geflüchteter Polen.

Auf den Widerstand reagierten die Besatzer mit öffentlichen Einzelexekutionen und Massakern an der Zivilbevölkerung. Ganze Dörfer wurden niedergebrannt, ihre Bewohner ermordet. Die Lage im Distrikt Lublin blieb dennoch angespannt und verschlechterte sich im Frühjahr und Sommer 1943. Es kam zu Rückwanderungen jener Polen (zumeist ältere Menschen und Kinder), die zuvor in so genannte »Rentendörfer« transportiert worden waren. »Der Herr Generalgouverneur gibt ... seiner ungeheuren Enttäuschung Ausdruck über die Ergebnisse, die die bisherigen Sicherheitsaktionen gezeigt haben. Er weist darauf hin, dass die Umsiedlungsaktion im Distrikt Lublin einer Katastrophe gleicht.« Hans Frank erscheint im August 1943 eine Fortführung der Umsiedlungsaktionen nicht mehr möglich. Das »Germanisierungsmodell« Zamość war gescheitert. Die umfassenden An- und Aussiedlungsaktionen wurden eingestellt. Bis zum August 1943 wurden 171 polnische Bauerndörfer »entpolonisiert«, von November 1942 bis zum Abbruch des Experiments im »Sonderlaboratorium« im August 1943 mehr als 100 000 Polen deportiert oder vertrieben.

Die »Technik der Entvölkerung« hatte im Sinne der nationalsozi-

Gefangen genommene polnische Partisanen werden nach Beuthen abgeführt; Oktober 1939

alistischen Wunschvorstellungen in diesem »Laborversuch« versagt. Selbst zuvor als »rein deutsch« bezeichnete Dörfer waren oft nur zu 15 bis 20 Prozent von Deutschen bewohnt. Den Opfern dieses Bevölkerungsexperiments konnte das keinen Vorteil mehr bringen. Und die Überlebenden der menschenverachtenden »Verschiebungen« waren zu erbitterten Feinden geworden. So wie 36 000 Männer der Region Lublin-Zamość zwischen 15 und 45 Jahren, die am 27. Juni im Rahmen der »Aktion Werwolf« verhaftet und als Zwangsarbeiter ins Altreich transportiert wurden.

Vernichtungskrieg

Zu Hitlers prägenden Erfahrungen zählte der Erste Weltkrieg. Ein etwas unscharfes Foto vom August 1914 zeigt ihn jubelnd in der kriegsbegeisterten Menge auf dem Odeonsplatz in München. Die nächsten vier Jahre kämpfte der »Gefreite« an der Front, verdiente sich das Eiserne Kreuz. Und kehrte zurück in ein ziviles Leben, mit »Versailles im Rücken«, wie er und viele andere meinten. Der Mittelpunkt seiner

Weltanschauung blieb bis zu seinem Selbstmord im Berliner Führerbunker 1945 konstant: ein »ewiger Kampf« mit den Mitteln von Krieg und Mord. Dieser rassisch motivierte Kampf sollte mit der Eroberung weit gefasster »Lebensräume« für das angeblich in Not und Enge lebende deutsche Volk und mit der Vernichtung »minderwertiger Rassen« einhergehen. Ein krudes Gedankengebälk, in sich konsequent, unübertroffen an brutaler Menschenverachtung.

Ende der dreißiger Jahre hatte sich der Obersalzberg bei Berchtesgaden von einer beliebten Sommerfrische des Bürgertums aus ganz Deutschland in ein dreiteiliges Führersperrgebiet verwandelt. Der Obersalzberg war gewissermaßen Regierungssitz geworden. Der britische Premier Arthur N. Chamberlain, Benito Mussolini, der österreichische Bundeskanzler Kurt Schuschnigg und auch Konrad Henlein, Führer der Sudetendeutschen Partei: Sie alle waren Hitlers Gäste in der Bergidylle und bildeten mit ihrer Anwesenheit gleichzeitig ein Spiegelbild der internationalen Politik dieser Zeit. Am 22. August 1939 teilte Hitler hier im Berghof den Verantwortlichen der Wehrmacht seine Entscheidung zum Abschluss des deutsch-sowjetischen Angriffspaktes und den geplanten Angriff auf Polen mit. Fast ein Jahr später horchten die obersten Vertreter des deutschen Militärs an gleicher Stelle auf. Hitler änderte seinen Kurs. »Im Zuge dieser Auseinan-

Der Berghof auf dem Obersalzberg bei Berchtesgaden. Hier entwickelte Hitler seine Pläne für den Feldzug gegen die Sowjetunion.

dersetzungen muss Russland erledigt werden.« Frühjahr 1941. »Je schneller wir Russland zerschlagen, je besser.« Zwischen den Zeilen offenbarte sich dabei der wichtigste Aspekt: Unter Rückgriff auf sein weltanschauliches Gedankengut nahm Hitler nun den entscheidenden Kampf gegen den Bolschewismus und das Judentum auf. Es sollte kein »normaler« Krieg werden. Hitler ging es mehr und mehr um die Vernichtung des Feindes als Selbstzweck.

Die Massenerschießungen der Zivilbevölkerung spielten sich meistens im Hinterland ab. Zuständig waren hier vier mobile Sondereinheiten der SS und der Polizei, die in ihren Aufgaben von weiteren Polizei-Bataillonen und Abteilungen der Waffen-SS unterstützt wurden. Mit dem »Barbarossa-Erlass« erhielten die Uniformierten einen Freibrief zum Töten der sowjetischen Zivilbevölkerung: Dieses »Delikt« entzog sich von nun an der militärischen Gerichtsbarkeit. Der »Kommissarbefehl« verlangte die Ermordung aller kommunistischen Politoffiziere, die nicht als Kriegsgefangene betrachtet werden sollten. Große Teile der Wehrmacht fügten sich dem Befehl. Gefangen genommene Soldaten der Roten Armee wurden ermordet. Zusammen mit der Gestapo »selektierte« die Wehrmacht ebenfalls besonders im Hinterland. Hunderttausende Angehörige der gegnerischen Armee fielen diesen »Säuberungsaktionen« zum Opfer. In den Kriegsgefangenenlagern eskalierte die Lage durch eine Politik des Aushungerns: Der Mehrzahl der drei Millionen Insassen wurden die Nahrungsmittelrationen drastisch gekürzt. Auf engstem Raum zusammengedrängt, der winterlichen Kälte zumeist schutzlos ausgesetzt, starben bis März 1942 zwei Millionen Menschen. In absoluten Zahlen gemessen, musste die Sowjetunion die stärksten Verluste im Zweiten Weltkrieg erleiden: 8 668 000 Tote unter den Streitkräften und – nach offiziellen sowjetischen Angaben – sieben Millionen unter der Zivilbevölkerung. Abstrakte Zahlen, die trotz ihrer kalten Sachlichkeit einen ungefähren Eindruck davon vermitteln können, was die deutsche Besatzungsherrschaft hier hinterlassen hat: neben »verbrannter Erde« auch eine verbrannte Zukunft.

Noch bevor auf der Wannsee-Konferenz in Berlin im Januar 1942 die Maßnahmen zur »Endlösung der Judenfrage« erörtert wurden, hatte die systematische Tötung der europäischen Juden begonnen: Zwei Tage nach dem Überfall auf die Sowjetunion am 22. Juni 1941 fanden erste Massenerschießungen in der litauischen Stadt Garsden

Am Morgen des 22. Juni 1941 rollen deutsche Panzer über die sowjetische Grenze.

statt. Zuerst wurden im besetzten Polen gegen Ende des Jahres 1941 kleinere Vernichtungslager eingerichtet. Vom Frühjahr 1942 an weiteten die Nationalsozialisten das systematisierte Töten dann auf ganz Europa aus. Auschwitz wurde schließlich zum zentralen Vernichtungsort. 1943 rollten hier fast täglich Züge mit Geschundenen an.

Der Fall »Barbarossa«, so die geheime Bezeichnung für den Krieg mit der Sowjetunion, entwickelte sich zum Wendepunkt des Zweiten Weltkrieges. Zunächst eilten die deutschen Truppen von Sieg zu Sieg. Wenige Kilometer trennten sie von Moskau und Leningrad, 1942 waren Wolga und Kaukasus erreicht. Im Winter 1941/42 geriet die deutsche Offensive erstmals ins Stocken, zerbrach der Mythos der deutschen Unbesiegbarkeit. Die unzureichende Wintervorbereitung und eine sowjetische Gegenoffensive ließen den »Blitzkrieg« implodieren.

Hitlers Menschenverachtung richtete sich auch gegen die eigenen Soldaten. Am 22. November 1942 wurden bei Stalingrad 250 000 deutsche Soldaten von der Roten Armee eingekesselt. Der deutsche Kriegsherr verbot den Ausbruch aus der »Festung« Stalingrad. Die verlustreichen Kämpfe (150 000 Gefallene, 90 000 Kriegsgefangene) bis zur Kapitulation Anfang Februar 1943 zeigten, wie Hitler die 6. deut-

Sowjetische Frauen werden zur Zwangsarbeit nach Deutschland in Güterwagen eingewiesen; 1942

sche Armee einfach der Vernichtung preisgab, mit einem Fingerstreich auf dem Opfertisch der Militärplaner. Es dauerte allerdings noch fast anderthalb Jahre, bis die sowjetischen Truppen im Juni 1944 den ersten Teil der deutschen Ostfront zum Einsturz brachten. Zu diesem Zeitpunkt lebten in den besetzten Gebieten in Polen und der Sowjetunion fast keine Juden mehr. Knapp sechs Millionen Juden, zu über 90 Prozent aus Osteuropa, sind aufgrund des nationalsozialistischen Rassenwahns umgekommen. Und in langen Kolonnen bewegten sich seit Juli 1944 Tausende noch verbliebene KZ-Häftlinge in Viehwaggons oder auf »Todesmärschen« Richtung Westen.

Eine böse Vorahnung ergriff mich, als der Elendszug der KZ-Häftlinge des Lagers Auschwitz Anfang Januar 1945 durch unser Dorf zog. Ein schreckliches Erlebnis. Sie waren alle, obwohl es bitterkalt war, nur in der dünnen Häftlingskleidung, mit Holzpantinen ohne Strümpfe bekleidet. Ihre letzten Habseligkeiten waren auf einem gummibereiften Wagen geladen, den sie selber ziehen mussten. Als ich am nächsten Morgen zur Schule ging, lagen Dutzende von erschossenen Häftlingen am Straßenrand, schreckliche Bilder, die man so schnell nicht vergessen kann. (Arnold Degener, Jahrgang 1935, aus Schlesien)

Claus Graf Schenk von Stauffenberg (links) im Hauptquartier »Wolfsschanze« bei Rastenburg in Ostpreußen am 15. Juli 1944, fünf Tage vor seinem Attentat auf Hitler (Mitte); rechts Wilhelm Keitel

Die »Unfähigkeit zu kapitulieren«. Königsberg und die Flucht aus Ostpreußen

Oberst Claus Schenk von Stauffenberg flog am 20. Juli 1944 nach Berlin zurück. Er kam aus dem Führerhauptquartier Wolfsschanze bei Rastenburg in Ostpreußen. In der festen Überzeugung, Hitler sei seinem Sprengstoffattentat erlegen, machte er sich auf den Weg in die Bendlerstraße, um seine Mitverschwörer zu treffen und den Staatsstreich einzuleiten. Aber Hitler überlebte nur leicht verletzt. Der lange geplante Umsturzversuch war gescheitert. Noch in der gleichen Nacht

wurden Stauffenberg und weitere Angehörige der »Gruppe des 20. Juli« verhaftet und hingerichtet.

Die Verfolgung weiterer Oppositioneller begann noch in der gleichen Nacht. Was hatte diese »Offiziersverschwörung« veranlasst, den »größten Feldherrn aller Zeiten« und sein nächstes Umfeld eleminieren zu wollen? Bei fast allen Beteiligten der Aktion stand die Unzufriedenheit über die militärische Einäugigkeit und Unfähigkeit der obersten Wehrmachtführung einschließlich der Hitlers am Anfang. Im Lauf der Zeit summierten sich weitere, jeweils durchaus unterschiedliche Motive zu einer mehr oder weniger grundsätzlichen politischen Opposition. Da es sich bei den Männern des »20. Juli« um Vertreter alter militärischer Eliten handelte, die lange Zeit das NS-Regime unterstützt hatten, werden sie von mancher Seite bis heute in der öffentlichen Diskussion einseitig als reaktionär eingestuft. Doch wird man ihnen damit nicht gerecht, auch wenn man sie nicht als Vorkämpfer einer demokratischen Neuordnung Deutschlands bezeichnen kann. Ihr schon vor der Kriegswende bei Stalingrad gefasster Entschluss, die Welt von Hitler zu befreien, bleibt ein denkwürdiger Widerstandsakt.

Einen Monat vor dem Attentat in der Wolfsschanze hatte die entscheidende sowjetische Großoffensive gegen die Heeresgruppe Mitte

Historischer Exkurs: Ostpreußen

Das 18. Jahrhundert galt als das »Jahrhundert Königsbergs«, der Provinzhauptstadt Ostpreußens. Entscheidende Impulse auf den Gebieten der Philosophie und Literatur gingen von dem Umfeld der Albertina aus, der 1544 gegründeten evangelischen Universität. Neben Wissenschaftlern, Historikern und Schriftstellern wie Johann Gottfried Herder (1744– 1803) war es vor allem der Philosoph Immanuel Kant (1724–1804), der zum Ruhm Königsbergs beitrug.

Die Bevölkerung des agrarisch geprägten und evangelisch orientierten Landes – eine Ausnahme bildete das katholische Ermland – lebte zu zwei Dritteln in Kleinstädten und Landgemeinden. Von den bei der Volkszählung im Jahr 1905 ermittelten mehr als zwei Millionen Einwohnern sprachen über 1,6 Millionen deutsch, knapp 300000 polnisch und etwa 100000 Menschen litauisch. Die also im wesentlichen deutsche Bevölkerung ging auf Siedler zurück, die vom Deutschen Orden schon im Mittelalter vom Rhein, aus Niedersachsen und Franken ins Land der Pruzzen geholt worden waren.

Nach dem Ersten Weltkrieg wurde infolge der im Versailler Vertrag festgeschriebenen Gebietsabtretungen Deutschlands im Jahr 1920 Ostpreußen durch den »Polnischen Korridor« geographisch von den übrigen Reichsgebieten abgetrennt. Eine direkte Verbindung zum Reich bestand von da an nur noch über die Ostsee.

Nach dem Zweiten Weltkrieg unterstellte die Sowjetunion den von ihr eroberten südlichen Teil Ostpreußens im Sommer 1945 endgültig polnischer Verwaltung. Das nördliche Ostpreußen stand nach dem Potsdamer Abkommen bis April 1946 unter sowjetischer Verwaltung. Daraus entwickelte sich das Königsberger, später das Kaliningrader Gebiet unter Hoheit der Sowjetunion.

begonnen. Bis Juli 1944 brach die Front auf einer Länge von 300 Kilometern auf, wurde dieser Abschnitt mit 28 Divisionen vernichtet. Im Herbst erreichte die Rote Armee die Grenzen des Deutschen Reiches. Bulgarien, Rumänien und weite Teile Ungarns wurden besetzt. Die militärische Lage des Gesamtreiches musste jedem Beobachter als aussichtslos erscheinen, zumal im Juni desselben Jahres die Landung

Dorf am Kurischen Haff in Ostpreußen

der westlichen Alliierten in der Normandie erfolgte. Aber Hitler wollte nicht aufgeben und setzte in dieser letzten Phase des Zweiten Weltkrieges sowohl die Soldaten als auch die Zivilbevölkerung sinnlosen und Verlust bringenden Kämpfen aus. Joseph Goebbels wurde fünf Tage nach dem Anschlag im »Führerhauptquartier« zum »Reichskommissar für den totalen Kriegseinsatz« bestimmt.

Der Schlossteich und die Befestigungsanlagen. Unvergessene Bilder in den Köpfen der ehemaligen Bewohner der Hauptstadt der Provinz Ostpreußen. Bilder aus glücklichen Zeiten und Bilder, an die man sich unter Schmerzen erinnert. Königsberg brannte. In den Nächten vom 26. zum 27. und vom 29. zum 30. August 1944 bombardierte die britische Royal Air Force Königsberg und zerstörte die historische Innenstadt mit ihren zum Teil jahrhundertealten Bauwerken. Der Dom brach zusammen, das Schloss stürzte ein. Auch der Schlossteich wurde zum Ort der Gewalt: Brennende Menschen stürzten oder sprangen ins Wasser.

Danach versuchten die Bewohner von Königsberg, sich wieder ein Stück aus der Umklammerung des Krieges zu lösen. Manche dachten an Flucht, andere ans Dableiben, das befohlen wurde. Die örtliche Propaganda nutzte die Mauerreste als Plakatwände für Durchhalteparolen: »Mauern brechen, unsere Herzen nicht.«

Erich Koch, Gauleiter von Ostpreußen, inspiziert die »Ostbefestigungen« bei Königsberg; Herbst 1944

Trotzdem setzte hier wie auch in anderen Städten (Danzig, Stettin, Breslau) eine Abwanderungsbewegung der einheimischen Bewohner auf das Land ein. Ende 1944 lebten in Königsberg 250 000 Menschen, ein Drittel weniger als 1939. Das tägliche Leben veränderte sich allmählich. Gebrochen war der Widerstand des deutschen Heeres. Von dessen schrittweisen strategischen Rückzugsbewegungen seit 1943 waren eine Vielzahl von Zwangswanderern betroffen. Kriegsgefangene, Häftlinge, Deportierte, flüchtende »Volksdeutsche« trieben vor oder inmitten dieser immer größer werdenden Rückzugswelle Richtung Westen.

Bis zum Sommer 1944 lebten die deutschen Bewohner Ostpreußens allerdings weitgehend in Sicherheit. »Bis dann am 7. Oktober 1944 der Befehl erging, am Sonntag, dem 8. Oktober, wieder mit allem bepackt, auf der Straße zu erscheinen.« Else Steinweder aus Ostpreußen war wie die anderen Bewohner des Kreises Memel schon im August aufgefordert worden, das Haus zu verlassen. Da die Frontlinie zu diesem Zeitpunkt doch nicht überschritten wurde, waren die Menschen aus der näheren Umgebung zunächst nach Hause zurückgekehrt. »Es herrschte aber auch jetzt ein großes Durcheinander, auch hinsichtlich der Befehlsgebung … Als dann die Trecks wirklich in Gang kamen, war es zu spät.« Diese Kritik an den Entscheidungen der zuständigen Verantwortlichen aus der Sicht des ehemaligen Landrats Buttgereit und des Gutsbesitzers Strauß aus der Stadt Memel war berechtigt. Denn erst zwei Tage nach Beginn des Angriffs am 5. Oktober wurde der Räumungsbefehl erteilt und am 10. Oktober war ihre Stadt bereits eingeschlossen. Sie blieb es bis zum Januar 1945. Das nördliche Memelgebiet war von der Landverbindung zum Deutschen Reich abgetrennt. Schon in Bewegung befindliche Trecks kamen nicht mehr weiter. »Tausende von Memelnern klagen die Unfähigen an«, wird später der Landesbauernführer Spickschen zitiert. Es blieb ein möglicher Fluchtweg für diejenigen, die sich in der Stadt Memel befanden, und zwar auf die Kurische Nehrung. Anderen Flüchtlingen südlich von Memel gelang es, am Haff zu entkommen und nach dem Kreis Elchniederung überzusetzen.

Nicht nur im Memelgebiet, auch im Gebiet bis an die Angerapp, in das die sowjetischen Truppen ebenfalls eingebrochen waren, verliefen die Räumungsaktionen alles andere als vorausschauend. Manchen gelang die Flucht auf eigene Faust, andere Einheimische zögerten noch. In Nemmersdorf war sichtbar geworden, wie Racheakte der Rotarmisten verlaufen können. Trotz der sehr prekären Situation verbot der Gauleiter Ostpreußens, Erich Koch, weiterhin jede Planung oder

Vorbereitung einer Räumung und Rettung der Bevölkerung im Falle der höchsten Gefahr. »Falls die Front kleine Veränderungen erfahre, müsse eben ›improvisiert‹ werden.« Der Bürgermeister von Insterburg, Wander, reagierte auf seine Weise. Ihm war die bedrohliche Lage längst deutlich geworden: »In Wirklichkeit wußten wir alle, dass die Ostfront völlig ungenügend durch Truppen gesichert war.« Trotzdem übte sich Koch weiterhin in Nutzlosigkeiten. Er organisierte »Ostbefestigungen« und ließ Volkssturmeinheiten aufstellen. Von seiner Drohung, gegen die Zweifler am Endsieg oder an der Festigkeit der Ostfront mit entsprechenden Maßnahmen auf das Schärfste vorzugehen, ließ sich Wander nicht beeindrucken. Er entwickelte einen detaillierten Evakuierungsplan der Stadt Insterburg. Mit Erfolg. Die Mehrzahl der Einwohner konnte sich zunächst dem Angriff entziehen.

Die Flüchtlinge gelangten erst einmal nach Mohrungen, Heiligenbeil oder Königsberg. Eine rechtzeitige und geregelte Räumung der durch den sowjetischen Vorstoß bedrohten Gebiete Ostpreußens fand jedoch sonst nirgendwo statt.

Schon lange gingen Gerüchte um von Flucht und dergleichen. Aber wo sie laut wurden, traten Menschen auf, die sie widerlegten und die Zweifelnden auf die Tapferkeit und den Mut unserer Armee hinweisen.

Die reformierte Kirche von Insterburg in Ostpreußen

Für uns Kinder waren dies in erster Linie unsere Lehrer. Und tatsächlich kam es trotz verschiedener Anzeichen vom Näherrücken der Ostfront zu keiner Panik. (Karl Beutner aus Schlesien)

Meist handelte es sich um einen überstürzten und dadurch verwirrten Aufbruch in letzter Sekunde. Glücklicherweise interessierte einen Teil der Bevölkerung das Fluchtverbot, also das Warten bis zum offiziellen Evakuierungsbefehl, nur wenig. Manche flüchteten also auf eigene Faust und entgingen damit oft dem Schicksal zahlreicher Trecks: dem Überrolltwerden durch russische Panzereinheiten und den anschließenden Gewaltverbrechen.

Am nächsten Tag kamen sie. Endlose Kolonnen Panzer, LKW, Geschütze. An den Pelzmützen und an den Fahrzeugen rote Sterne. »Hitler kaputt« ... riefen sie. Schwer bewaffnet, wohlgenährt und mit lachenden Gesichtern zogen sie weiter ... Jetzt erst zweifelten manche, ob der Führer diese Truppen noch aufhalten kann. Ein anderer murmelte: »Wartet nur ab, der Adolf wird´s euch schon zeigen.« (Helmut Klee, Jahrgang 1936, aus Ostpreußen)

Die ländliche Bevölkerung, viele Flüchtlinge Ostpreußens und versprengte Angehörige verschiedener Militäreinheiten strömten nach Königsberg, der vermeintlich sicheren Zuflucht. Die Befestigungs-

Überstürzt verlassen viele Deutsche in Ostpreußen ihr Zuhause aus Angst vor der vorrückenden Roten Armee.

anlagen waren ja auf dem neuesten Stand und würden dem Feind schon trotzen bis zu einem Waffenstillstand. Es wurde Winter, ein harter ostpreußischer Winter. Der Krieg kam näher.

Der ganze östliche Himmel war rot gefärbt, und ich hörte ein ganz fernes, ganz leises Poltern und Rummeln. Obwohl ich den Krieg mit all seinen Schrecken noch nicht kannte, wusste ich: Das ist die Front. (Karl Beutner aus Schlesien)

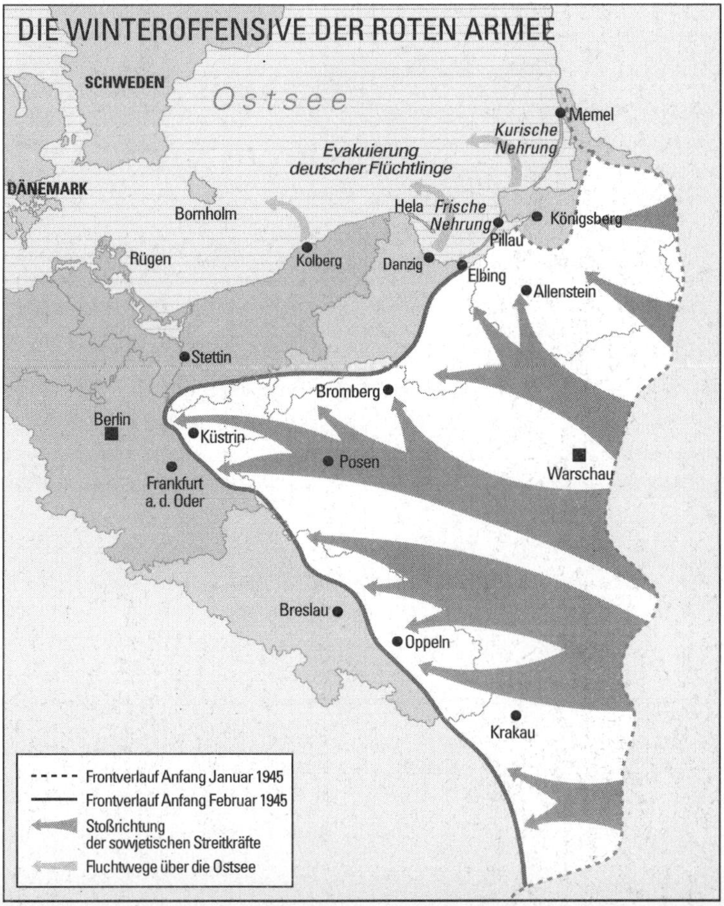

Über das zugefrorene Haff wollen Tausende Flüchtlinge aus Ostpreußen die rettenden Schiffe der Kriegsmarine erreichen, da der Landweg durch die vorrückenden sowjetischen Truppen abgeschnitten ist; Januar/Februar 1945

Als die Truppen der Roten Armee mit der Januar-Offensive 1945 die deutsche Verteidigung in Ostpreußen fast ohne Anstrengung überwanden, glich Königsberg einem Schwerkranken. Nicht nur die Bombenangriffe hatten starke Spuren an den Gebäuden hinterlassen, auch die psychische Verfassung seiner Bewohner hatte schwer gelitten. Unter dem Druck der katastrophalen militärischen Lage breiteten sich chaotische Zustände aus. Der bisher vorhandene Optimismus kippte, zunehmend bestimmte existenzielle Angst das Denken und Fühlen der Menschen.

Fast ununterbrochen verließen Flüchtlingszüge die Stadt. Nach dem offiziellen Aufruf vom 27. Januar, bei einem Panzerdurchbruch der Russen sei die Stadt sofort zu verlassen, begaben sich Tausende in panischer Reaktion zu Fuß, per Rad oder Wagen auf den Weg in die Hafenstadt Pillau. Seit dem 26. Januar war Königsberg jedoch weiträumig eingekreist. Bei Elbing, etwa 100 Kilometer südlich, hatten die Sowjets die Eisenbahnlinie ins Reich unterbrochen, eine Nachricht, die die Panikreaktion unter den Flüchtenden noch steigerte. Ostpreußen einschließlich Königsberg, der schwerkranken Stadt, war nun allein. Ende Januar wurde die Provinzhauptstadt von der Roten Armee eingeschlossen. Jetzt blieben nur noch zwei Fluchtwege offen: über die Ostsee mit dem Schiff von Pillau aus oder über das gefrorene Eis des

Frischen Haffs auf die Nehrung und weiter nach Danzig Richtung Pommern.

Die Rote Armee stand im Norden vor Königsberg, im Westen marschierten die Russen auf Elbing zu, um Ostpreußen zu umzingeln ... am 26.01.45 erreichten wir Braunsberg am Frischen Haff, wo wir uns eine Nacht und den kommenden Tag bis zum späten Abend von den Strapazen ausruhen konnten. Um 22 Uhr mussten wir Braunsberg verlassen, weil die Stadt an allen Ecken brannte. Der Marsch ging weiter ... Am Morgen kamen Offiziere der Wehrmacht und sagten: Es gibt nur eine Möglichkeit, der nahenden Roten Armee zu entkommen, über das zugefrorene Frische Haff zur Nehrung ... Gegen 9 Uhr betraten wir das Eis, die Pferdetrecks und Fußkolonnen wurden in drei Reihen eingeordnet. Was sich während dieses Tages auf dem Eis abspielte, ist für mich heute unvorstellbar. Am späten Nachmittag erreichten wir die Frische Nehrung bei Kalberg. Weiter ging es nicht, da der Kessel bei Elbing geschlossen war. (Kurt Koslowski, Jahrgang 1929, aus Ostpreußen)

Trecks aus allen Teilen Ostpreußens konzentrierten sich in einem täglich kleiner werdenden unbesetzten Gebiet in der Nähe des Frischen Haffs. In einem zähen und wochenlangen Kampf der Wehrmacht wurde ein »feindfreier« Kessel verteidigt, der die Flucht aus den Kreisen Braunsberg und Heiligenbeil ermöglichte. Die klimatischen Bedingungen und die hohe Zahl der zu Versorgenden waren der Grund für hohe Verluste unter den Flüchtlingen, die vor Hunger, infolge von Erfrierungen oder durch die ständigen Angriffe aus der Luft ums Leben kamen. Die extrem tiefen Temperaturen hatten auch einen Vorteil: Das Frische Haff war zugefroren. Hunderttausende versuchten nun, zu Fuß oder mit Wagen über das Eis den feindlichen Attacken zu entkommen, was zwischen Ende Januar und Ende Februar zu einer Massenwanderung auf abgesteckten Wegen führte. Doch der Weg war gefährlich, das Eis an vielen Stellen brüchig. Und die Rote Armee griff die flüchtenden Trecks weiterhin erbarmungslos an.

Etwa einer halben Million Menschen gelang dennoch ein Entkommen. Die meisten Flüchtlinge schlugen den Weg nach Danzig ein, um von dort weiter nach Westen zu gelangen.

Über die Eisfläche des Frischen Haffs versuchten die Flüchtlingstrecks nach Pillau zu entkommen, wo die Kriegsmarine den Seeverkehr aufrechterhielt. Viele Trecks wurden dabei von Tieffliegern beschossen.

Die Nehrung war total überbelegt. Nach zwei Tagen haben Einheiten der Wehrmacht nach harten Kämpfen den Ring durchbrochen. Wir wurden dann mit Lastwagen der Wehrmacht ausgefahren, über die Weichsel bis nach Danzig. Nach gut zwei Wochen Flucht konnten wir zum ersten Mal in Ruhe essen und schlafen. (Kurt Koslowski, Jahrgang 1929, aus Ostpreußen)

Die letzten Fluchtnischen bildeten nun Königsberg und das Samland. Im Tiergarten von Königsberg wurden »Feiglinge und Fahnenflüchtige« hingerichtet. Fast täglich fanden Exekutionen satt. General Otto Lasch, der letzte deutsche Kommandant der Stadt, appellierte auch weiterhin an die Moral der Truppe, die kämpfen sollte, »wie es das Vaterland von uns verlangt, dann haben wir die Gewißheit, dass wir etwas erkämpfen: Wenn nicht unser Leben, so doch unsere Ehre ... Es lebe der Führer und unser Volk!«

Die bislang unter den Bomben- und Artillerieangriffen leidenden Menschen, zu denen auch ausländische Zwangsarbeiter und Kriegsgefangene gehörten, durften jedoch überraschenderweise Luft holen. Die Sowjets zögerten, die Stadt per Handstreich einzunehmen, und begnügten sich mit ihrer Belagerung. Der Kampf gegen die südwestlich von Königsberg stationierte 4. deutsche Armee schien erst einmal im Vordergrund des sowjetischen Interesses zu stehen. Indessen öffneten die Geschäfte in der eingekesselten Stadt wieder, Gottesdienste wurden besucht, und in einigen Kinos konnte man den Kriegsalltag für ein paar Stunden vergessen.

Wer hörte Hitlers letzter Rundfunkrede am 30. Januar zu, wer glaubte noch an den »Führer« in der Not? Wer außer direkten Augenzeugen wusste von dem Schicksal der 60 000 Häftlinge aus Auschwitz, die sich seit Beginn der Räumung am 17. Januar auf einem »Todesmarsch« nach Westen befanden?

Ungefähr sechs Wochen dauerte die »nur« von Bombenangriffen unterbrochene letzte Ruhephase für Königsberg. In diesem Zeitraum verlegte General Lasch seine Kommandantur in einen Bunker am Paradeplatz, dahin, wo die Universität bis zu ihrer Zerstörung gestanden hatte. Hätte Lasch nach Südwesten blicken können, er wäre vielleicht ins Zweifeln geraten in Hinblick auf die Frage einer freiwilligen Beendigung der Kampfhandlungen, die er doch so vehement ablehnte.

Parolen wie diese fordern die Bevölkerung in der »Festung« Königsberg noch im März 1945 zum Durchhalten auf.

»Tapfer und treu – Der Sieg ist unser – Königsberg wird das Grab der Bolschewisten.« Parolen, die angesichts der blutigen Niederlage der 4. Armee Ende März 1945 absurd erscheinen mussten. Der letzte Ausweg für die Übriggebliebenen der fast völlig aufgeriebenen Einheit war das Frische Haff. Unter Mobilisierung allerletzter Kräfte einschließlich der Hitlerjugend gelang es Mitte Februar für kurze Zeit, den Ring um Königsberg zu durchbrechen. Auf einem schmalen Korridor strömten Menschenmassen Richtung Pillau, einer der wichtigsten Fluchtorte der ostpreußischen Bevölkerung. In der Hafenstadt gab es zahlreiche Zwischenlager, in denen die Plätze auf den noch freien Schiffen nach strengen Kriterien vergeben wurden: Schwangere Frauen wurden bevorzugt ausgewählt, Männer – bis auf Greise und nicht wehrfähige – hatten keine Chance, mitgenommen zu werden. Da auch hier die Bombardements auf die Wartenden nicht abrissen, kam es vielerorts zu Panik unter den Menschenmassen.

Insgesamt 450 000 Menschen verließen von Januar bis April 1945 den Hafen in der Hoffnung auf sicheres Geleit in die Zukunft.

Das Meer war einer der bedeutsamsten Fluchtwege, die Ostseehäfen Pillau, Gotenhafen, Danzig oder Hela wichtige Rettungsstationen für viele.

Vor der Einschiffung im Hafen von Pillau, Januar 1944

Voll beladenes Flüchtlingsschiff im Hafen von Pillau. Über die Ostsee wurden insgesamt etwa zweieinhalb Millionen Flüchtlinge in Sicherheit gebracht.

Gotenhafen: totales Chaos, Soldaten, Gefangene unter Bewachung, Flüchtlinge, Pferde und Wagen ... Wir sehen, wie ein kleines Küstenmotorschiff praktisch von Flüchtlingen geentert wird. Mutter und wir Kinder hinterher. Total überbesetzt! Selbst im leeren Kohlenbunker liegen Verwundete und Flüchtlinge. (Joachim Wordell, Jahrgang 1935, aus Ostpreußen)

Über die Ostsee konnten seit den ersten Evakuierungsaktionen im Juli 1944 in Memel bis in die Wintermonate 1944/45 rund 2,5 Millionen Flüchtlinge, vorwiegend Mütter mit Kindern und alte Menschen, in Sicherheit gebracht werden.

Dann trat etwas ein, das uns wahrscheinlich das Leben rettete. Mein dreijähriger Bruder bekam eine doppelseitige Mittelohrentzündung. Für mich ist es heute noch ein Wunder, dass uns bei all dem Durcheinander Soldaten einen Sankra (Sanitätskraftwagen, KEF) besorgten, der unser Häuflein nach Neukuhren brachte. Aber nicht nur das. Wir durften dort an der langen Schlange der verzweifelt wartenden Leidensgenossen vorbei auf das Schiff. Diese Gesichter werde ich nie vergessen. (Klaus Konopka, Jahrgang 1931, aus Königsberg)

Verlassene Trecks in Gotenhafen. Was oft über Hunderte von Kilometern als letzter Besitz gerettet werden konnte, musste nun zurückgelassen werden; auf den Schiffen war nur Platz für die Menschen.

Und auf den Schiffen? Für die Aufgenommenen bedeutete es das Gefühl, erst einmal entkommen zu sein. Trotz der auseinander gerissenen Familien, trotz der Verluste von nahen Angehörigen, von Hab und Gut, trotz der Ungewissheit, wie es weitergehen soll.

Mehr als tausend Handels- und Kriegsschiffe waren an diesen Aktionen beteiligt, nicht alle erreichten ihr Ziel. Der Seekrieg forderte zahlreiche Verluste auch unter den mit Flüchtlingen oft überfüllten Schiffen. Neben der »Goya«, der »Steuben« und der »Cap Arcona« wurde die »Wilhelm Gustloff« zum Symbol des Untergangs ziviler Transporte. Nur etwa 1000 der 10000 Passagiere konnten nach drei Torpedotreffern eines sowjetischen U-Bootes lebend geborgen werden. Etwa die Hälfte der Toten waren Kinder und Jugendliche.

Die immer chaotischer werdenden Umstände im ostpreußischen Pillau führten zu einer Gegenbewegung: Nun strömten Flüchtlinge wieder zurück nach Königsberg, in der Hoffnung, in irgendeinem Keller sicheren Unterschlupf zu finden. Der sowjetische Sturmangriff auf Königsberg begann am 6. April. Auch jetzt kapitulierte General Lasch noch nicht, sondern ließ weiterkämpfen. Die Angriffe wurden immer heftiger. In der Nacht vom 8. auf den 9. April zeichnete sich die Niederlage selbst für die Verblendeten ab und führte zu einem Ausbruchsver-

Am 30. Januar wird das ehemalige KdF-Schiff, die »Wilhelm Gustloff«, in der Danziger Bucht von Torpedos getroffen; etwa 9 000 Menschen – vor allem Flüchtlinge aus Ostpreußen – kommen dabei ums Leben.

such von Teilen der Truppe und der Zivilbevölkerung, der jedoch scheiterte. Endlich, am 9. April 1945, kapitulierte Königsberg.

Zu diesem Zeitpunkt hatten amerikanische Truppen im Westen des Reiches Köln erobert, stand die sowjetische Großoffensive an

Oder und Neiße und mit ihr die Einnahme Berlins bereits kurz bevor. Von den 2,4 Millionen Menschen, die Anfang 1944 in Ostpreußen lebten, unternahmen etwa 1,8 Millionen einen Fluchtversuch vor der heranrückenden Roten Armee. Von einem gelenkten Flüchtlingsstrom konnte in Ostpreußen fast nirgendwo die Rede sein. Die Evakuierungsbefehle waren entweder gar nicht oder zu spät erfolgt, eine Folge sowohl des in seiner Schnelligkeit nicht erwarteten Vorstoßes der sowjetischen Truppen als auch des unsinnigen angeordneten Ausharrens. Zumeist in panischen Fluchtbewegungen versuchten die Menschen den Rotarmisten zu entkommen – für viele wegen der unnötigen Verzögerungen zu spät. Etwa eine halbe Million blieben freiwillig oder wurden vom schnellen Vordringen des sowjetischen Militärs überrascht. Das Schicksal zeigte sich den Zurückgebliebenen und Überrollten als ungnädig, die Menschen erlitten Gewaltverbrechen, Verschleppung, Zwangsarbeit und schließlich Ausweisung beziehungsweise Vertreibung. Aber auch Hunderttausende, denen zunächst ein Entkommen geglückt war, ereilte auf ihrem weiteren Fluchtweg, zumeist über Danzig und Pommern, ein oft ähnliches Schicksal, wenn sie dort ein weiteres Mal in die Wirren der Fluchtereignisse hineingezogen wurden. Für sie war die Zeit des Aufatmens noch nicht gekommen.

Bin am 19. Januar 1930 in Königsberg geboren und als Fünfzehnjähriger einer von denen, die sich »bis zum Endsieg« verteidigen mussten … Heute überlege ich mir sehr oft, wie ich alles überleben konnte, denn die Hungersnot und alles andere trug dazu bei, dass man den einen Fuß immer über der Grabkante hatte. (Günter Krämbring, Jahrgang 1930, aus Königsberg)

Die Rote Armee

Panzer sind schneller als Flüchtlingstrecks. Das wussten diejenigen, die oftmals panikartig ihre Häuser verlassen und den überwiegenden Teil ihres Besitzes und das Vieh zurücklassen mussten. Die Chance, den heraneilenden Soldaten zu entkommen, war vielerorts gering. Räumungsbefehle kamen zu spät, die sinnvolle Organisation der rasend schnell zunehmenden Flüchtlingsmassen erwies sich als unmöglich. Der Winter 1944/45 im Osten Europas war hart, die Straßen waren aufgrund der Glätte und Schneeverwehungen kaum befahrbar. Erfrierungen drohten. Und doch entschied sich die große Mehrheit der Bevölkerung in den deutschen Ostprovinzen im Herbst 1944 dafür, ins Ungewisse aufzubrechen, alles hinter sich zu lassen.

Auf der Suche nach den Ursachen für das überstürzte Fliehen aus der Heimat lassen sich schnell zwei Gründe finden. Zum einen folg-

Zivilisten flüchten mit ihrer letzten Habe aus dem von der Roten Armee eroberten Königsberg; April 1945

ten die Menschen dem Impuls, sich vor dem Krieg zu retten, den drohenden Kampfhandlungen auszuweichen, die mit der immer näher rückenden Front drohten. Zum anderen hatten die Ereignisse in Nemmersdorf, die sich durch die propagandistische Rhetorik der Nationalsozialisten in das Bewußtsein der Menschen eingebrannt hatten, mächtige Angstgefühle ausgelöst und geradezu eine emotionale Signalwirkung zur Folge. Das Wissen oder Ahnen um willkürliche Ermordung von Zivilisten, Vergewaltigungen von Frauen, Plünderungen und Gefangennahmen machte für viele zwangsläufig nur einen Ausweg denkbar: Flucht.

Die durch die nationalsozialistische Propaganda geprägten Vorurteile gegen die Russen konnten durch das ... Geschehen natürlich nicht beseitigt werden. Erst wenn man länger mit den Rotarmisten zu tun hatte, merkte man, dass nicht jeder Soldat ein Frauenschänder und Plünderer war. Die Untaten wurden zwar stillschweigend geduldet, aber durchaus nicht von jedem gebilligt. (Karl Heinz Röpke, Jahrgang 1931, aus Brandenburg)

Bei Kriegsbeginn zwischen Deutschland und der Sowjetunion fehlte der Sowjetbevölkerung das Feindbild. So glaubte das zumindest deren politische und militärische Führung. Also wurden im Laufe der Zeit die entsprechenden Mechanismen in Gang gesetzt, um die mentale Kriegsbereitschaft zu erhöhen, was angesichts der Wehrmachtsverbrechen und anderer Vernichtungsaktionen nicht schwer fiel. Josef W. Stalin sprach von »mordenden und vergewaltigenden Hitlerhorden«, Außenminister Wjatscheslaw M. Molotow empörte sich über die »Bestialitäten«, die an den sowjetischen Kriegsgefangenen verübt wurden. Doch solange Stalins vorrangiges Kriegsziel nur in der Befreiung der Sowjetunion von der nationalsozialistischen Besatzung lag, konnte man in der offiziellen Propaganda noch so etwas wie eine erhöhte Hemmschwelle bemerken.

Das änderte sich 1944. Im Mai gab Stalin der Öffentlichkeit die neue Strategie bekannt, es galt, »der verwundeten deutschen Bestie ... in ihrer eigenen Höhle den Todesstoß [zu] versetzen.« Die Verkündung der Erweiterung seiner Kriegsziele traf auf eine kriegsmüde Truppe und eine kriegsmüde Bevölkerung. Nun bedurfte es einer geschickten und verstärkten parteipolitischen Schulung, um die für die Erziehungs-

Das zerstörte Königsberg am alten Fischmarkt; im Hintergrund der Schlossturm, April 1945

arbeit verantwortlichen Offiziere auf ihre neue Aufgabe vorzubereiten und die Motivation der Soldaten zu verbessern. Festzuhalten bleibt allerdings, dass es von der obersten Führung keine direkte Aufforderung gegenüber den Streitkräften gab, die Zivilbevölkerung anzugreifen. Im Gegenteil: Gewalttätigkeiten wurden hier ausdrücklich untersagt, lediglich Plünderungen in geringem Ausmaß schienen implizit geduldet worden zu sein. Die Armeepublizistik bildete das wichtigste Medium, um sich direkt mit der Hetze auf alles »Deutsche« an jeden Soldaten zu wenden. Der Schriftsteller Ilja Ehrenburg entwickelte sich auf diesem Feld mit seiner ins Größenwahnsinnige mutierenden Kriegspropaganda seit Ende 1941 zum wichtigsten öffentlichen Anstifter brutaler Gewalt gegen »die Deutschen«.

In den Aufrufen der Frontkriegsräte an ihre Truppe spiegelte sich ebenfalls die Kriegswende mit ihren veränderten Zielvorstellungen wider: »Vor Euch liegt Deutschland, in dem Hunderttausende gewaltsam fortgetriebener Sowjetmenschen in faschistischer Zwangsarbeit schmachten. Die Deutschen richten sie durch Arbeit, die ihre Kräfte übersteigt, zugrunde, lassen sie hungern und morden sie grausam. In Euren Händen, Soldaten, liegt das Leben und die Zukunft der Freunde und Verwandten. Ihr bringt Ihnen die Befreiung aus schwerer Sklaverei und die Errettung aus qualvollem Tod.« Die öffentliche Einstimmung der sowjetischen Soldaten, den »treuen Söhnen der Heimat«, auf den Angriff im Oktober 1944 ließ keine Zweifel an der Gerechtigkeit des Kommenden zu. Der offizielle Aufruf zu »schonungsloser Rache« – übrigens ähnlich formuliert wie einige Äußerungen Churchills und Roosevelts – war mit kühler Leichtigkeit formuliert und hoffte auf bedenkenlose Grausamkeit.

Zusätzlich genährt wurde die Beseitigung jeglicher Skrupel unter den Rotarmisten durch die Veröffentlichung und Verlesung von ausgewählten Briefen von Angehörigen aus der Heimat, die ihr Leiden unter der deutschen Besatzung schilderten. Hier wurden treffsicher die »wunden Punkte« des Einzelnen berührt. Mitte Januar 1945 fand sich jeder Sowjetsoldat, der zwischen Ostsee und Ostschlesien deutsche Zivilisten vor sich hertrieb, in einem engmaschigen Netz gezielter Beeinflussung gegen den Feind wieder. Die oberste politische und militärische Führung, die einzelnen Truppenverbände und die Kriegspresse forderten die Ausfüllung der ihm zugedachten Aufgabe als »Retter Sowjetrusslands«.

Viele der Rotarmisten hatten auch in der Verwandtschaft persönliches Leid mit ansehen und miterleben müssen. Wenn das eigene Schmerzgefühl mit dem massiv gesteuerten Hass auf alles Deutsche zusammenfiel, blieb Rache übrig. In dem Tagebuch eines russischen Offiziers heißt es zum Beispiel: »Vor unseren Panzern hat ein Soldat eine deutsche Frau und ihren Säugling erschossen, weil sie sich weigerte, ihm zu Willen zu sein. Es ist fürchterlich. Aber die Deutschen haben bei uns massenhaft noch viel Schlimmeres verbrochen ... Ja, Deutschland wird mit gleicher Münze heimgezahlt.« Es waren in der Regel aber nicht die Panzertruppen, die für die Ausschreitungen gegen die Deutschen verantwortlich waren. Der hohe Zeitdruck ihrer operativen Aufgaben im Rahmen des Bewegungskrieges ließ ihnen kaum mehr Zeit als zum viel zitierten Uhren-Einsammeln. Gewalttätig wurden vielmehr die nachstoßenden Staffeln der Infanterie, deren Aufgabe die »Säuberung« des Geländes war. Große Verluste bei vorangegangenen Kampfhandlungen, die Personalauswahl und der hohe Personaldurchlauf förderten hier die Tendenz zur Verrohung und setzten die Hemmschwelle zur brutalen Gewaltausübung herab.

Der Russe zerrte es [ein junges Mädchen] an den Haaren vom Wagen und warf es in den Straßengraben. Ihren Widerstand brachen die Russen mit Fußtritten. Allen Leuten männlichen Geschlechts drückten sie die Läufe der MPs in den Rücken – auch mir als Zehnjährigem – und nacheinander vergewaltigten sie das bedauernswerte Wesen. Wir alle mussten dabei zusehen. Zu unserer Angst gesellte sich nun noch der Hass ... Aufgrund solcher Überfälle versuchten die Frauen und Mädchen, sich den Vergewaltigungen durch Verkleiden zu entziehen. Sie zogen lange dunkle Röcke an, setzten sich Brillen auf, banden sich dunkle Kopftücher um, stopften sich sogar Buckel aus und nahmen bei Gefahr eine krumme Haltung an. (Karl Beutner aus Schlesien)

Russische Panzer in Ostpreußen auf dem Vormarsch in Richtung Westen, Winter 1945

Die extreme körperliche und psychische Belastung in einem Alltag, der von erlittenen und selbst begangenen Gewalttaten bestimmt war, ertrugen viele Infanteristen nur schwer. Alkohol erzeugte gleichzeitig einen euphorischen Zustand der Kriegs- und Mordlüsternheit. Die militärische Disziplin schien den Sowjettruppen im Zuge der stetig zunehmenden Ausschreitungen allmählich verloren zu gehen. »Die Offiziere dulden die Ausplünderungen von Wohnungen, Häusern, Geschäften, Warenlagern; einige von ihnen nehmen an solchen Ausschreitungen aktiven Anteil ... Der Verbrauch des in großen Mengen erbeuteten Alkohols führt zu Saufgelagen, Ausschreitungen und Verbrechen.« Das hier vom Oberkommando der 1. Ukrainischen Front im Januar 1945 gezeichnete Bild ähnelte sich an allen Frontabschnitten. So sahen sich verschiedenste Führungsebenen veranlasst, bis Kriegsende einen schrittweisen Kurswechsel zu vollziehen. Befehle und Anordnungen zur Wiederherstellung der militärischen Disziplin ergingen an das gesamte Offizierskorps. »Wir rächen uns nicht am deutschen Volk, das durch die faschistischen Rädelsführer irregeführt wurde«, hieß es außerdem in einem zentralen Aufruf des Kriegsrates der Front der Truppenverbände. Weg von den reinen Racheparolen war auch das Motto der Militärpresse. Anfang Februar verlautbarte eine Armeezeitung: »Wenn die faschistischen zweibeinigen Bestien es sich herausnahmen, in aller Öffentlichkeit unsere Frauen zu vergewaltigen, heißt das nicht, dass wir dasselbe tun müssen.« Doch all diese und noch folgenden Versuche, die Soldaten in ihren bisherigen Haltungen gegenüber den Deutschen umzupolen, belegen zumindest, dass es Plünderungen, Brandschatzungen und exzessive Verbrechen an der deutschen Zivilbevölkerung gab, die in ihrer Angst um den wirtschaftlichen Vorteil des Landes und die Kampfdisziplin ihrer Truppen sogar von den Militärbefehlshabern eingestanden wurden. Es muss aber zweifelhaft bleiben, ob der über Jahre von oben eingeimpfte Hass sozusagen über Nacht wirkungslos werden konnte. Für viele kam das offizielle Umdenken jedenfalls zu spät. Schätzungsweise 500 000 Deutsche bezahlten dies mit ihrem Leben.

Bei all dem sollte man jedoch nicht vergessen, dass die beim Einmarsch der Roten Armee begangenen Exzesse immer auch als Antwort auf die von Deutschen verübten Verbrechen zu verstehen sind – die Beseitigung aller Regeln hatte Deutschland vorexerziert. Dazu kommt die Skrupellosigkeit eines totalitären Staates, der bei der »Ausschaltung« von gesellschaftlichen oder ethnischen Gruppierungen rücksichtslos zu handeln vermochte. Nicht unterschätzt werden darf auch das Bestreben der Sowjetunion, politische und wirtschaftliche Einflusszonen im Westen zu erringen. Aber möglich gemacht haben dies alles erst deutsche Expansionsgelüste und deutsche Kriegsführung. Kollektivschuld?

Nie werde ich vergessen, dass nicht alle deutschen Soldaten Nazis und gefügige Landsknechte waren, und nicht alle Russen waren gottlos und unmenschlich. (Helmut Klee, Jahrgang 1936, aus Ostpreußen)

Richtung Sowjetunion. Die Deportation der Deutschen

Im ostpreußischen Insterburg spielten sich im Februar und März 1945 dramatische Szenen ab. Königsberg war noch hart umkämpft, die jüngeren Männer befanden sich im Kriegseinsatz. So wurden arbeitsfähige deutsche Frauen und Mädchen von den sowjetischen Deportationskommandos zur Verschleppung und anschließender Zwangsarbeit ausgewählt. Vom Sammellager Insterburg ging es nach Osten, in die Tiefe Russlands. Ohne Rücksicht trennten die Aushebungsabteilungen dabei auch Mütter von ihren Kindern.

Bei menschenunwürdiger Behandlung wurden wir von den Posten in die Waggons gestoßen. In meinem Waggon befanden sich Frauen und Mädchen im Alter von 15 bis 60 Jahren. Weder Stroh noch Pritschen waren vorhanden, und so saßen wir, vor Kälte zitternd, auf dem Boden des Wagens. (Frau A. K. aus Ostpreußen)

Schon in den ersten Tagen nach dem Einmarsch der Roten Armee wurden in den besetzten Gebieten systematisch Tausende Deutsche aufgegriffen, in Durchgangslagern untergebracht und anschließend ins Innere der Sowjetunion deportiert. Zuvor hatten bereits »Volksdeutsche« aus Jugoslawien, Ungarn und Rumänien ihre Heimat verlassen müssen, um in Russland, im Kaukasus oder im Ural zu arbeiten. Stalin verstand diese Maßnahme als eine Art Ausgleich für erlittene Schäden und brachte das »Reparationsproblem« auch auf der Konferenz der Alliierten von Jalta im Februar 1945 zur Sprache.

Die Organisation und Durchführung der Gefangenen- und Deportiertentransporte oblag den so genannten NKVD-Truppen. Eine ihrer Hauptverwaltungen, der GULag, war für das gesamte Lagerwesen der Sowjetunion zuständig. Die meisten Verschleppungen organisierte der NKVD der 1. Ukrainischen Front aus dem Gebiet Schlesiens, während Ostpreußen – verhältnismäßig gesehen – die kleinste Zahl von Verschleppten zu verzeichnen hatte.

Tagelange Märsche zum Lager stellten eine erste, schwere Belastung dar. Gefängnisse und Kasernen dienten zumeist als Sammel- oder Auffanglager. In langen Verhören der Zwangsrekrutierten wurde versucht, Gründe für deren Verschleppung zu finden – oder besser: zu erfinden. Diejenigen, die hier die üblichen Krankheiten und den Hunger überlebten, wurden nach einer kurzen medizinischen Kontrolle in bereitgestellte Güterzüge verladen.

Aber wie der Waggon aussah, ist unbeschreiblich. Der Kot vom letzten Viehtransport schmückte die Wände. Mit unseren Leibern haben wir den am Boden liegenden Schnee trocknen müssen ... hinlegen durfte sich nur der, der wirklich nicht mehr konnte, dafür haben dann aber drei stehen müssen. (Gerlinde Winkler aus Westpreußen)

Die Temperaturen hielten sich beständig unter null Grad Celsius, die Waggons waren unbeheizt. Wegen der miserablen hygienischen Verhältnisse, der schlechten Versorgung mit Nahrungsmitteln und der konstanten Minusgrade erkrankten viele der Deportierten. Starb jemand in dem Waggon, so wurde er oft tagelang von den Zugbegleitern dort liegen gelassen.

Am zweiten Tag haben wir gehalten und sind dann umgeladen worden, und zwar waren es schon russische Güterzüge. Das bisschen Essen war ja schon verbraucht, und wir bekamen dann nur kaltes Wasser und getrocknetes Brot. Eines Tages hielt unser Transport an einem Sägewerk, wir durften uns ein bisschen Holz holen. In der Mitte der Waggons war ein ganz schmaler runder Eisenofen. Am Fußboden etwas Stroh, welches das russische Militär dringelassen hatte. Unser Transport war endlos, und die drei Türen wurden ja nur selten aufgemacht. Gut, dass wir schon ein leeres Glas und Dosen hatten, damit wir unsere Notdurft verrichten konnten ... Es war so demütigend, aber wir waren alle sehr stark. Es blieb ja nichts anderes übrig ... (Angela Kemper, Jahrgang 1925, aus dem Banat)

Durchschnittlich zwischen vier und sechs Wochen dauerten die zermürbenden Transporte in die Arbeitslager, die damals den sowjetischen Standard auch für innersowjetische Transporte weiterer Zwangsmigranten darstellten. Die entsprechenden Ziele lagen weit verstreut: sowohl in Russland, als auch im Kaukasus und manchmal sogar in Turkmenien, vorwiegend aber in den klassischen Industriegebieten der Ural-, Donez- und Don-Regionen. Jene, die die Mühsal des Transports überlebt hatten, erwartete Zwangsarbeit: im Steinbruch, im Bergwerk, beim Häuserbau oder Verlegen von Eisenbahnschienen.

Es war so dunkel, und wir hatten immer die kleinen Schachtlampen, welche mit Karbid leuchteten. Es ging so weiter, jeden Tag gab es einige Tote, keiner kannte den anderen ... Es war so grimmig kalt, unsere Wimpern waren weiß gefroren, die Hände hatten wir nicht mehr gespürt, und der Vorarbeiter schrie immer nur »dawai, dawai, robotai«. Es ging ein bis zwei Tage gut, dann konnten wir schon nicht mehr. (Angela Kemper, Jahrgang 1925, aus dem Banat)

Unter den ungewohnt schweren körperlichen Arbeiten litten Frauen und Männer gleichermaßen, und es gab Situationen, die die Deportierten psychisch und physisch völlig überforderten.

Wenn man nicht vollkommen und auf der Stelle den Vorgesetzten ... Folge geleistet hatte, ... wurde man eine Nacht lang in die Leichenkammer mit 20 bis 30 Toten zusammen eingesperrt. (Käthe Hildebrandt aus Ostpreußen)

In den Lagern brachen Seuchen aus, Typhus, Tuberkulose, auch Malaria. Die Ruhr war an der Tagesordnung, die Zahl der Toten stieg täglich. Überall herrschte Hunger.

Ich wurde dann zu drei Russinnen eingeteilt. Die eine Russin war ein sehr liebenswerter Mensch ... Es kam das Russische Ostern. Sie nahm mich schnell mit in die Kirche, wo ein Friedhof dabei war. Sie sagte, für die Toten würden jetzt auf die Gräber Eier und Kuchen gelegt, ich solle mir etwas davon nehmen. Das tat ich auch. (Angela Kemper, Jahrgang 1925, aus dem Banat)

In Fabriken, Steinbrüchen, in der Land- und Forstwirtschaft oder in Bergwerken träumten die Verschleppten von der Heimat und den nächsten Verwandten.

Inzwischen war es schon das vierte Jahr. Wir fragten immer, wann gehen wir nach Hause? Und die Antwort war immer »skoro domoj«, bald ... Wir glaubten es aber sowieso nicht. (Angela Kemper, Jahrgang 1925, aus dem Banat)

Im Gegensatz zur Situation in Ostpreußen hatten die Aushebungsabteilungen der sowjetischen Streitkräfte in Oberschlesien leichtes Spiel. Aus der kriegswichtigen Industrie- und Bergarbeiterschaft waren viele Männer vom Kriegsdienst befreit. Da ihnen auch die Flucht verboten worden war, stießen die Kommandos der sowjetischen Verschleppungsabteilungen dort auf ein für ihre Zwecke hervorragend geeignetes Reservoir an Arbeitern. »Sämtliche Männer im Alter von 17 bis 55 Jahren haben sich zwecks Registrierung zu melden. Anlass dieser Meldung ist der Arbeitseinsatz im rückwärtigen Frontgebiet. Innerhalb von 48 Stunden hat die Gestellung ab 13. Februar zu erfolgen. Mitzubringen sind eine Schlafdecke, warme Wäsche sowie Verpflegung für 2 Wochen.« Ähnliche Aufforderungen, die in Hindenburg auf einem großen, roten Plakat standen, konnten auch die Bewohner in Gleiwitz oder Beuthen lesen. Warme Kleidung konnten die Männer gebrauchen, denn das »rückwärtige Frontgebiet« reichte bis Sibirien.

Die Hochphase der zumeist nach genau einzuhaltenden Plänen und insgesamt systematisch ablaufenden Verschleppungen zeichnete sich im März und April ab, zu einer Zeit also, in der die Eroberung der Gebiete westlich von Oder und Neiße noch bevorstand. Und sie fand auch schon im April ihren Abschluss, sodass den Deutschen in der sowjetisch besetzten Zone das Schicksal der Zwangsverschleppungen allgemein erspart geblieben ist. Warum die Aktion so schnell abgebrochen wurde? Vielleicht, weil das Arbeitskräftepotenzial durch die deutschen Kriegsgefangenen bereits erreicht war oder die hohe Sterblichkeitsrate bei den Transporten und in den Lagern die Verantwortlichen von weiteren Massenverschleppungen Abstand nehmen ließ.

Flüchtlinge aus Oberschlesien unterwegs zur nächsten Bahnstation in der Hoffnung, noch einen der wenigen Züge zu erreichen, Winter 1945

Im Sommer und Herbst 1945 wurden sogar erste Arbeitslager aufgelöst und zuvörderst die Kranken beziehungsweise Arbeitsunfähigen in ihre Heimat zurücktransportiert. Bis 1948 zogen sich weitere Entlassungen hin, die keiner großen Linie folgten, sondern eher aus der Einzelsituation der jeweiligen Lager resultierten.

Zwar haben die Deportationen der Deutschen unmittelbar nichts mit der Flucht vor der Roten Armee zu tun, aber sie gehören in den Gesamtzusammenhang der kriegsbedingten Zwangswanderungen, denen Millionen von Menschen ausgesetzt waren. Die Gesamtzahl der verschleppten Personen aus den Gebieten östlich von Oder und Neiße, die aus den Sammellagern in die Sowjetunion transportiert wurden, beträgt 218 000. Nur annähernd kann die Zahl der Toten unter allen zunächst erfassten und zur Deportation vorgesehenen Deutschen beziffert werden. Schätzungsweise 100 000 bis 125 000 haben die Strapazen und Drangsalierungen nicht überstanden.

Es ist weder ein Märchen noch eine Geschichte, sondern es ist alles eine wahre Begebenheit. Bei mir waren es vier Jahre und elf Monate, also fast fünf Jahre, die man nie vergessen kann. Es war ein Teil meiner Jugend! (Angela Kemper, Jahrgang 1925, aus dem Banat)

Die »Festung« fällt. Breslau und die Flucht aus Schlesien

»Reichsluftschutzkeller«. Breslau trug diesen »Ehrentitel« lange Zeit zu Recht. Aus fast allen Gebieten des Deutschen Reiches wurden verstärkt seit Beginn der »Combined Bomber Offensive« von Briten und Amerikanern im Juni 1943 Evakuierte aus Westdeutschland in die Hauptstadt Schlesiens verschickt. Ganze Industriebetriebe waren hierhin ausgelagert worden. Anders als in Königsberg entging die Stadt bis zum Oktober 1944 den systematischen Angriffen der alliierten Bomberverbände, und zusammen mit Dresden war Breslau bis zum Februar 1945 die einzige noch weitgehend unversehrte Großstadt Deutschlands. Aber den Krieg spürte man trotzdem in Breslau. Zwischen März 1944 und Januar 1945 mussten nun vor allem Frauen und Kinder den »Luftschutzkeller« auf Anweisung verlassen und im Reichsgebiet Schutz vor drohender Gefahr suchen. Die Einwohnerzahl sank in dem beschriebenen Zeitraum auf etwa 530 000; 60 000 Evakuierte hatten ihrer Heimatstadt den Rücken gekehrt. Den meisten war nicht bewusst, dass es sich um eine Trennung für immer handeln würde.

Anfang 1945 lebten in den beiden seit 1941 aus verwaltungstechnischen Gründen getrennten Provinzen Niederschlesien und Oberschlesien 4,7 Millionen Einwohner. Die Bedeutung des Schicksals der Schlesier für die Geschehnisse von Flucht und Vertreibung wird schnell ersichtlich, wenn man bedenkt, dass knapp 40 Prozent aller Deutschen aus den Gebieten jenseits von Oder und Neiße dort ihre Heimat hatten. Wie auch in Ostpreußen, Pommern und Ostbrandenburg verliefen die Fluchtbewegungen in verschiedenen Wellen, die sich nach Art und Weise des sowjetischen Vorstoßes richteten. Die erste große Fluchtwelle der letzten Januartage erfasste die Gemeinden und Kreise rechts der Oder. Schon seit Tagen hatten die Einwohner hier weiterziehende Trecks aus dem Reichsgau Wartheland beobachtet, die als markantes Alarmsignal den Aufbruch ankündigten. Häufig waren es, wie am 19. Januar, militärische Befehlshaber, die zur Räumung der jeweiligen Orte aufriefen, während die ortsansässige Verwaltung immer noch zögerlich und abwartend reagierte. Da anfangs angenom-

Bis zum Februar 1945 war Breslau neben Dresden die einzig noch weitgehend unzerstörte deutsche Großstadt.

men wurde, die Truppen der Roten Armee könnten an der Oder für längere Zeit aufgehalten oder gar gestoppt werden, evakuierte man die Bewohner zunächst in nahe gelegene Zonen links vom Flussufer. Erst nachdem auch diese Bereiche von Kämpfen bedroht waren, mussten die Flüchtlinge längere Wege in Kauf nehmen, um drohenden Gefahren zu entgehen. Nur etwa 100 000 der insgesamt 700 000 Einwohner östlich der Oder blieben, zumeist freiwillig, zurück. Für die Masse der Flüchtenden stellten Sachsen und Böhmen die geographisch nächstgelegenen und zumeist ungehindert zu erreichenden Fluchträume dar. Das Phänomen überrollter Trecks gab hier deshalb kaum.

Auch die Bewohner Oberschlesiens nahmen zum Teil gleiche Wege. Auch wenn in den ostoberschlesischen Industriegebieten ein striktes Fluchtverbot für die in der kriegswichtigen Industrie und der Verwaltung tätigen Personen galt, machten sich dennoch auch viele Männer Ende Januar auf ihren Weg ins Ungewisse.

Sammelstelle der Aktion »Volksopfer« in Breslau. Um die leeren Versorgungslager aufzufüllen, war die Bevölkerung aufgefordert worden, warme Kleidung zu spenden; Januar 1945

Morgens, gegen fünf Uhr, wurde ich von erregten Stimmen geweckt. Ehe ich recht begriff, um was es ging, kam meine Mutter zu mir und sagte: »Steh auf, wir müssen fort.« Sie gab mir meine Sachen und half mir mit zitternden Händen beim Anziehen. In der Küche saß Bernhard Barth, ein älterer Mann, mit dem sich mein Vater gut verstanden hat. Er brachte uns Fleisch und Fett und war erstaunt, ja entsetzt, uns noch schlafend zu finden. Als mein Vater ihm seinen Entschluss mitteilte zu bleiben, wurde der sonst so gutmütige Alte böse. Er schimpfte so lange in allen Tonarten auf meinen Vater ein, bis dieser sich entschloss, uns – und vielleicht auch sich selbst – der Fremde anzuvertrauen. Um sieben Uhr sollte der Treck das Dorf verlassen. Wir hatten also zwei Stunden Zeit zum Packen. (Karl Beutner aus Schlesien)

Der Weg mit dem Zug nach Westen über Breslau war frühzeitig durch den sowjetischen Vorstoß an die Oder versperrt. Es blieb vor allem die südliche Ausweichroute über Ratibor nach Böhmen und eventuell weiter nach Sachsen oder Bayern. Ein absurdes Bild: Einige Zechen der

Was auf den Wagen passte, wurde aufgeladen – mehr war von Haus und Hof nicht geblieben.

Steinkohleregion um Gleiwitz, Hindenburg, Kattowitz und Königshütte standen bereits unter dem Beschuss der sowjetischen Eroberer, während die Kumpel unter Tage immer noch Kohle förderten. Oder ein Bild der Hoffnung? Gerade in dieser oft von deutsch-polnischer Zusammenarbeit geprägten Gegend vertrauten wohl manche der Dagebliebenen auf eine friedliche Lösung für die Zukunft. Die Ereignisse nach der Besetzung sollten diese Hoffnung widerlegen.

Die Flucht: So hatten wir uns bepackt: Mutti = Sportwagen, Reisekorb, Kiste. Käte = Handwagen, Wäschekorb, Hühnersack, Koffer. Ulla = Damenrad, zwei Bettsäcke, Brotbeutel. Isa = Sportpuppenwagen mit Taschen. Hartmut = Puppenwagen, Taschen, Rucksack. Ich = Herrenrad, Ute auf der Querstange, ein Bettsack, Brotbeutel, Koffer und Gasmasken. (Edda Lange, Jahrgang 1932, aus Schlesien)

Die erste Fluchtwelle kam auch nach Breslau, um das verlustreiche Kämpfe geführt wurden. Am 26. Januar erreichten die sowjetischen Angreifer die Oder. Der extrem kalte Winter half den heranstürmenden Einheiten: Die Eisdecke war so dick, dass selbst Panzer darauf fahren konnten. Die Brückensprengungen der Wehrmacht erwiesen sich also im Nachhinein als vergeblich. Umso erbitterter wurde nun der Abwehrkampf geführt, wurden Verteidigungsstellungen ausgebaut und letzte Kräfte mobilisiert. Die im Herbst 1944 zur Festung erklärte Stadt sollte nach den Vorstellungen der Nationalsozialisten bis zur Selbstaufgabe dem »Feind« standhalten. »Dass wir Frauen und Kinder in Sicherheit bringen, ist nicht gleichbedeutend mit der Aufgabe unserer Gemeinde. Im Gegenteil: Weil wir nicht mehr mit der direkten Sorge um unsere Frauen und Kinder belastet sind, werden wir unsere Heimat ... umso verbissener und entschlossener verteidigen.« Politisch verantwortlich für die Geschehnisse in Breslau war der seit Februar 1941 eingesetzte Gauleiter von Niederschlesien, Karl Hanke. Er verschwieg allerdings in seinem Aufruf vom 27. Januar die Tatsache, dass wegen des Mangels an Kraftfahrzeugen mehr als 100 000 Breslauer ihren Wohnort zu Fuß verlassen mussten. Ob dadurch die Sorgen der Hinterbliebenen ausgeräumt waren? Viele der Flüchtenden erfroren unterwegs.

Manche der mutlos gewordenen Menschen kehrten um und kamen zurück in ihre Stadt. Aber ihnen wurde im Gegensatz zu den Königsbergern keine Atempause vergönnt. Die Rote Armee wollte die Stadt so schnell wie möglich einnehmen und zog den Ring um sie zügig zusammen. Etwa 200 000 Zivilisten hielten sich hier auf, als die »Festung« Mitte Februar eingeschlossen wurde. Die von Gauleiter Hanke geforderte Gegenwehr konnte den starken sowjetischen Kräften zunächst kaum trotzen. Die beiden letzten Stadtkommandanten, Hans von Ahlfen und Hermann Niehoff, versuchten jedoch weiterhin, durch alle sich ihnen bietenden Mittel den Zusammenbruch zu vermeiden. Mit ihrer fanatischen Verbohrtheit in dem Glauben an den Nationalsozialismus standen sie Hanke nur wenig nach.

Der Angriff auf Breslau erfolgte überraschend von Süden her. Sinnlos wurden Einheiten des Volkssturms und der Hitler-Jugend den Angreifern entgegengeworfen. Sie waren nicht mehr als das, was das Wort vom »Kanonenfutter« meint: unterlegene, hilflose Gegner, von der eigenen Führung bewusst in Kauf genommene Opfer. Anfang März schien der Fall der »Festung« nur noch eine Frage von Tagen, da General von Ahlfens Truppen jeden Tag an Boden verloren.

Im Rahmen der Kämpfe im gesamten schlesischen Frontabschnitt gelang den meisten längs der Oder lebenden Menschen noch rechtzeitig die Flucht. Der Landkreis Breslau hatte sich fast in einen einzigen langen Treck Richtung Glatzer Bergland verwandelt.

Als Niederschlesier im Kreise Oels, 60 Kilometer südöstlich von der Regierungshauptstadt Breslau, empfanden wir uns als Staatsangehörige ebenso selbstverständlich wie Bayern, Rheinland o. a. ... Als bei Eis und Schnee und grimmiger Kälte gegen Ende Januar 1945 die Front in unserer Höhe hereinbrach, wovon wir nicht unterrichtet waren, traf der nächtliche Befehl zur Räumung unserer Häuser uns völlig unvorbereitet. ... hieß es, mit Pferd und Wagen aufzubrechen ... (Gisela Retter, Jahrgang 1924, Schlesien)

Die meisten Bewohner der südlich und westlich von Breslau gelegenen Gebiete schlossen sich dieser zweiten großen Flüchtlingswelle Richtung Süden an. Autobusse, Eisenbahnen, Fahrräder oder Leiterwagen, jedes Verkehrsmittel war den Flüchtenden recht, um trotz der Kälte den Soldaten der Roten Armee ausweichen zu können. Da aber

Einen langen Weg hat dieser Bauer aus Jarotschin bei Posen schon hinter sich; Februar 1945, südöstlich von Berlin

auch hier der Evakuierungsbefehl manchmal erst im letzten Augenblick erfolgt war, wurden einige Städte von der Einnahme durch die Truppen überrascht. Als Striegau im März kurzfristig zurückerobert werden konnte, fanden die Wehrmachtsangehörigen nur noch die Leichen jener Bewohner, die die Stadt vor der Einnahme durch die Sowjets am 13. Februar nicht mehr verlassen konnten.

Der niederschlesische Regierungsbezirk Liegnitz wurde von der Sowjetarmee ohne nennenswerten Widerstand besetzt. Hier befanden sich schon Tausende von Flüchtlingen aus den östlich der Oder gelegenen Orten, die sich nach Sachsen durchschlagen wollten, sodass die Flucht für alle noch beschwerlicher wurde. Außerdem mangelte es der einheimischen Bevölkerung an motorisierten Fortbewegungsmitteln, da der landwirtschaftliche Organisationsgrad im Vergleich zum Beispiel zu Ostpreußen niedriger war.
Der Anteil der überrollten Flüchtlingstrecks war aufgrund des geringen Tempos infolge fehlender Motorfahrzeuge höher als anderswo.

Von den Personen, die schließlich nach Dresden gelangt waren, glaubten nicht wenige, dass die gefährlichen Zeiten vorüber seien.

Früh 6 Uhr setzte ich unsere zwei Töchter (3,5 und 5,5 Jahre alt) auf den Schlitten, packte unseren Sohn (1 Jahr) in den Kinderwagen und ging mit ihnen bei großer Kälte zum Bahnhof, wo ich mit dem Zug weiterfahren sollte. Dieser Zug kam aber nie an. In der Zwischenzeit wurden auf den Dörfern Trecks zusammengestellt. Das waren Leiterwagen mit Pferden vorgespannt, die die Menschen in langen Kolonnen aus ihrer Heimat brachten, und das alles bei strengster Kälte ... Kilometerweit liefen meine Mutter oder ich neben dem Pferdegespann her, um auf dem offenen Leiterwagen nicht zu erfrieren, und damit die Kinder in alle verfügbaren Decken eingehüllt werden konnten ... (Frieda Westphal, Jahrgang 1914, aus Schlesien)

Da diese Fuhrwerke aus einer Gegend kamen, die meistens eben war, so hatten sie kein Schleifzeug – wie es hier im Thüringer Wald gebräuchlich ist. Die jungen Frauen und Mädchen und alten Männer hatten lange, schwere Holzstangen in die Wagenräder gedrückt, um zu bremsen. Manchmal half auch das nichts, und alles lag da ... Wir alle halfen, so gut es ging, denn die jungen Männer waren weg, waren Soldaten. (Hilma Lorenz, Jahrgang 1920, aus Thüringen)

General Niehoff forderte am 21. März in der »Frontzeitung der Festung Breslau« ausdrücklich den »Totaleinsatz aller Kräfte«, um das Unmögliche möglich zu machen und die Stadt vor der Einnahme durch die sowjetischen Kräfte zu bewahren. Niehoff gelang es, mit einer neuen Strategie den Abwehrkampf erfolgreicher zu führen, der jedoch schon zum Häuserkampf geworden war. Konnte der in der schlesischen Tageszeitung zitierte Aufruf wirklich eine Wende bringen? Niehoff schien den Überblick verloren zu haben, er plante den Bau eines Flugplatzes mitten in der Stadt. Auch um bessere Schusslinien zu erhalten, ließ er deshalb ganze Häuserzeilen sprengen, die oft genug in letzter Minute von zwangsverpflichteten Zivilisten leer geräumt worden waren. Komplette Stadtviertel wurden je nach Kampfsituation erst aus- und dann wieder einquartiert. Nur mit dem Nötigsten in der Hand trieb man die Bewohner aus ihren Häusern. Die Menschen wurden zu Flüchtlingen in der eigenen Stadt – doch war ein Entkommen immer unwahrscheinlicher. »Wie ich aus authentischer Quelle erfuhr, betragen die Selbstmorde jeden Tag in unserer Stadt um 100 bis 120.« Was aus den Aufzeichnungen des Pfarrers Paul Peikert hervorgeht, ist die absolut verwirrte und ausweglose psychische Situation vieler Menschen in der untergehenden Stadt. Sie wussten oder ahnten die verzweifelte Lage, die dagegen dem Kommandanten in seiner Engstirnigkeit wohl verborgen blieb. Wohin sollten sie fliehen? Ein geflügeltes und erschreckend realistisches Wort jener Tage lautete: »Diesseits oder jenseits der Oder? Am besten in die Oder!«

Ostern 1945 brannte Breslau. Sowjetische Flammenwerfer verwandelten die noch nicht zerstörten Gebäude in rot leuchtende Fackeln. Wer dachte jetzt an Auferstehung? Zwei Monate zuvor hatte Dresden gebrannt. Wie viele der 38 000 dort getöteten deutschen Zivilisten wohl Flüchtlinge aus den Ostgebieten waren?

Wie in Königsberg, so wurde auch in Breslau so lange gekämpft, wie es militärisch überhaupt noch möglich war. Von militärisch sinnvollen Aktionen wagt man im Zusammenhang mit diesen Kriegsereignissen kaum zu sprechen. General Lasch hatte in der ostpreußischen Hauptstadt am 9. April kapituliert, General Niehoff weigerte sich zu diesem Zeitpunkt noch, die absehbare Niederlage zu akzeptieren. Selbst noch am 20. April, an Hitlers Geburtstag, sprach er in einem Aufruf an die Breslauer Einwohner von Zuversicht, »denn Adolf Hitler ist mit den Tapferen, seine Stärke wird unsere Widerstandskraft sein«. Ganz falsch war diese »Prophezeiung« nicht: Zehn Tage später beging der wie seine kämpfende Truppe untergehende Diktator im Bunker der Berliner Reichskanzlei Selbstmord. Und trotz weiterer veröffentlichter Durchhalteparolen war der Krieg jetzt auch in Niehoffs Vorstellung vorbei: Breslau kapitulierte unter seinem Kommando am 6. Mai 1945, nur einen Tag, bevor im französischen Reims die Gesamtkapitulation der deutschen Wehrmacht erfolgte. 40 000 Menschen sind während der Belagerung Breslaus umgekommen.

War es »richtig«, die Front so lange wie möglich zu halten? Hat die deutsche Zivilbevölkerung einschließlich der bedrohten Flüchtlinge davon profitiert, indem ihr Zeit zur Flucht erkämpft wurde? Niehoff und von Ahlfen bejahten diese Fragen in ihrer Rückschau auf die Ereignisse nicht nur, sie strichen sie sogar als ihre Handlungsmotivation hervor. So sei die Bindung starker sowjetischer Verbände im Kampf um Breslau eine zumindest indirekte Voraussetzung für die gelungene Flucht Tausender deutscher Menschen gewesen. Dieses Argument, das übrigens nicht in den zahlreichen Aufrufen an die Bevölkerung Breslaus »ins Feld geführt« wurde, gilt nur begrenzt. Denn schon ungefähr zwei Wochen nach der Umzingelung Breslaus bewegte sich die Front zielstrebig weiter nach Westen. Unbestritten bleibt zwar, dass der zähe Abwehrkampf im Falle Königsbergs – und mit Einschränkungen auch Breslaus – den Flüchtenden »Zeit-Räume« eröffnete, die ein Entkommen zumindest vorübergehend ermöglichten. Aber wer fragt nach dem Preis dieser Unfähigkeit, einen militärisch aussichtslosen Kampf zu beenden? Diesen Preis zahlten all diejenigen, die in den direkten Auseinandersetzungen ihr Leben verloren, diejenigen, die verhungerten, und diejenigen, die aus Verzweiflung Selbstmord verübten. Auch die Opfer des Breslauer Sondergerichts dürfen in diesem Zusammenhang nicht vergessen werden. Noch einen Tag vor Niehoffs Kapitulation wurden Todesurteile vollstreckt.

Was wäre gewesen, wenn nicht ein von beiden Seiten erbittert geführter und menschenverachtender Krieg bis zur letzten Minute verlängert worden wäre? Gegen Kriegsende schien alles in chaotischer Art und Weise miteinander verwoben zu sein: der nationalsozialistische Vernichtungskrieg bis in die allerletzten Tage, die Gewalt an der deutschen Zivilbevölkerung und deren heillose, fast ausschließlich von der Angst gelenkte Flucht. Flucht, die bald in Vertreibung überging.

Westwärts über das Riesengebirge, weiter durchs ehemalige Sudetenland bis an die Grenze Bayerns, wo wir – inzwischen aller Habe durch die nachfolgenden Russen befreit – an dichtgemachte Grenzen stießen, zurückmussten in die Hölle und dann nordwärts (nur noch mit einem stets kaputten Handwägelchen) das Erzgebirge überquerten. Ziel: nur noch nach Hause, um wenigstens dort zu sterben ... Aber auch der Weg ostwärts gelang nur bis zur Görlitzer Neiße. Auch da wurde niemand mehr durchgelassen, also westwärts zurück, bis man uns irgendwo in Sachsen-Anhalt aufnahm. Aber nicht wie arme, gebeutelte Kaum-noch-Menschen, sondern unserem damaligen Aussehen entsprechend wie »räudige Hunde«. Allein die Luftlinie unseres Fußmarsches dürfte die 700 Kilometer überschreiten. (Gisela Retter, Jahrgang 1924, aus Schlesien)

Trotz vieler Irrwege konnte die ober- und die niederschlesische Bevölkerung von Januar bis in die letzten Kriegstage hinein weitgehend ohne Übergriffe in Richtung Süden oder Südwesten über die schlesischen beziehungsweise böhmischen Gebirgsgruppen entkommen. Hier, ins Sudetenland, nach Böhmen und Mähren, setzten die in Schlesien kämpfenden sowjetischen Einheiten zunächst nicht nach, da sie ihr Weg weiter nach Westen führte. Dadurch verlief die Flucht in gewisser Weise leichter als zum Beispiel in Ostpreußen oder in Ostpommern – auch wenn die Anstrengungen für die Flüchtlinge wegen der geographischen Bedingungen und der Witterung groß waren.

Die in Oberschlesien lange gehaltene Front südlich von Oppeln bis nach Ratibor fiel erst Mitte März, als mit einem massiven Angriff sowjetischer Einheiten Westoberschlesien eingenommen werden konnte. Und so waren die Straßen in Richtung Gebirge voll von Flüchtlingen, die sich lange Zeit vor einem Einmarsch sicher gefühlt hatten und sich nun langsam fortbewegten. Erst in den letzten Kriegstagen wurden auch die Gebirgsorte an der Grenze zwischen Schlesien und Böhmen erobert, in denen Zehntausende Menschen Schutz gesucht hatten.

Der Monat Mai kam heran. Der Rundfunk meldete von der Kapitulation der Festung Breslau, die sich außerordentlich lange verteidigt hatte, und den Kämpfen in Berlin. Die Fronten näherten sich einander ... Am 8. Mai kamen die ersten Russen an. Weiße Fahnen wurden gehisst ... Die Frauen im Gasthaus konnten sich der Belästigungen kaum noch erwehren und drängten zum sofortigen Aufbruch. Sobald der Wirrwarr auf den Straßen sich etwas mäßigte, traten wir die Heimreise an. (Josef Buhl aus Schlesien)

Zurück – das war der erste Gedanke vieler Flüchtlinge. Wohin auch sonst? Die Heimat hatte starke Sogkraft, dort hofften sie ihre wirtschaftliche Existenz und das private Wohlbefinden wieder zu finden.

Keiner sprach mehr als unbedingt notwendig. Jeder hing seinen eigenen Gedanken nach und lauschte auf das Klappern der Pferdehufe, das Quietschen und Knarren der Wagenräder. Keiner wagte die ansonsten majestätische Stille dieser sternklaren kalten Maiennacht durch lautes Rufen oder Reden zu stören. Die innerlich angesammelte Erregung ließ die Menschen keinen Schlaf finden. Auch für mich war es wie eine abenteuerliche Geisterfahrt in eine ungewisse, Unglück verheißende Fremde. In der Ferne hinter uns zogen immer öfter Leuchtspurgeschosse ihre Lichterbahnen durch das Dunkel. (Josef Schubert aus Schlesien erlebte die Flucht als Kind.)

Ich kann mich noch erinnern, ich weiß, jetzt klingt es etwas komisch, dass ein Soldat eine Mundharmonika hatte und unter anderem spielte »Muss i denn, muss i denn zum Städtele hinaus …« (Arnold Degener, Jahrgang 1935, aus Schlesien)

Nicht alle haben auf eine schnelle Rückkehr spekuliert. Viele versuchten, über das Sudetenland Richtung Böhmen zu gelangen, das lange als sichere »Fluchtburg« galt. Auch ein »Prominenter« hatte sich in jenen letzten Kriegstagen auf den Weg nach Böhmen gemacht. Seine Absicht, den Sowjets zu entgehen, war nur zu verständlich, es handelte sich um den Gauleiter und Oberpräsidenten von Niederschlesien, Karl Hanke. Seine Nähe zu Hitler mag daran zu erkennen sein, dass der im schlesischen Lauban geborene Nationalsozialist in Hitlers Testament als Nachfolger des in Ungnade gefallenen Heinrich Himmler vorgesehen war. Hanke floh also über die Berge. Aber er wurde von tschechischen Partisanen aufgegriffen und am 5. Mai als SS-Offizier festgenommen. Hankes »Karriere« vom Täter zum Flüchtling endete im Juni desselben Jahres. Bei einem Fluchtversuch aus tschechischer Haft töteten ihn bei Neudorf im Sudetenland seine Bewacher.

8. Mai 1945. Ende und Neubeginn?

»Wir haben überlebt!« – eine einfache und doch erlösende Erkenntnis für viele Heimatlose.

Es sind wirre Verhältnisse. Unsere Ideale sind dahin. Was wird aus uns werden? Werden wir für die Sieger arbeiten dürfen, als moderne Sklaven? Das Bewusstsein, den Krieg doch noch überlebt zu haben, macht lebenshungrig … (Ernst Bilke, Jahrgang 1920, aus Schlesien)

Ein Tag wie jeder andere? Im Osten meldete das sowjetische Informationsbüro: »Die wochenlang umkämpfte Stadt und Festung Breslau sowie die Stadt Dresden wurden durch die Streitkräfte der Roten Armee besetzt.« Das Oberkommando der Wehrmacht gab bekannt: »Heftige Abwehrkämpfe südöstlich Brünn und im Großraum Olmütz. Die Städte Olmütz und Sternberg gingen verloren.«

Reichspropagandaminister Joseph Goebbels vergiftete sich und seine ganze Familie, auch der stellvertretende Chef des Generalstabs, General Krebs, und der Chefadjutant Hitlers, General Burgdorf, entzogen sich durch Freitod in Berlin – wie zuvor Hitler – ihrer gerechten Strafe. »Sie alle haben in deutscher Mannestreue kämpfend den Tod gefunden.« Was der noch unter deutscher Kontrolle stehende Sender Prag 1 am 7. Mai 1945 bekannt gab, kann nicht anders als zynisch bezeichnet werden. Die Rote Armee hatte schon am 2. Mai Berlin eingenommen.

Am 7. Mai um 1.41 Uhr nahmen die Alliierten im Hauptquartier General Eisenhowers in Reims die bedingungslose Kapitulation Deutschlands entgegen. Einen Tag später wurde die Unterzeichnung im sowjetischen Hauptquartier Berlin-Karlshorst mit gleichem Urkundentext wiederholt. Um 23.01 Uhr trat die Kapitulation in Kraft. »Nach einem heldenhaften Kampfe von beinahe sechs Jahren, der mit beispielloser Härte geführt wurde, ist Deutschland der überlegenen Macht seiner Feinde erlegen.«

Mit seiner über den Sender Flensburg an das deutsche Volk gerichteten Rede zeigte sich Reichsaußenminister Ludwig Johann Graf Schwerin von Krosigk noch einmal beispielhaft für alle uneinsichtigen Vertreter Deutschlands. Er bezeichnete den Moment, der in den meisten Teilen der Welt und auch von vielen Menschen in Deutschland als Befreiung empfunden wurde, als »tragischen Augenblick der deutschen Nation«.

Wir saßen indessen im Keller und harrten in banger Erwartung der kommenden Dinge. Erst am Morgen des 8. Mai ergossen sich die russischen Panzer- und Militärkolonnen über unseren Ort. Es rollten den ganzen Tag ungeheure Mengen von Kampftruppen durch die menschenleeren Straßen. Später kamen die Nachschubeinheiten und machten Halt bei uns. Nun ging es los mit der Suche nach Wertgegenständen und Frauen. (Walter Gleißner aus Böhmen)

Während Schwerin von Krosigk noch vom Ideal der nationalen Gemeinschaft und dem Geist der Kameradschaft an der Front und im Landesinnern schwärmte, hatte eine große Anzahl von Flüchtlingen, ganz gleich, wo sie sich gerade befanden, nur einen Wunsch: Rückkehr in die Heimat.

Wir im Glatzer Land erlebten den Einmarsch des Russenheeres am 8. Mai und wurden ziemlich glimpflich behandelt ... Am ersten Pfingstfeiertag, am 21. Mai, erhielten wir vom russischen Kommandanten die Erlaubnis, am zweiten Feiertag zur Heimkehr aufzubrechen. Ausgestattet mit russischen Ausweisen, dazu mit weißen und roten Fahnen an den Wagen. (Walter Gerhard aus Schlesien)

Den Flüchtlingen lag nichts ferner als der Gedanke, die Herauslösung aus ihrer Heimat könnte von langer Dauer oder gar eine Trennung auf Lebenszeit sein. Einer kriegsbedingten Räumung folgte in diesem Verständnis die Rückwanderung nach Beendigung der Kampfhandlungen. So wie das im kleinen Maßstab an vielen Kampfabschnitten schon während des Zweiten Weltkrieges geschehen war.

Je nachdem, wie weit man zum Zeitpunkt der Kapitulation vor der Ostfront entfernt war, zog man per Treck natürlich in die Heimat zurück. (Wolfgang Schmidt aus der Oberlausitz)

Kamen die Menschen in ihrem Heimatort an, waren sie oft tief betroffen von der Zerstörung ihres Besitzes und der allgemeinen Perspektivlosigkeit.

Wir kamen etwas schneller voran, wenn die Russen eben nicht den Treck stoppten. Und das passierte täglich mehrere Male, obwohl uns die Armut anzusehen war. Ungepflegt und abgerissen, halb verhungert und müde schleppten wir uns unserem Ziel entgegen. Das war das Einzige, was uns aufrecht hielt. Aber auch hier Ungewissheit: Was war mit Vater und den Brüdern, wie würde es zu Hause aussehen? Dazu kam die eigene Not und Angst. Und Angst hatten wir ...Die Erregung der Menschen steigerte sich, die Schritte wurden schneller, die Umgebung immer vertrauter ... Wir erkannten unser schönes Dorf nicht wieder, überall Zerstörung und Unordnung. Tiere liefen frei umher, überall lagen Tierkadaver, überall wucherte Unkraut ... Der Treck löste sich auf. Jeder strebte seinem Zuhause entgegen ... Im Schlafzimmer meiner Eltern lag sogar eine tote Kuh, die fürchterlich stank. (Karl Beutner aus Schlesien)

Wer von den Flüchtlingen konnte schon wissen, dass die Alliierten längst einer Vereinbarung zugestimmt hatten, die weite Teile der ostdeutschen Gebiete den Polen zusprach und gleichzeitig die Aussiedlung der dortigen deutschen Bewohner besiegelte? Obwohl die Fluchtbewegungen zunächst nur eine kriegsbedingte Erscheinung zu sein schienen, entwickelten sie sich bald zu einem Teil des Gesamtprozesses der Vertreibung.

»In dieser schweren Stunde verneigt sich die deutsche Nation in ehrfürchtiger Trauer vor den Toten dieses Krieges. Ihr Opfer legt uns große Verpflichtungen auf. Unsere Teilnahme gilt vor allem den Verwundeten und denen, die alles verloren haben.« Meinte Schwerin von Krosigk in seiner Radioansprache am 7. Mai damit auch die Flüchtlinge? Die Juden? Die gestorbenen sowjetischen Kriegsgefangenen? Die Stunde war jedenfalls nicht die viel beschworene »Stunde Null«, also ein gleichsam geschichtsloser Neubeginn. Es kam eher darauf an, die Vergangenheit, vielfach mit Schuld von Deutschen aufgeladen, gemeinsam aufzunehmen und Deutschland verantwortungsbewusst in eine friedliche, europäische Zukunft zu geleiten.

Der von Deutschland verursachte und verlorene Krieg war Auslöser der riesigen Flucht- und erzwungenen Wanderungsbewegungen. In Europa war er vorbei.

Was bedeutete das für die Einzelnen? Für manche der Deutschen östlich von Oder und Neiße, in der Tschechoslowakei oder in Ungarn, Jugoslawien und Rumänien war der 8. Mai zunächst ein Tag wie jeder andere. Seine Wirkungen sollten dann jedoch für alle spürbar werden.

Wir erfuhren, dass in Prag ein Aufstand ausgebrochen sei und hart gekämpft würde. Gerüchte machten die Runde: Die Russen seien nicht mehr weit, der Krieg ginge zu Ende, wir könnten wieder zurück nach Hause. Da wir mit den anderen Flüchtlingen in den umliegenden Dörfern wenig Kontakt hatten, blieben es für uns eben nur Gerüchte. Bis eines Tages über einem Hügel seltsame Gefährte auftauchten. Kleine zottelige Pferdchen vor flachen Fuhrwerken, mit fremden Soldaten beladen, kamen näher. Über jedem Wagen flatterten rote Fahnen und Spruchbänder, weiß bemalt. Die Soldaten sangen fremde, aber schöne Lieder. Die Rote Armee, vor der wir geflüchtet waren, hatte uns eingeholt. Der Krieg war für uns vorbei. Dachten wir. (Karl Beutner aus Schlesien)

Hitlers letzte Opfer wurden die Vertriebenen, die im Moment des beendeten Krieges nicht selten von den eigenen Soldaten auf der Flucht überholt wurden.

Plötzlich ging gegen Mitternacht ein Ruf von hinten an die Spitze des Trecks: »Der Krieg ist aus!« Was meine Großeltern und all die Menschen, die sich in dieser Nacht auf der Flucht befanden, dachten, konnte ich als damals Elfjähriger nicht voll ermessen. Das Ende des Krieges bezeichneten wir als »Zusammenbruch«. Der Begriff »Befreiung« wurde erst später geprägt. Wenige Minuten nach der o. g. Tatsache, wurde der Zusammenbruch real. Von hinten erfasste den Treck ein merkwürdiges, klirrendes, hartes Geräusch in der Dunkelheit. Unaufhaltsam schwoll der Lärm zu einem unerbittlichen Donnern an. Es war ein Panzer der Wehrmacht, als Vorhut gedacht, der uns jetzt regelrecht mit unseren Kuhgespannen in den Straßengraben schob ... Hinter dem Panzer ergoss sich ein ungeordneter Strom von Wehrmachtsteilen. Soldaten auf noch intakten Motorrädern, LKWs und natürlich zu Fuß. Anstatt uns vor den bolschewistischen Horden (nach der Goebbelschen Propaganda) zu bewahren, überrollten sie jetzt ihre eigenen Landsleute. (Wolfgang Schmidt aus der Oberlausitz)

Vertreibung

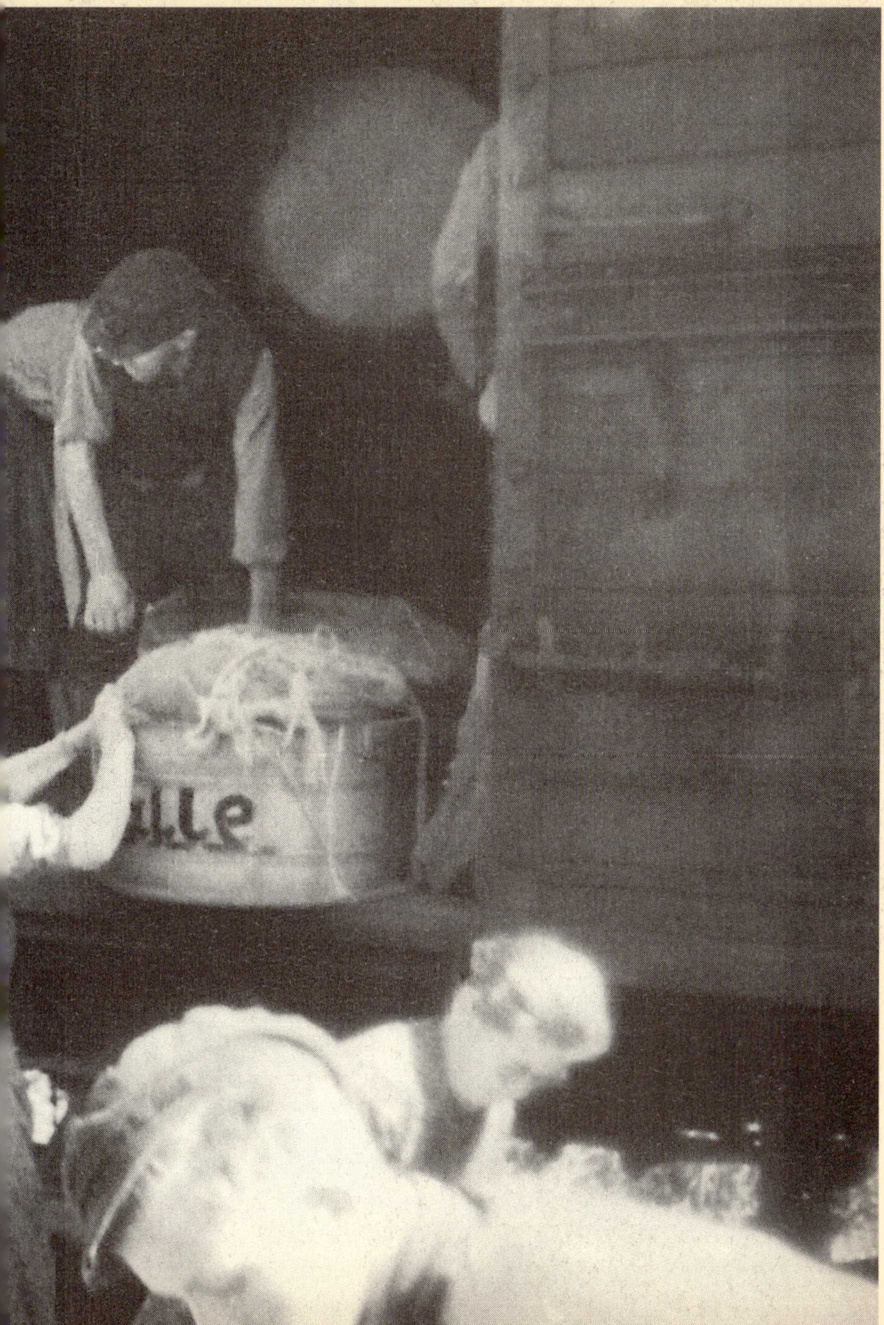
lle

»Massive Verpflanzungen«. Die Entmischung von Bevölkerungen

Bevölkerungen entmischen. Die Idee, Konflikte zwischen verschiedenen Bevölkerungsgruppen durch die dauerhafte Aussiedlung der jeweiligen Minderheit vollständig zu lösen, entsprang nicht den Köpfen der Anti-Hitler-Koalition. Der Irrglaube des Prinzips der nationalen Entmischung hat eine ungute Tradition.

Die Neuordnung Europas durch die Pariser Vororteverträge und der Untergang des Vielvölkerstaates Österreich führten in der Zeit zwischen den beiden Weltkriegen nicht nur zur Entstehung neuer Staaten mit neuen Grenzen, sondern dadurch auch zu einem Völkergemisch, das Mehrheiten und Minderheiten zusammenprallen ließ. Mit der »Verarbeitung« der Erlebnisse des Krieges ging eine immer stärker werdende politische Bewusstseinsbildung einher: Man interessierte sich nicht nur einfach für die eigene Herkunft, die Wurzeln der Familie, sondern fragte nach daraus entstehenden Rechten und auch Pflichten im Großverband der übergeordneten Nation.

Ein bayerischer Beamter mit dem orientalischen Pseudonym Mehemed Emin Efendi ist wahrscheinlich der Erste gewesen, der den Gedanken eines freiwilligen Austausches ganzer Bevölkerungen öffentlich entwickelt hat. In seiner 1898 publizierten Broschüre über »Die Zukunft der Türkei« äußerte Siegfried Lichtenstädter diesen radikalen Vorschlag unter dem Einfluss des griechisch-türkischen Krieges von 1896/97 und der wachsenden Krise zwischen den Völkern des Habsburgerreiches. Lichtenstädter starb 1942 im Konzentrationslager Theresienstadt.

Schon im Ersten Weltkrieg hatte der Schweizer Arzt und Völkerkundler Georges Montandon auf einer theoretischen Ebene ausführlich darüber nachgedacht, wie das Problem des Verhältnisses von Mehrheit und Minderheit zu lösen sei. Wie, so fragte er 1915, könne zukünftig ein Krieg wie der damalige verhindert werden? Der später durch einen radikalen Antisemitismus auffallende Wissenschaftler sah in den gegeneinander laufenden nationalen Strömungen, zumal innerhalb eines Staates, die Ursache kriegerischer Auseinanderset-

Vorherige Seite: In Güterzügen verließen Tausende 1945/46 ihre Heimat, die nun östlich der deutschen Grenzen lag.

zungen und plädierte für die Lösung dieses Problems »durch die massive Verpflanzung von Nichtangehörigen der Nation oder von solchen, die dafür erklärt werden, in Gebiete jenseits der Grenze«. Ein zugleich banales wie rücksichtsloses Konzept.

Bis zur immer wichtiger werdenden Fixierung auf die Zugehörigkeit zu einer Nation waren religiöse Vorstellungen dafür verantwortlich, Andersgläubige umzusiedeln oder zu vertreiben. Juden und auch Protestanten haben das im Lauf der Geschichte oft nur zu schmerzlich erfahren müssen. Aber die Religion verlor allmählich an Bindekraft. Mehr und mehr löste sich besonders der Staat aus einer nun als unangenehm empfundenen Umklammerung. Religionskriege wichen Nationalstaatskriegen. Auf dem Balkan einigten sich die Türkei, Griechenland und Bulgarien schon vor 1914 darauf, freiwillig die Bevölkerung ganzer Orte auszutauschen. Die Motive waren hier sowohl religiöser als auch schon nationaler Natur: Entweder man verließ seinen Wohnort, weil man zum Beispiel Türke oder weil man Muslim war.

Nun geschah etwas Neues. Griechenland und die Türkei vereinbarten 1923 in Lausanne erstmals einen vertraglich festgelegten Zwangsaustausch von Bevölkerungsgruppen. Das bedeutete konkret: Alle Türken sollten Griechenland, alle Griechen die Türkei verlassen. Die Auseinandersetzung zwischen beiden Völkern hat eine lange Vorgeschichte: 1822 hatte Griechenland mit einer Unabhängigkeitserklärung den Freiheitskampf gegen die Fremdherrschaft der Osmanen eröffnet. Der Traum von einem Großgriechenland, einem alle Griechen einschließenden Nationalstaat, zerplatzte aber nach zahlreichen militärischen Auseinandersetzungen der beiden konkurrierenden Nationalbewegungen im 19. und zu Beginn des 20. Jahrhunderts. Die Situation nach dem griechisch-türkischen Krieg zwischen 1920 und 1922 eskalierte: Nach der endgültigen griechischen Niederlage befanden sich Hunderttausende Griechen aus Kleinasien und Thrakien auf einem gewaltsamen Vertreibungsweg nach Griechenland. Der in Lausanne festgelegte Zwangsaustausch beider Nationalitäten sollte kurzfristig die chaotischen und unhaltbaren Zustände beseitigen und letztlich einen »national reinen Tisch« machen.

Zu diesem Zeitpunkt erlangte die Vorstellung der Lösung von Minderheitenproblemen durch Aussiedlung der Minorität internationale Akzeptanz. In den Köpfen der an der Verhandlungslösung zwi-

Historischer Exkurs: Preußen

Die Geschichte des 1525 gegründeten Herzogtums, ab 1618 vereint mit dem Kurfürstentum Brandenburg und Namensgeber des 1701 gegründeten Königreiches Preußen, ist für die Geschichte der Deutschen im Osten von besonderer Bedeutung, da die östlichen Provinzen des Deutschen Reiches integrativer Bestandteil Preußens waren.

Preußens Großmachtstellung in Europa resultierte vor allem durch die in den drei Schlesischen Kriegen um die Mitte des 18. Jahrhunderts (1740–42, 1744/45, 1756–63) errungenen Gebiete der unter habsburgischer Herrschaft stehenden schlesischen Herzogtümer. Wichtige Gebietszuwächse (u. a. Pommerellen, Danzig, Gebiete um Warschau und an der Warthequelle) konnte Preußen zudem in den drei Polnischen Teilungen (1772, 1793, 1795) auf Kosten Polens erlangen, das nach der dritten Teilung nicht mehr existierte. Der Zündstoff für nationalistische Auseinandersetzungen zwischen Polen und Deutschen war damit schon früh gelegt.

Nach den verlustreichen Napoleonischen Kriegen gelang es Preußen auf dem Wiener Kongress 1815, seine 1806/07 verloren gegangene Vormachtstellung in Europa zurückzugewinnen. Infolge der Gründung des Deutschen Reiches 1871 hörte Preußen als souveränes Staatsgebilde auf zu bestehen, behielt aber seine führende Rolle innerhalb Deutschlands bei – sichtbar u. a. in der Personalunion von preußischem König und deutschem Kaiser.

Zwischen 1871 und 1910 erlebten die Gebiete östlich der Oder einen Wanderungsverlust von mehr als 3,5 Millionen Menschen – darunter viele Polen, Masuren und Kaschuben. Es war der Höhepunkt einer massenhaften Ost-West-Wanderung aus den östlichen Provinzen in das Ruhrgebiet.

Mit der Abdankung Kaiser Wilhelms II. nach dem verlorenen Ersten Weltkrieg und mit der Novemberrevolution von 1918 wurde auch die festgefügte Ordnung des preußischen Gesamtstaates erschüttert. Preußen verlor unter anderem den größten Teil der Provinz Posen, Teile Westpreußens (Pommerellen) und die Mehrheit der oberschlesischen Industriegebiete an den wiedererstandenen polnischen Staat.

Verbunden damit war eine Fortsetzung der Ost-West-Bewegung nach 1918/19, da viele deutschsprachige Bewohner Polens den neuen Staat verließen; ihre Zahl verringerte sich dort bis kurz vor dem Zweiten Weltkrieg von etwa drei auf nur eine Million.

Von 1920 an war Preußen aufgrund der Landesverfassung eine Republik mit dem Ministerpräsidenten an der Spitze. Bis zum berühmten »Preußenschlag« des deutschen Reichskanzlers Franz von Papen, der das faktische Ende Preußens einleitete, dauerte es dann allerdings noch zwölf Jahre: Am 20. Juli 1932 übernahm die Reichsregierung unter Papen die kommissarische Regierung Preußens. Nach dem Zweiten Weltkrieg beschlossen die Alliierten das endgültige Aus für Preußen. Mit dem Gesetz Nr. 46 des Alliierten Kontrollrats vom 25. Februar 1947 verschwand es von der politischen Landkarte.

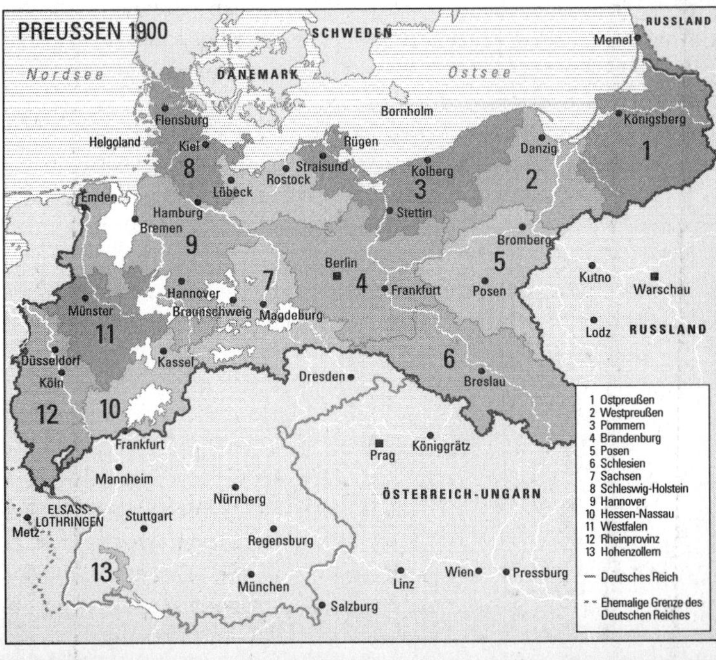

schen beiden Staaten beteiligten Schlichter war »der Groschen gefallen«. »To unmix the populations« wurde zur heilbringenden Formel in der Gedankenwelt von national verbohrten Politikern und »Krisenreaktionskräften«. Als die Umgesiedelten von dem Verbot der Rückkehr erfuhren und lautstark ihren Unmut äußerten, gab es längst kein Zurück mehr. Vom Standpunkt der machtpolitischen Strategen bedeutete die Zwangsumsiedlung einen eingeschränkten Erfolg: Die Türkei war jetzt zwar türkischer, Griechenland griechischer – was immer das auch heißen mochte. Den Preis zahlten jedoch nicht nur die entwurzelten Menschen, sondern auch die durch den Austausch und die Eingliederungshilfen stark belasteten Staatskassen beider Länder. Und von einer Verbesserung des zwischenstaatlichen Verhältnisses konnte keine Rede sein.

Neben Umsiedlungsplänen zirkulierten in den zwanziger Jahren drei weitere Modelle für die Lösung des Problems der Mischbevölkerungen. Erstens die Assimilation, also das vollständige Aufgehen der Minderheit in politischer, sozialer und kultureller Hinsicht im Schmelztopf der Mehrheitsbevölkerung. Zweitens der Minderheitenschutz, also gesetzliche Vereinbarungen, die der Minorität Rechte zugestehen, Diskriminierungen verhindern und ein kulturelles Überleben sichern sollten. Und drittens Grenzveränderungen unter nationalen Gesichtspunkten: ein Volk, eine Nation, ein Staat. Dieses Modell schien sich am Vorabend des Zweiten Weltkrieges durchzusetzen, wie der »Anschluss« Österreichs und die Abtrennung der Sudetengebiete von der Tschechoslowakei im Jahr 1938 zeigten.

Das Beispiel Südtirols hingegen knüpfte da an, wo das in Lausanne 1923 vertraglich favorisierte Modell der Umsiedlungen geendet hatte. Die Siegermächte des Ersten Weltkrieges hatten das seit Jahrhunderten überwiegend zur Habsburgermonarchie gehörende Südtirol im Vertrag von St. Germain Italien zugesprochen. Auf der südlichen Seite des Brenners sahen sich die deutschsprachigen Südtiroler unter Mussolini in der Folgezeit einem starken Italienisierungsdruck ausgesetzt. »Von hier aus haben wir den Barbaren die Kultur gebracht«, diese von Mussolini veranlasste Inschrift auf einem Torbogen in der Altstadt Bozens demonstrierte eindringlich die diskriminierende Einstellung der italienischen Faschisten.

Paradoxerweise unterstützte Adolf Hitler diese Politik. Zusammen mit dem italienischen Diktator wollte er die Geschichte der deutsch-

Benito Mussolini und Adolf Hitler im Berghof auf dem Obersalzberg, April 1942

sprachigen Mehrheit in Südtirol beenden. Zum ersten Mal seit Lausanne wurden zwischenstaatliche Verträge abgeschlossen, die eine groß angelegte Wanderungsbewegung auslösten. Zwischen den Sommern 1939 und 1942 regelten mehr als 20 Umsiedlungsvereinbarungen im Einzelnen das Schicksal der Südtiroler. Sie hatten dabei wirklich die »Qual der Wahl«: Dableiben und »italienisch werden« oder ins Deutsche Reich siedeln. Beides war eigentlich nicht im Sinne der Südtiroler. Ihnen blieb nur die Wahl des vermeintlich kleineren Übels. Bis zum 31. Dezember 1939 entschieden sich 85 Prozent der Südtiroler für die Abwanderung ins Reich. Ein Vorgang, der in Europa Zeichen setzte, denn als scheinbar gut funktionierendes Umsiedlungsexperiment erinnerte man sich an »Südtirol« künftig gern, wenn es galt, verschiedenartige Bevölkerungen zu entmischen.

Als die große Mehrheit der Abgewanderten nach Kriegsende in ihre Heimat zurückkehrte, zeigte sich jedoch der Übergangscharakter eines unter Druck zustande gekommenen Modells. Nun erst konnte sich langsam ein neues, hoffnungsvolleres Muster im Verhältnis von Mehrheiten und Minderheiten in Europa entwickeln: die Rolle der Südtiroler als geschützte Minderheit im italienischen Staat mit einem heutzutage gelungenen Autonomiestatus.

Die Idee, Mischsiedlungen von Angehörigen verschiedener Nationen als potenziellen Konfliktstoff durch Umsiedlungen auszuräumen, betonte Hitler ausdrücklich in seiner Rede nach dem Überfall auf Polen am 6. Oktober 1939 im Reichstag. Unter der nationalsozialistischen Herrschaft folgten 15 Umsiedlungsverträge mit den osteuropäischen Nachbarstaaten, die unter dem allgemeinen Motto »Heim ins Reich« den »Splittern des deutschen Volkstums« eine neue Zwangsheimat verschafften. Hitlers mit rassenpolitischen Vorstellungen gespickte Umsiedlungspolitik führte aber nicht nur zur erzwungenen »Heimholung« von Auslandsdeutschen, sondern gleichzeitig zur Entwurzelung nicht-deutscher Menschen aus ihrer angestammten und von Deutschland eroberten Heimat. Die Vertreibung der Polen aus dem Reichsgau Wartheland ins Generalgouvernement zur Ansiedlung von Baltendeutschen mag ein einleuchtendes Beispiel sein.

Eine Nation in einem ethnisch reinen Staat – diese simple Formel hatte also in den späten dreißiger Jahren Karriere gemacht. Präsent und beliebt zeigte sie sich nicht nur im Kopf und in der Politik des deutschen Diktators. Er verordnete, alle Mittel zu diesem Zweck

Dieses Plakat von 1939 hing in ungezählten Amts- und Schulräumen während der Zeit des Nationalsozialismus.

Adolf Hitler während seiner Rede nach dem Überfall auf Polen vor dem Reichstag am 6. Oktober 1939

Szenenbild aus »Der große Treck«, einem NS-Propagandafilm zur Heim-ins-Reich-Politik

einzusetzen, ob freiwillig, unter Zwang oder mit Hilfe von Gewalt. Und dem Zweiklang von »Volk« und »Reich« fügte er noch sich selbst hinzu: ein »Führer«. Die Menschen erscheinen in dieser Vorstellung nur mehr als beliebige Verfügungsmasse, jederzeit verformbar – Figuren in einem Spiel mit willigen Statisten.

Dennoch wurde die Vorstellung weithin mit Akzeptanz aufgenommen; auch die Kriegsgegner Deutschlands freundeten sich im Verlauf des Zweiten Weltkrieges immer mehr mit diesem scheinbar so erfolgreichen Gedanken an: Probleme in nationalen Mischsiedlungen löst man am besten durch konsequente Aussiedlung der Minderheit.

Eine neue Nachkriegsordnung

Das Kriegstagebuch in Europa verzeichnete deutsche Siegesmeldungen. Hitler verschärfte allmählich seine Kriegsziele und führte den Angriff gegen die Sowjetunion als Vernichtungskampf mit bis dahin unvorstellbarer Grausamkeit. Mit der Kriegserklärung Deutschlands und Italiens an die USA im Dezember 1941 hatte der Zweite Weltkrieg endgültig globale Ausmaße angenommen. Die Vorstellungen über die zukünftige Nachkriegsordnung veränderten sich von nun an erheblich.

In den ersten Kriegsjahren stellte sich die Frage von Umsiedlungen für die Alliierten kaum. Aber mit der wachsenden Siegeszuversicht der in der Anti-Hitler-Koalition vereinten Staaten nach der militärischen Kriegswende des Jahres 1942 und unter dem Eindruck der deutschen Kriegs- und Besatzungspolitik dehnten sich die Gedankenexperimente zunehmend auf die Situation der Deutschen in den Ostgebieten und in anderen Staaten aus. Was sollte nach einem Sieg der Alliierten mit diesem Teil der deutschen Bevölkerung passieren? Eine Vielzahl von Ideen kursierte, meistens hinter vorgehaltener Hand. Nach Sibirien! Dieser Vorschlag kam im Oktober 1943 nicht etwa von Stalin, sondern aus dem Munde eines englischen Beamten im Foreign Office. Sir Orme Sargent hielt es für zu gefährlich, alle Deutschen in einem Staat unterzubringen, da er eine Zusammenballung nationaler und rückwärts gewandter Kräfte befürchtete.

Großbritannien führte zunächst Regie in der alliierten Planung für die Zeit nach dem Krieg; damals war es der militärisch gesehen ernsthafteste Gegner Deutschlands. Im englischen Außenministerium, dem Foreign Office, regte man eine konkrete Studie zu diesem voraussehbaren Problembereich an. Zunächst sollte sich eine Expertengruppe mit der Frage nach den zukünftigen Grenzen beschäftigen. Was bedeuteten neue Grenzen in Ostmitteleuropa für die ansässigen Einwohner? Im Mai 1942 lag das entsprechende Papier vor. Besonders der Anhang ließ aufhorchen: Darin wurden sowohl eine Abtrennung der deutschen Ostgebiete als auch der darauf folgende »Transfer« der deutschen Bevölkerung zum Thema gemacht. Trotz Skepsis im britischen Regierungsapparat wurde der Konsens darüber immer deutlicher, dass für eine künftige Friedenssicherung Bevölkerungsverschiebungen im Zusammenhang mit Grenzveränderungen notwendig seien. Seit Anfang 1943 erhöhte sich die Taktzahl der Gesprächsrunden und Konferenzen der Anti-Hitler-Koalition. In Casablanca, Washington und Moskau trugen die Teilnehmer in verschiedener Zusammensetzung und auf unterschiedlichen politischen Ebenen ihre Vorstellungen hinsichtlich der zukünftigen Machtaufteilung in Europa vor. Man tastete sich vorsichtig ab.

Schon vor der ersten großen Kriegskonferenz der so genannten Großen Drei – Winston Churchill, Josef W. Stalin und Franklin D.

Roosevelt – in Teheran, im November 1943, zeigten sich erste Hinweise darauf, dass Stalin nicht gewillt war, die im geheimen Zusatzprotokoll des Hitler-Stalin-Paktes von 1939 verankerten sowjetischen Gebietsgewinne auf Kosten Polens wieder rückgängig zu machen. Auf der alliierten Außenministerkonferenz von Moskau, einen Monat zuvor, hatte der stellvertretende sowjetische Außenminister Maxim M. Litvinov Polen als »kleine Nation« bezeichnet. Ein unheilvolles Signal zwischen den Zeilen.

Auf der Konferenz von Teheran vom 28. November bis zum 1. Dezember 1943 ging es zwar hauptsächlich um die weitere militärische Zusammenarbeit der Kriegspartner, Stalins Wunsch nach territorialen Zugeständnissen im Osten spielte jedoch auf jeder der folgenden Treffen zumindest eine wichtige Nebenrolle. Noch wurden in der sowjetischen Botschaft Persiens keine konkreten Beschlüsse gefasst. Man sondierte die Lage, versuchte eigene Interessen so zu formulieren, dass sie eines Tages ohne großen Widerstand in einen verbindlichen Vertrag überführt werden konnten. Stalin schlug vor, Polen solle im Westen bis an die Oder heranreichen. Der britische Außenminister Anthony Eden spekulierte daraufhin: »Was Polen im Osten verliert, könnte es im Westen gewinnen.« Churchills Griff zu den Streichhölzern bleibt bis heute das eindrucksvollste Bild: Mit drei parallel angeordneten Zündhölzern demonstrierte er seine Gedanken zur Westverschiebung Polens auf die einfachste Weise: Verschob er das sowjetische Hölzchen auf dem Tisch nach links, so gerieten auch das mittlere polnische und das deutsche Hölzchen in Bewegung, wobei der Abstand zwischen ihnen gleich blieb. Stalin zeigte sich zufrieden.

Churchill und Roosevelt sanktionierten in Teheran also zumindest grundsätzlich den kommenden Grenzverlauf zwischen Polen und der Sowjetunion entlang der so genannten Curzon-Linie. Und nicht nur das. Es ging jetzt eben um Grenzen und Menschen. Eher nebenbei und noch allgemein formuliert, dachten die Vertreter der Anti-Hitler-Koalition daran, nicht nur Polen selbst, sondern auch deren Einwohner zu verschieben. »Drei bis vier Millionen Polen, die auf der falschen Seite der Linie lebten« und demzufolge auf die richtige gebracht werden müssten, notierte Churchill. Mit den Gebietsverlusten Deutschlands im Osten wurde die Ausweisung der dort lebenden Menschen verbunden, mit der geplanten Vertreibung von Polen ging gleichzeitig die Vertreibung von Deutschen einher. Stalin versicherte

Konferenz von Teheran im November 1943: v. l. n. r.: Josef W. Stalin, Franklin D. Roosevelt und Winston Churchill

Historischer Exkurs: Baltikum

Unter dem geographischen Sammelbegriff Baltikum verstand man meist die Gebiete der russischen Ostseeprovinzen Estland, Livland, Kurland und ihrer Nachfolgestaaten Estland sowie Lettland. Seit Ende des 12. Jahrhunderts hatten hier zunehmend deutsche adlige Kaufleuten der Hanse Kultur und Wirtschaft beeinflusst. Die dominierende gesellschaftliche Stellung des deutschen Adels blieb trotz wechselnder Herrschaften unter schwedischer, polnischer und russischer Führung bis zur Mitte des 19. Jahrhunderts bestehen. Die Russifizierungspolitik sowie wachsende estnische und lettische Nationalbewegungen führten zu einer massenhaften Emigrationsbewegung der Deutschbalten zwischen 1880 und 1935. Seit jeher eine ethnische Minderheit neben Russen, Polen, Weißrussen und Juden, schmolz ihr Bevölkerungsanteil in Estland von fünf Prozent (etwa 45000 Bewohner) auf 1,5 Prozent (etwa 15000). In Lettland reduzierte sich ihr Anteil von elf Prozent (mehr als 130000) auf drei Prozent (etwa 60000).

Im heutigen Sprachgebrauch hat sich die Bezeichnung Baltikum für die Staaten Estland, Lettland und Litauen weitgehend durchgesetzt. Deutsche Kaufleute, die mit Geistlichen und Ordensrittern im 13. Jahrhundert ins Land gekommen waren, hatten auch in Litauen eine einflussreiche Oberschicht gebildet. Für fast dreihundert Jahre befand sich Litauen allerdings unter polnischer Herrschaft, bis nach dem Wiener Kongress 1815 Russland alle litauischen Gebiete bis zur Besetzung Litauens durch Deutschland im Ersten Weltkrieg unter seine Kontrolle brachte. Zu den mehr als zwei Millionen Einwohnern Litauens der Zwischenkriegszeit zählten schätzungsweise mehr als 40000 Deutsche.

sich hier nicht nur der generellen Zustimmung Englands und Amerikas zu seinen Polen-Plänen, sondern machte geschickt auch seine Absicht deutlich, den nördlichen Teil Ostpreußens mit dem eisfreien Hafen in Königsberg der Sowjetunion einzugliedern.

Zehn Monate nach der im Osten zugunsten der Sowjetunion kriegsentscheidenden Schlacht um Stalingrad waren Roosevelt und Churchill weder bereit noch willens, Stalins Plänen machtpolitisch etwas Konstruktives entgegenzusetzen. Während die Engländer und Amerikaner im Westen keine entscheidenden Schlachten gewinnen konnten, hatte die Sowjetunion im Osten die Federführung im Krieg gegen Deutschland übernommen. Der Kriegsverlauf schuf Fakten, auch wenn unterschiedliche Interessen der Alliierten nach und nach klarer wurden. Die Idee der Verknüpfung von Grenz- und Bevölkerungsverschiebungen hatte sich auf internationalem Parkett durchgesetzt. Das Recht des Stärkeren ein weiteres Mal triumphiert.

Das Kriegsende in Europa nahte. Vom 4. bis zum 8. Februar 1945 tagten die »Großen Drei« ein zweites und letztes Mal vor Beendigung des Krieges. Im Livadia-Palais, einer ehemaligen Sommerresidenz der Zaren bei Jalta auf der Halbinsel Krim, ging es angesichts der stark differierenden Ziele und Interessen der Verhandlungspartner sowie der noch nicht absehbaren Reichweite einiger Entscheidungen mehr oder weniger chaotisch zu. Roosevelt wollte die Sowjetunion unbedingt zum Kriegseintritt gegen Japan bewegen, da Militärexperten schätzten, der Krieg könne dort sonst noch Jahre dauern. Grundsätzlich wurden die Beschlüsse zur sowjetisch-polnischen Grenze bestätigt. Polen verlor insgesamt fast die Hälfte seines ehemaligen Staatsgebiets. Stalins Strategie war einfach: Er suchte als Gegenleistung die Bestätigung oder zumindest die Inkaufnahme seiner expansionistischen Bestrebungen sowohl in Osteuropa als auch auf dem Balkan. Es gelang ihm, wenn auch zunächst noch ohne eine verbindliche Erklärung der Amerikaner und Briten. Es gelang Stalin vor allem deshalb, weil seine Truppen auf den Balkan marschiert waren, den größten Teil des Baltikums besetzt hatten und in Polen eingedrungen waren. Europa wurde in Einflusszonen geteilt, die dem Verlauf der militärischen Fronten entsprachen. Details der territorialen Neuordnung wurden in Jalta nicht festgelegt. Festzuhalten bleibt, dass der Gedanke einer Verschiebung von Grenzen und der innerhalb dieser Grenzen lebenden Menschen von allen Parteien der Anti-Hitler-Koalition gegen Kriegsende als Lösung akzeptiert war.

Deutschland kapitulierte im Mai. In den deutschen Ostgebieten begannen zeitgleich die so genannten wilden Vertreibungen, also Vertreibungen, die nicht staatlicherseits einer zentralen Lenkung oder Kontrolle unterlagen. Erst drei Monate später in Potsdam einigten sich die Siegermächte des Zweiten Weltkrieges endgültig und formal auf die Umsiedlung der Deutschen, die in den darauf folgenden Jahren zur größten jemals vertraglich vereinbarten Zwangswanderung anwuchs.

In Polen setzte sich die Entwicklung fort, die zwischen 1939 und 1941 Hunderttausende Menschen zum Verlassen ihrer Heimat gezwungen hatte, aus den damaligen sowjetischen Deportationen entwickelten sich nun Vertreibungsbewegungen.

Polen, westwärts. Vom Bürgerkrieg zur Evakuierung

Jene Polen, die 1945 noch lebend »aus der Tiefe« des sowjetischen Imperiums zurückgekommen waren, wurden zu Vertriebenen. Sie durften nicht mehr in ihrer alten ostpolnischen Heimat siedeln, sondern mussten ein neues Leben in den ehemals deutschen Ostgebieten beginnen. Das nächste Kapitel im Prozess der Vertreibung der Polen hatte bereits begonnen.

Vor dem Hintergrund der national motivierten Gegnerschaft zwischen Polen und Ukrainern kam es in Ostpolen zum Bürgerkrieg. Die ukrainischen Partisanen träumten von der Idee einer Großukraine, und die Sowjetunion duldete die Auseinandersetzungen, in denen die ukrainischen Kämpfer im Herbst 1944 und Frühjahr 1945 meist die Oberhand behielten. Die Untergrundbewegung der Ukrainer nahm den Sowjets sozusagen die Arbeit der »Dekolonisation« ab. 80 000 bis 100 000 Polen ließen in diesem Bürgerkrieg ihr Leben, ungefähr 300 000 flohen in den Westen Polens oder wurden von ukrainischen Einheiten dorthin gezielt vertrieben. Am Ende der brutal geführten Auseinandersetzungen hatte sich bei der polnischen Schattenregierung die Überzeugung durchgesetzt, dass nur ein national einheitlicher polnischer Staat den Frieden sichern könne. Evakuierungsbeschlüsse des polnischen Komitees zur Entmischung der verschiedenen Bevölkerungsgruppen gehörten daher zu einer ihrer ersten Maßnahmen.

Dem schon im Herbst 1944 eingerichteten polnischen Staatlichen Repatriierungsamt erschienen die Probleme der Zukunft noch fern. Bei der Schaffung der für die Verteilung der Polen im Nachkriegsgebiet zuständigen Behörde dachte niemand daran, dass auch die Zwangswanderungen der Deutschen eines Tages organisiert werden müssten: Die Beschreibung dieses Aufgabenbereichs fehlte.

Zwischen der am 31. Dezember 1944 aus dem Lubliner Komitee hervorgegangenen Provisorischen Regierung der Republik Polen und der Regierung der UdSSR wurde zur Regelung der entsprechenden Umsiedlung ein Abkommen abgeschlossen. Im Rahmen der so genannten Repatriierungsaktion mussten in den Jahren 1945 und 1946 mehr als eine halbe Million Russen, Ukrainer, Weißrussen, Ruthenen und Litauer im Zuge des vertragsmäßigen Austausches ihre bisherige Heimat in Polen verlassen.

Im Gegenzug wurden schon im Oktober 1944 mehr als hunderttausend Polen »evakuiert« – so lautete die offizielle Bezeichnung. Den ersten der Evakuierungsverträge hatte die Provisorische Regierung mit der Ukrainischen Sowjetrepublik geschlossen. Als neue Heimat für die von den Ukrainern vertriebenen Polen waren die deutschen Ostgebiete vorgesehen. Da diese aber noch nicht erobert waren, sammelten sich die Menschen vorübergehend im Südosten Polens, einer Region, die noch zum Bürgerkriegsgebiet gehörte. Von einer vertragsgemäßen Umsiedlung konnte also kaum die Rede sein. Vielmehr bestimmten chaotische Zustände den Alltag der Vertriebenen, die auf der Suche nach einer Unterkunft oft von einer Gemeinde zur nächsten irrten.

Mitten im Winter 1944/45 verschärfte die polnische provisorische Regierung das Tempo der Vertreibungen. Ohne Rücksichtnahme auf die schwierige Situation im eigenen Land, das im Krieg immense Zerstörungen hinnehmen musste, sollte auf der Stelle die massenhafte »Repatriierung« der polnischen Bevölkerung erfolgen.

Hinter dieser Tempoverschärfung stand die Absicht der sowjetischen Führung, bis zu einer offiziellen und internationalen Regelung der Vertriebenen-Frage unumkehrbare Fakten zu schaffen. Möglichst schnell möglichst viele Polen aus den ostpolnischen Gebieten herausbringen – unter diesem Motto wollte die Sowjetunion die staatliche Zugehörigkeit der Territorien festschreiben. Die Probleme waren vorhersehbar.

Ursprünglich sahen die Repatriierungsverträge vor, ganze Dörfer aus Ostpolen in die von den Deutschen geräumten Gebiete zu transferieren. Wie sollten unter den gegebenen Bedingungen ungefähr 1,5 Millionen Menschen mitsamt ihrer Habe – einschließlich des jeweiligen Viehbestandes – überhaupt transportiert werden? Auch wenn sich die allgemeine Lage im Frühjahr 1945 mit der fortschreitenden Erobe-

Im Frühjahr 1945 müssen mehr als eine Million Polen ihre Heimat in Ostpolen verlassen. Die »Repatrianten« warten auf den Transport in die deutschen Ostgebiete, das spätere Westpolen.

rung der deutschen Ostgebiete, dem geplanten Ansiedlungsgebiet der »Repatrianten«, verbesserte: Die Zwangsumsiedlungen bedeuteten für die Betroffenen eine große Strapaze. Nicht nur Organisationsprobleme auf der im Durchschnitt zwei Wochen dauernden Reise in die neuen Siedlungsgebiete, sondern auch fehlende Verpflegung und die

Fahrt in zum Teil offenen Güterwaggons hinterließen unübersehbare Spuren.

Einer reibungslosen Umsiedlung stand zudem gelegentlich willkürliches Vorgehen der Vertragspartner Polens entgegen. Nicht nur in der Ukrainischen, sondern gleichfalls in der Weißrussischen und in der Litauischen Sowjetrepublik kam es bis einschließlich 1946 zu Verstößen gegen die vertraglich geregelte Aussiedlung, vor allem zu Eigentumsdelikten. Zwar waren die Details des Ablaufs der Vertreibung vorgeschrieben und die neue polnische Regierung für die Einhaltung der Bestimmungen verantwortlich, doch schien das Interesse bei dem kommunistischen Juniorpartner der Sowjetunion an deren Kontrolle nicht groß zu sein.

Freiwillig oder gezwungenermaßen? Da sich die Repatrianten zwecks Aussiedlung in Listen eintragen lassen mussten, wurde ihnen lange Zeit unterstellt, sie wären keine Vertriebenen, sondern lediglich Auswanderer. Am großen Ausmaß des Zwangscharakters dieser Wanderungsbewegung kann jedoch nicht ernsthaft gezweifelt werden. Zum Beispiel wurde den Polen, die aus patriotischen Beweggründen in ihrer ostpolnischen Heimat verbleiben wollten, mit immensen Steuernachzahlungen gedroht, was in den meisten Fällen die gewünschte Wirkung nicht verfehlte.

Es gab viele Motive, die auch ohne Druck seitens der Vertreiber Anlass zur Aufgabe der Heimat gaben: die Sehnsucht nach einem Leben ohne Fremdherrschaft, ohne die Auseinandersetzungen mit anderen Volksgruppen oder ganz einfach die Erschöpfung nach jahrelanger Bedrohung, Unterdrückung und Verfolgung. Viele polnische Vertriebene berichten von Erleichterung, als endlich das Signal zum Aufbruch in den Westen Polens gegeben worden war.

Das bittere Schicksal der Bewohner in den polnischen Ostgebieten hatte 1939 begonnen. Zuerst mussten sie die sowjetische Okkupation und danach die deutsche Besatzungspolitik ertragen. Es folgte ein blutiger polnisch-ukrainischer Bürgerkrieg, der wiederum in die Vertreibung in die ehemaligen deutschen Ostgebiete mündete. Berechnungen der Bevölkerungsverluste gehen neben einer Million ermordeter Juden aus diesen Gebieten von ungefähr einer Million Opfern unter den ethnischen Polen zwischen 1939 und 1945 aus. Das entspricht, gemessen an ihrer Vorkriegsbevölkerung, etwa 20 Prozent.

Der Strom der polnischen Vertriebenen nahm Ende 1946 rasch ab.

In den beiden darauf folgenden Jahren gelangten nur noch knapp 18 000 Polen in die neue Republik. In den nun ehemaligen polnischen Ostgebieten, jetzt zur Sowjetunion gehörend, wurden seit Mitte 1946 aussiedlungswillige Arbeitskräfte sogar zum Dableiben gezwungen.

Direkt verbunden mit der polnischen Westverschiebung von Grenzen und Menschen waren die extreme »Komprimierung« des deutschen Staatsgebietes und die Vertreibung der Deutschen in den eroberten Gebieten – sofern sie nicht schon vor der Roten Armee geflohen waren. Im Mai und Juni 1945 hatten polnische Einheiten die Übergänge an Oder und Neiße gesperrt. Jetzt gab es für die bereits westlich dieser Linie befindlichen deutschen Flüchtlinge kein Zurück mehr. Flucht war in Vertreibung übergegangen.

Ich werde nie vergessen, wie mein Vater in seine Tasche griff und unseren Hausschlüssel daraus hervorholte. Er hielt die geschlossene Hand über das Wasser und öffnete sie. Der Schlüssel fiel in die Neiße und versank. Keiner von uns dreien sagte ein Wort. Aber uns war klar, dass damit ein Abschnitt unseres Lebens zu Ende gegangen war. (Cordula Inge Bertram, Jahrgang 1923, Schlesien)

Aufatmen in Breslau? Leben auf Abruf

»Als die Kapitulation Breslaus und damit die Beendigung des Krieges bekannt wurde, ging ein Aufatmen durch die Bevölkerung.« So erinnert sich ein von der russischen Militärkommandantur eingesetzter deutscher Bezirksbürgermeister Breslaus. Der lange Kampf in dem erklärten Bollwerk der Nationalsozialisten hatte seine Einwohner zermürbt und erschöpft. Der »Feind von gestern« wurde vielfach jubelnd begrüßt. Aber das Aufatmen hielt nicht lange an.

Ungefähr die Hälfte der zehn Millionen Deutschen aus den Gebieten östlich von Oder und Neiße erlebten in ihrer Heimat das Kriegsende und die sich daran anschließende Besatzungszeit. Bis zu ihrer Ausweisung und Vertreibung vergingen oft Monate, manchmal Jahre.

In vielen Orten Niederschlesiens war die erste Phase nach Kriegsende überwiegend durch die sowjetische Besatzungsmacht geprägt. Auch wenn dieser Zeitraum hier und besonders in anderen Regionen – zum Beispiel in Oberschlesien – schrittweise durch polnische Be-

Deutsche Flüchtlinge im zerstörten Breslau, Anfang 1945

Historischer Exkurs: Schlesien

Schlesien wird wegen seiner geographischen Lage und der fehlenden naturräumlichen Einheit immer wieder als »Begegnungs- bzw. Durchgangslandschaft« zwischen Nord und Süd, Ost und West charakterisiert. Bedeutung für die Geschichte des Landes hat aber in besonderem Maß die in staatlicher und nationaler Hinsicht das Land prägende Randlage.

Schlesien war seit dem 13. Jahrhundert kein politisch eigenständiges Gebiet, zudem hat es zahlreiche Veränderungen seines Territoriums erfahren müssen. Zuvor immer wieder von Böhmen und Polen umkämpft, wurde Schlesien 1335 im Vertrag von Trentschin schließlich bis 1740 zu einem Bestandteil der böhmischen Länder und geriet zusammen mit diesen 1526 unter die Herrschaft der Habsburger. Nach dem Ersten Schlesischen Krieg 1742 wurde Schlesien bis auf einen kleinen Teil in den preußischen Staat integriert. Diese territoriale Vergrößerung bedeutete zugleich den Aufstieg Preußens zur europäischen Großmacht; der dadurch sich verstärkende preußisch-österreichische Dualismus wirkte bis ins 20. Jahrhundert.

1919 erfolgte die Trennung in zwei selbständige Provinzen: Niederschlesien mit der Hauptstadt Breslau und Oberschlesien mit Oppeln. Oberschlesien sollte dem Versailler Vertrag entsprechend Polen zufallen. Nach erheblichen Protesten der deutschen Bevölkerung kam es 1921 zu einer Volksabstimmung. Obwohl sich 60 Prozent der Bevölkerung für den Verbleib bei Deutschland und 40 Prozent für die Eingliederung nach Polen entschieden, wurde Oberschlesien nach Anrufung des Völkerbundes 1922 geteilt. Westoberschlesien blieb bei Deutschland, Ostoberschlesien mit den wichtigsten Industriegebieten kam zu Polen. Bis zu diesem Zeitpunkt war die Bevölkerung in den niederschlesischen Regierungsbezirken Breslau und Liegnitz fast rein deutschsprachig, in Oberschlesien (Regierungsbezirk Oppeln) sprach hingegen nur ein Drittel der Einwohner Deutsch als Muttersprache.
Nach dem deutschen Angriff auf Polen im September 1939 wurden Schlesien die 1922 polnisch gewordenen Gebiete und weitere eroberte Regionen mit tschechischer und polnischer Bevölkerung eingegliedert. Etwa ein Jahr später teilte man Schlesien im Zuge einer Verwaltungsreform jedoch wieder in Nieder- (Regierungsbezirke Breslau und Liegnitz) und Oberschlesien (Regierungsbezirke Oppeln und Kattowitz). Von den knapp fünf Millionen Bewohnern Schlesiens lebten vor den Gebietsveränderungen 1939 zwei Drittel in Niederschlesien und ein Drittel in Oberschlesien.
Durch das oberschlesische Industrierevier (Steinkohlenbergbau, Metallerzeugung und -verarbeitung, Textilindustrie), das im 19. Jahrhundert zur zweitgrößten deutschen Industrieregion nach dem Ruhrgebiet geworden war, betrug vor dem Zweiten Weltkrieg der Anteil Schlesiens an der gesamten industriellen Produktion in den Ostprovinzen zwei Drittel.

hörden und Miliz mitgestaltet worden ist, kann generell von einem Abschnitt gesprochen werden, in dem sowjetische Befehlshaber den Ton angaben. In dieser Phase kam es sogar vielfach zur Zusammenarbeit im Bereich der öffentlichen Verwaltung mit noch anwesenden deutschen Amtsträgern. Motive und Hintergründe für all die Maßnahmen, die kurz nach der Eroberung getroffen wurden, sind zum

Teil nicht leicht zu erkennen. Hielten die Sowjets sie für die künftige Verwaltung der Gebiete in ihrem Sinn für notwendig? Wo handelte es sich um reine Schikanen und Winkelzüge zur Demoralisierung der Deutschen? Und wie hoch war der Anteil der überwiegend dem sowjetisch-polnischen Verwaltungschaos zuzuordnenden Aktivitäten?

Unmittelbar nach Beendigung der Kampfhandlungen setzte vielerorts ein Strom von heimkehrenden Flüchtlingen ein. Die bis zum Jahresende andauernde Zuwanderung erhöhte noch das Ungleichgewicht im Verhältnis von deutscher und polnischer Bevölkerung in Niederschlesien. Im Juli standen knapp 830 000 Deutschen nur gut 170 000 Polen gegenüber. Rasches Handeln der polnischen Behörden war gefordert. Eine geplante Trennung der Deutschen von den Polen in separaten Wohnvierteln scheiterte in Breslau aus praktischen Gründen, denn in der Stadt hielten sich 160 000 Deutsche und nur 10 000 Polen auf. Eine Kennzeichnungspflicht der Deutschen wurde hier sogar zeitweise untersagt, nicht zuletzt deshalb, weil das augenfällige Übergewicht der Deutschen demoralisierend auf die Polen hätte wirken können.

Die ohnehin von Flucht und Krieg schwer gezeichnete Bevölke-

Flüchtlingstreck in Schlesien, 1945

rung wurde durch die nun folgende Behandlung unter sowjetischer beziehungsweise polnischer Herrschaft weiterhin in Atem gehalten. Zeit zum Luftholen blieb kaum. Weder denen, die sofort vertrieben wurden, noch der überwiegenden Zahl der Deutschen, die erst im Lauf des Jahres 1946 mit der großen Vertreibungswelle in den Westen gespült wurde.

Bei ihrer Ankunft in Breslau im Mai bot sich vielen Flüchtlingen, die zahlreich aus dem Westen und dem Sudetenland nach Hause strömten beziehungsweise zurückgeschickt worden waren, ein Bild der restlosen Zerstörung.

An allen Ecken brannte es noch, war doch die Festung Breslau erst vor kurzem gefallen. Die Straßen waren kaum wiederzuerkennen und das ganze Stadtviertel verschwunden. Tote sah man viele, auch Russen. (Herr B. F. aus Breslau)

Leid und Entbehrung erfuhren nun viele Deutsche bis zu ihrer Vertreibung aus dem polnischen Staat. Zu einem großen Problem entwickelte sich in Breslau die Ernährungslage. Die riesigen Lebensmittel-

Das Rathaus im zerstörten Breslau

vorräte aus der Belagerungszeit wurden schnell zum Objekt besonders sowjetischer Plünderungen beziehungsweise Beschlagnahmungen. Eine Versorgung mit Lebensmitteln bis auf eine mangelhafte Brotrationierung war nicht gewährleistet. Zum Straßenbild gehörten seitdem immer mehr Hungernde und Bettler.

In dieser ersten Phase nach dem Krieg bekamen die Einwohner Breslaus wie an vielen anderen Orten die Vergeltungsaktionen sowjetischer Soldaten zu spüren. Zum Alltag gehörten Plünderungen aller Art, die selbst sowjetische Kommandanturen trotz offizieller Verbote nicht verhindern konnten. Auch nach Kriegsende hörten die Vergewaltigungen von Frauen und Mädchen nicht auf. Krankheiten breiteten sich aus. Bewohner ohne besondere Ausbildung wurden zu ärztlichen Hilfsdiensten herangezogen.

> *Ich musste zwecks Untersuchung und eventueller Behandlung einen Schein ausstellen. Täglich kamen nun Frauen und baten um eine Bescheinigung. Grund: Vergewaltigung, oft in einer Nacht vielmals. Manche [waren] gleichgültig, manche lebensmüde und zerbrochen. Vor dem Hospital standen die Bedauernswerten Schlange. Unterhaltung: auch du und so.* (Herr B. F. aus Breslau)

Weder auf dem Lande, wo von Übergriffen auf die Deutschen weitaus häufiger berichtet wurde – hier gab es nur geringe Kontrollen durch die zum Teil weit entfernten Kommandanturen –, noch in großen Städten wie Danzig, Stettin und Breslau waren die Deutschen sicher vor den erniedrigenden Gewalttaten. Wer wollte, wer konnte sie schützen? Eine Lobby besaßen die Deutschen hier und jetzt nicht mehr.

Besonders schwer fiel es einigen Deutschen, die Taten in den Zusammenhang deutscher Gewaltverbrechen in der Sowjetunion und in Polen einzuordnen. Manche wussten nichts von den Ausmaßen der Vernichtungspolitik, andere wollten nichts davon wissen. Nur wenige stellten sich dem Geschehenen.

> *All diese Maßnahmen, sei es reiner Terror oder wirtschaftlicher Druck, wurden von der Bevölkerung als unberechtigt und unverdient empfunden; es wurde mit Recht immer wieder gefordert, man solle doch die Schuldigen an all diesem Elend zur Verantwortung ziehen. Tatsächlich aber war die Masse der Nazis ungeschoren geblieben, abgesehen von den Führern bis zum Ortsgruppenleiter abwärts ...* (Schilderung des deutschen Bezirksbürgermeisters von Breslau)

Im Abstand einiger Jahre – mit zunehmender emotionaler Distanz – setzten sich jedoch auch kritische, differenziertere Einschätzungen der Geschichte durch.

> *Keineswegs vertrete ich eine Ansicht, Verbrechen etwa gegeneinander aufzurechnen, nein, nein, doch die Verbrechen zum Kriegsende, bei Flucht und Vertreibung hätte es ohne die vorausgehenden Aggressionen und Verbrechen von deutscher Seite niemals gegeben. Dazu nochmals kurz und knapp: Kriegsverbrechen jeder Art und von jeder Seite bleiben zu ächten und zu verurteilen.* (Fritz Arndt, Jahrgang 1935, aus Ostpreußen)

Am Wiederaufbau der im Kampf um Breslau zerstörten Einrichtungen zeigte die sowjetische Militärverwaltung zunächst kein Interesse, im Gegenteil. Demontagen von Wirtschaftsgütern spielten im sowjetischen Einflussbereich eine wesentliche Rolle. Von »Entschädigungen« für erlittenes Unrecht unter den Nationalsozialisten konnte hierbei nicht in jedem Fall gesprochen werden. Willkür und bloße Zerstörungswut schadeten oft allen, auch den Besatzern, die davon eigentlich profitieren sollten.

Besonders befremdlich erschien auch, dass sofort nach der Kapitulation sämtliche Radioapparate ohne Unterschied der Person abgeliefert werden mussten. Auf diese Weise war die gesamte deutsche Bevölkerung völlig von der Welt abgeschnitten. (Schilderung des deutschen Bezirksbürgermeisters von Breslau)

Nicht nur Radiogeräte, auch Fotoapparate, Schreibmaschinen, Musikinstrumente und Fahrräder wurden konfisziert. Die lange Präsenz der Roten Armee in Niederschlesien, bis weit ins Jahr 1946, hatte vor allem ökonomische Gründe: die Besetzung von Landgütern, die Beschlagnahme der Ernte und nicht zuletzt das Potenzial des Kohlereviers um Waldenburg. Die wirtschaftlichen Ausgangsbedingungen für die Ansiedlung der Polen verschlechterten sich durch diese Ausbeutungspolitik enorm.

Bis zur endgültigen Übernahme der Verwaltung durch den polnischen Staat verfolgte die Sowjetunion die Strategie, so viel Maschinen, Einrichtungsgegenstände etc. wie möglich zur eigenen Verwendung einzuziehen. Diesen spontanen Plünderungen und Raubzügen folgte später die systematische Enteignung der Deutschen durch den polnischen Staat. Man brauchte schließlich eine rechtliche Grundlage in der Frage der Besitzverhältnisse, da Umsiedlungen der Polen aus dem Osten bevorstanden.

Schon vor dem Potsdamer Abkommen, das über die Zukunft der deutschen Ostgebiete entschied, übernahmen polnische Behörden unter Duldung der sowjetischen Befehlshaber die Verwaltung der deutschen Ostgebiete, von nun an in der Amtssprache als »Wiedergewonnene Gebiete« bezeichnet: ab April und Mai in Ostpreußen, zwischen Februar und April in Oberschlesien und ab Sommer 1945 in den Gebieten Niederschlesiens. Ein Dekret vom Mai 1945 bestimmte die Eingliederung des ehemals deutschen Territoriums in den polnischen Staat. Nach und nach folgten weitere Gesetze und Verordnungen, welche die Stellung aller Deutschen im neu entstandenen Polen regelten, egal ob sie in den ehemals zum Deutschen Reich gehörenden Gebieten oder im polnischen Staat lebten. Fakten wurden geschaffen, die auf der entscheidenden Konferenz der Siegermächte im Juli und August von den westlichen Alliierten schließlich hingenommen wurden.

Seit der Einsetzung des Lubliner Komitees im Juli 1944 wurden deren Vorstellungen hinsichtlich der zukünftigen Behandlung der Deutschen nach Beendigung des Krieges in Programmen und Gesetzen veröffentlicht. So wurde bereits am 2. März 1945 ein Dekret herausgegeben, das den zurückgelassenen Besitz der deutschen Flüchtlinge sowie sämtliches Vermögen deutscher Staatsangehöriger dem polnischen Staat zusprach. Obwohl zu diesem Zeitpunkt rechtlich höchst zweifelhaft, bildeten diese Verordnungen die Grundlage von weiteren Gesetzen, die nach dem Krieg Gültigkeit erlangten. Amerikanische Proteste gegen solche den Absprachen in Potsdam vorgreifende Aktionen blieben erfolglos, sie verpufften unter dem Einfluss der Sowjetunion in Osteuropa.

Eine riesige Verhaftungswelle setzte ein. Schon im September 1944 waren Sonderstrafgerichte für die Taten der faschistischen Unterdrücker eingerichtet worden. Auch das Denunziantentum hatte Hochkonjunktur. Mit einer Entnazifizierung hatten die meist auf Verdächtigungen beruhenden Verfolgungen wenig zu tun. Juristische Willkür herrschte bis zur Auflösung der Sonderstrafgerichte im Oktober 1946, als die meisten Deutschen ihre Heimat bereits verlassen hatten. Die Gefängnisse und Arbeitslager füllten sich schnell, und die Behandlung der Gefangenen beruhte nicht selten auf sadistisch motivierten Racheaktionen. Die schwierige Frage nach der Schuld der Einzelnen stellte sich für die Verfolger nicht immer. Wer war Parteimitglied der NSDAP, wer hatte aktiv mitgewirkt an der deutschen Schreckensherrschaft? Alle Deutschen waren in ihren Augen grundsätzlich verantwortlich für das in der Vergangenheit Geschehene.

Die aus Zivilisten bestehende polnische Bürgermiliz fürchteten die Deutschen in Breslau mehr als die russischen Truppen. Die deutsche Besatzungsherrschaft, der Vernichtungskrieg und die Auslöschung der Juden waren kaum vorbei, geschweige denn vergessen.

Aus der Heimat vertrieben, Schlesien 1945

Der aufgestaute Hass entlud sich ungebremst. In deutschem Namen geschehenes Unrecht wurde mit neuem Unrecht vergolten.

Wir sollten vom Regen in die Traufe kommen ... Jeder Deutsche war Nazi, jeder Deutsche war daher vogelfrei und hatte entschädigungslos und nach Belieben zu arbeiten. Die Plünderungen erreichten ihren Höhepunkt. (Georg Fritsch aus Breslau)

Nicht vergessen werden soll aber auch polnische Hilfe im Einzelfall. So wie nicht jeder Deutsche ein Täter, so war nicht jeder Pole ein Racheengel.

Ein deutscher Junge vor den Trümmern seines Elternhauses in Lauban/Niederschlesien, März 1945

Juni und Juli waren die Monate der Militäraussiedlungen. Zahlreiche Probleme markieren diesen Abschnitt der Vertreibung. Die Armee musste in der chaotischen Phase des Neubeginns in Polen zu viele Aufgaben gleichzeitig übernehmen: neben ihrer eigentlichen zudem noch die der Polizei und der zivilen Verwaltung. Sie besaß nicht genügend Erfahrung und stand in Konkurrenz zu den sowjetischen Einheiten. Außerdem war sie auf die Aufgabe, Menschen in riesigem Umfang auszusiedeln, nicht vorbereitet. Dazu gesellten sich bei den Soldaten Rachegelüste und Disziplinlosigkeit, welche die Vorgesetzten kaum zu bändigen wussten.

Auf lokaler Ebene kam es wiederholt zu Auseinandersetzungen zwischen der polnischen und der Roten Armee. Nachdem untergeordnete polnische Einheiten mit der Aussiedlung begonnen hatten, verhinderten sowjetische Kommandanten den Fortgang der zumeist chaotischen Aktionen. Erst nach Verhandlungen wurden die Vertreibungsaktionen in einigen Fällen wieder aufgenommen, bis die Militäraussiedlungen am 20. Juli ein Ende nahmen. Glaubhaften Schätzungen zufolge sind zwischen 300 000 und 400 000 Menschen durch Druck des Militärs an Oder und Neiße gebracht worden.

Die Vertreibungen in dieser Phase vor der Potsdamer Konferenz werden aufgrund ihrer Brutalität oft als »wilde Vertreibungen« bezeichnet. Ein ursprüngliches Ziel war es, Platz für die polnischen Neuansiedler zu schaffen. Meist innerhalb kürzester Zeit mussten die Deutschen ihre Häuser verlassen, durften dabei kaum Gepäck mitnehmen und wurden in Fußmärschen zur neuen Grenze geführt. Dort überließ man sie ihrem Schicksal, was viele zum Versuch der Rückkehr in ihre Orte veranlasste. Wohin sonst?

Der nächtliche polnische Wachaufzug an der Brücke ließ uns gegen das Eintauschen von Schnaps und Speck passieren. Dies war natürlich illegal. Wir waren vollkommen rechtlos, aber zu Hause. Wir nannten dies »schwarz in der Heimat«. Ein Leben wie im Niemandsland zwischen den Fronten ... Ca. 40 von rund 900 Reibersdorfern waren bis zum August/September 1945 zurückgekehrt. Man beschäftigte sich überwiegend mit dem Einbringen der Ernte von den Feldern und aus den Gärten. (Wolfgang Schmidt aus der Oberlausitz)

Nennenswerten Widerstand der Deutschen hat es nicht gegeben, weder jetzt noch später. Betrachtet man den Ablauf dieser »wilden Vertreibungen«, werden die Zweifel an dem eigentlichen Gedanken, lediglich Platz für umgesiedelte Polen zu schaffen, größer. Viel eher ging es darum, den Deutschen und den alliierten Partnern vor Potsdam klar vor Augen zu führen: Hier ist kein Platz mehr für Deutsche!

Die Menschen in Ostpreußen, Schlesien, Pommern und Ostbrandenburg litten im Sommer und Herbst 1945 unter der Last der Kriegsfolgen und den Widrigkeiten unter der neuen Herrschaft. Hunger und körperliche Anstrengung, Krankheiten und Seuchen bestimmten ihre alltägliche Situation.

Da brach Typhus aus ... Es wurde so schlimm, dass die Toten auf Plateauwagen durcheinander auf den Friedhof gefahren wurden, eingehüllt in Lumpen. Da auf dem schlechten Pflaster die Köpfe hin und her tanzten, bestimmte ich, dass diese mit Latten an den Hals gebunden werden und die Gesichter zu bedecken sind. (Herr B. F. aus Breslau)

Wegen der offiziell festgelegten Vermögensübernahme besaßen die Deutschen nur noch den Status von Geduldeten. Sie lebten in der ständigen Angst vor tatsächlicher Enteignung und dem Verlust ihrer Höfe, Häuser und Wohnungen. Ein Leben auf Abruf.

Die Lage wurde immer bedrückender, je mehr vertriebene Polen aus den an die Sowjetunion gefallenen polnischen Ostgebieten in die noch immer zumeist von Deutschen bewohnten Städte, Gemeinden und Kreise drängten. Noch vor den im Zuge der Evakuierungsverträge mit den Sowjetrepubliken hereinströmenden Polen hatten sich aus West- und Zentralpolen Menschen auf den Weg gemacht, die sich in vielen Fällen auf eigene Faust zu entschädigen versuchten. Was war noch Plünderung, was staatlich gelenkte Maßnahme? Die Unterscheidung konnte der Einzelne nicht mehr treffen. Die Inbesitznahme deutscher Immobilien verlief oft nach folgendem Muster: Polen suchten sich Grundbesitz aus, meldeten das den polnischen Bürgermeistern, die wiederum Milizionäre beauftragten, die Deutschen aus den entsprechenden Häusern oder Höfen zu vertreiben. Ganze Viertel in Breslau wurden in wenigen Stunden »gesäubert« und die Deutschen in außerhalb liegende Stadtteile abgeschoben.

Die Arbeitskraft der Deutschen wurde systematisch ausgenutzt. Sowohl auf dem Lande als auch in den Städten wurden die sozial und rechtlich deklassierten Deutschen als Hilfsarbeiter für fast alle schweren Arbeiten eingesetzt. Dafür erhielten sie im Durchschnitt nur die Hälfte des Lohnes, den Polen für vergleichbare Tätigkeiten bekamen. Vielen Deutschen wurde die materielle Existenzgrundlage regelrecht entzogen. Auf dem Land arbeiteten sie oft nur für Kost und Logis.

In Breslau, Liegnitz, Glogau, im ostpreußischen Osterode und Allenstein, im pommerschen Köslin und Stolp traten an die Stelle von deutschen Orts- und Straßennamen polnische Bezeichnungen. Zur offiziellen Amtsprache wurde Polnisch bestimmt und als Währung der Złoty eingeführt. Das deutsche Gesicht der Städte und Orte verblasste und drohte allmählich zu verschwinden. Aber nicht nur in den ehemaligen Reichsgebieten, sondern auch im polnischen Staat, und hier vielleicht noch stärker, regierte der Gedanke der »Säuberung«. Wie nun weitermachen? Parallel zur zunehmenden Verarmung und Rechtlosigkeit setzte sich das Bewusstsein durch, dass Niederschlesien irgendwann polnisch sein würde. Die Stimmung unter der deutschen Bevölkerung war oft niedergedrückt, irgendwie eigenartig, abwartend. Auf etwas wartend, das bald eintreten sollte, auf einen Wandel, eine Verbesserung ihrer Verhältnisse. Apathie breitete sich aus. Manche Deutsche konnten oder wollten dem Druck nicht mehr standhalten: Sie gingen, wo es erlaubt war, »freiwillig«.

Zwischen den Fluchtbewegungen aus Angst vor der Roten Armee und der organisierten Vertreibung lag also entweder eine Zeit des Wartens, der »freiwilligen« Ausreise oder der unkontrollierten beziehungsweise »wilden« Vertreibung. Niemand konnte den Deutschen Schutz

Liegnitz, einer der wichtigen Industriestandorte in Niederschlesien

gewähren, weder im Alltag auf den Straßen noch vor einer juristischen Instanz. Und doch: Es gab bis zu den Massenausweisungen 1946 auch einen Alltag, der von einem Zusammenleben zwischen Polen und Deutschen bestimmt war, das nicht zwangsläufig antideutsche Züge trug.

Lagerleben. Das Beispiel Potulice

Eines der wichtigsten ersten Gesetze der neuen polnischen Regierung, das später einige Nachfolgevereinbarungen fand, regelte den »Ausschluss von der polnischen Nation feindlichen Elemente aus der Volksgemeinschaft«. Gemeint waren damit die vor 1939 im polnischen Staatsgebiet siedelnden Deutschen. Schon im Februar 1945 gab dieses Dekret einen Vorgeschmack auf die zukünftige Vorgehensweise: Die Deutschen waren meistens nicht mehr respektierte Nachbarn oder Mitbürger, sie wurden lediglich noch kurze Zeit geduldet, in vielen Fällen als Zwangsarbeiter nur noch hinter Stacheldraht.

Bereits im Verlauf der radikalen Enteignungsmaßnahmen wurde das Internierungslager Potulice im Kreis Bromberg eingerichtet. Schon im Mai 1945 fanden sich hier viele der nach den Enteignungen besitzlos gewordenen Deutschen im Lager wieder.

Nach und nach wurden die vielen kleinen Lager in Polen aufgelöst und deren Insassen in zunächst vier und dann sechs großen Zentrallagern zusammengefasst: Głaz, Milęcin, Potulice, Gronowo, Jaworzno und Sikawa. Besonders die vier letztgenannten Lager wurden von Deutschen durchlaufen. Zuerst von den Bewohnern der ländlichen Kreise, später von denen der größeren Städte.

Jeder, der in Potulice ankam, wurde untersucht, durchsucht, entlaust und geduscht. Nach der Registrierung ging es in die Baracken. Kranke und zum Arbeitseinsatz Untaugliche wurden in spezielle Unterkünfte eingewiesen, Kinder von ihren Müttern getrennt, Familien auseinander gerissen. Den arbeitsunfähigen Menschen ging es am schlechtesten. Im Altenheim von Potulice starb fast die Hälfte aller Eingelieferten.

Die Art, wie man die Zeit im Lager verbringt, kann man auch kaum mit Leben bezeichnen. Es ist vielmehr ein Dahinvegetieren ... (Frau P. L. aus Łodz)

Der mühsame Weg nach Westen, Winter 1945

Die Alten und Kranken wurden schlechter ernährt und versorgt als diejenigen, die zumeist in der Nähe auf staatlichen oder privaten Höfen zur Landarbeit eingesetzt wurden. Trotz der schweren, unbezahlten Arbeit bewarben sich viele Lagerinsassen freiwillig darum. Allein die Möglichkeit, eventuell menschlichere »Vorgesetzte« zu haben, war Anreiz genug.

Im Lager ist es das Günstigste, man gehört der großen, grauen Masse an, um weder durch seine Arbeit noch besondere Intelligenz irgendwie aufzufallen; da kommt man am besten weg. (Frau P. L. aus Łodz)

Anfangs mussten sich die Internierten mit Leuchtfarbe gegenseitig große Hakenkreuze auf Kleider oder Mäntel malen. Weithin sollten sie als Deutsche sichtbar sein, auch in der Nacht. Nach kurzer Zeit erging der Befehl, sich die Farbe wieder abzuwaschen. Jetzt kennzeichnete man die Insassen mit einem »N« wie »Niemiec« (Deutsche) und danach mit einem neutralen »W« für »Wiezniar« (Gefangene).

Einige Tage nach unserer Ankunft bekamen wir ein viereckiges weißes Stück Stoff mit aufgedrucktem schwarzen Hakenkreuz ausgehändigt, welches wir auf den Rücken unserer Bekleidung nähen mussten. Wie abgrundtief mag wohl der Hass gegen die gerade zu Ende gegangene faschistische Besatzungsmacht gewesen sein, wenn man selbst Kindern deren Symbolik anheftete. (Josef Schubert aus Schlesien)

Den Alltag in Potulice zu beschreiben fällt schwer, zumal der Begriff Alltag eher verharmlosend wirkt. Besonders für Frauen war es eine schwere Zeit, die bis heute in den Erinnerungen eine wichtige Rolle spielt. Täglich mussten sie Erniedrigungen erdulden, angefangen vom Kahlscheren des Kopfes bis zum Missbrauch, der auch im Lager stattfand. Oft erwiesen sie sich der schweren körperlichen Arbeit nicht gewachsen, bleibende Schäden sind bis heute keine Seltenheit.

Für die Mütter kam noch die Sorge um ihre Kinder dazu. In den ersten Monaten nach Einrichtung des Lagers war die Säuglingssterblichkeit in Potulice aufgrund mangelnder Ernährung und Hygiene sehr hoch. Es existierte eine Baracke für Säuglinge und eine für die eineinhalb bis zehn Jahre alten Kinder. Ein Teil der Kinder verbrachte die Zeit in Sichtweite der Mütter. Andere wurden auch außerhalb des Lagers zur Zwangsarbeit eingesetzt und dauerhaft von ihren Müttern getrennt. In Heime verfrachtet oder in polnischen Familien untergebracht, war ihnen die Kontaktaufnahme mit ihren Eltern strengstens verboten.

Manchmal vergingen Jahre bis zu einem Wiedersehen, oft mit Hilfe von Suchdiensten im Nachkriegsdeutschland. Manche Mutter sah ihre Kinder nie mehr.

Der Tod gehörte besonders in den Jahren 1945 und 1946 zum Alltag in Potulice.

Die Zahl der in polnischen Arbeits- beziehungsweise Internierungslagern zwischen 1945 und 1950 umgekommenen Menschen lässt sich nicht exakt nennen, da über die in Massengräbern Bestatteten in den seltensten Fällen Buch geführt wurde. Im Herbst 1946 befanden sich in Polen in allen Lagern und Gefängnissen etwa 60 000 Menschen, mehr als die Hälfte davon waren Deutsche.

Eine Beerdigung sah in Potulice so aus: Es gab im Lager drei Särge, zwei für Erwachsene und einen für Kinder. In diese Särge wurden so viele Leichen, vollkommen nackt, hineingelegt, wie hineinpassten ... Die Särge kamen dann auf einen Handkarren, wurden zum Friedhof gefahren, dem so genannten Sandberg. Hier wurden die Särge einfach über der Grube umgekippt und die Leichen ausgeschüttet. (Frau E. K. aus Westpreußen)

Tragödien sind auch aus den Lagern Lamsdorf, Schwientochlowitz und Myslowitz bekannt. Nicht die Gewalttaten zählten hier zur häufigsten Todesursache: Es waren Hunger und untragbare Hygiene. In den folgenden Jahren bis 1950 verbesserten sich dann langsam die Lebensverhältnisse.

Von großer Bedeutung für das Leben und Überleben der Häftlinge war das Lagerpersonal. Disziplinlosigkeit, Alkoholmissbrauch und Korruption auf Seiten der Aufseher erschwerten die Situation erheblich. Wenn sich dann noch, wie in Potulice, die Lagerleitung ebenso korrupt und gewaltbereit zeigte, ergab sich daraus eine ernsthafte Bedrohung. Die Lagerführung von Potulice galt in dieser Beziehung sogar polnischen Inspekteuren als großer »Sumpf«.

Man verkommt moralisch und seelisch, und es kommen Tage, da sieht man keinen Ausweg und verzweifelt an Gott und der Welt. (Frau P. L. aus Łodz)

Ihre Heimat hatten die Internierten schon früh verloren: die Trennung von engsten Familienangehörigen, den Verwandten und Freunden, der Verlust des Besitzes. Und nun die schwere Zeit im Lager. Das Warten, worauf eigentlich? Auf ein neues Leben in einer neuen Heimat? Auch wenn keiner etwas von der großen Politik auf den Konferenzen der Alliierten während des Krieges und von einem Tagungsort namens Potsdam wusste: Sie erwarteten den nächsten, fast logischen Schritt, sehnten ihn manchmal direkt herbei.

... ist es also kein Wunder, dass jeder nur immer den einen Wunsch und Gedanken hat, der Tag des Abtransports möchte doch endlich kommen. (Frau P. L. aus Lodz)

»Der Tag der Erlösung«. Raus aus Polen

»Und da ist es endlich soweit: Man sitzt im Güterwagen des Transportzuges, und es geht seinen Lieben entgegen. Kein Wunder, dass aus allen Waggons der Gesang deutscher Volkslieder erschallt ...«

Die Entlassenen aus Potulice hatten Grund zu singen. Nach der langen Zeit im Internierungslager und der Zwangsarbeit entlud sich spontan die emotionale Angespanntheit der letzten Monate oder gar Jahre. Die Zeit der spürbaren Schrecken war vorbei. Aber Singen vertreibt auch die Angst vor der Ungewissheit des kommenden Moments, des nächsten Schritts.

Die Vertreibung der Deutschen stellte den letzten Abschnitt in einer langen Kette von Ereignissen und Handlungen dar, die mit dem Gedanken der »nationalen Entmischung« eine unheilvolle Entwicklung genommen hatte. Nach der Flucht vor der Roten Armee, den »wilden Vertreibungen« im Frühjahr und Sommer 1945 folgte nun die Phase der »geregelten« Ausweisung. Die Siegermächte einigten sich in Potsdam offiziell auf einen »Transfer« der deutschen Bevölkerung, der sich in den Konferenzen zuvor schon angedeutet hatte.

Auch wenn es kritische Stimmen in der Anti-Hitler-Koalition gegeben hat, wie zum Beispiel von Churchill im Zusammenhang mit den Besprechungen in Jalta – dass ein Bevölkerungstransfer grundsätzlich gebilligt wurde, stand bei den Alliierten außer Frage. Lediglich über den möglichen Umfang und die Art und Weise herrschten Unklarheit und Skepsis. Ein gemeinsames Kommuniqué über die Dreierkonferenz in Potsdam wurde gleichzeitig in London, Moskau und Washington veröffentlicht. In Bezug auf die Bevölkerungsverschiebungen heißt es in dem Abschnitt Nr. XIII unter der Überschrift »Ge-

Deutsche Vertriebene erreichen den Zug für den Weitertransport; 1945

regelte Überführung der deutschen Bevölkerung«: »Die Konferenz hat bezüglich der Ausweisung von Deutschen aus Polen, der Tschechoslowakei und Ungarn das nachstehende Abkommen getroffen: Die drei Regierungen haben die Frage von allen Seiten erwogen und sind zu der Ansicht gelangt, dass eine Überführung der deutschen Bevölkerung oder deutscher Bevölkerungselemente, die in Polen, der Tschechoslowakei und Ungarn geblieben sind, nach Deutschland vorgenommen werden muss. Sie sind sich darüber einig, dass diese Überführung auf eine geregelte und menschliche Weise erfolgen soll.«

Der amerikanische Präsident Harry S. Truman, der Roosevelt nach dessen Tod im Amt folgte, erläuterte seiner Nation nach der Rückkehr aus Potsdam die Motive der westlichen Alliierten in Bezug auf die – unter dem Vorbehalt eines zukünftigen Friedensvertrages vollzogene – Abtretung deutschen Gebietes an Polen: »Fast jedes internationale Abkommen enthält einen Kompromiss, auch das Abkommen über

Binnen weniger Stunden aus den Häusern gejagt, mussten viele Deutsche zu Fuß den Weg in die sowjetische Besatzungszone antreten.

Polen. Keine Nation kann erwarten, alles zu erhalten, was sie will ... Ein Abkommen über eine bestimmte Linie, wenn auch nur eine provisorische, war notwendig, um dem neuen Polen zu erlauben, sich zu organisieren, und andererseits den möglichst raschen Rückzug der Streitkräfte zu ermöglichen, die es befreit haben. Östlich der Curzon-Linie gibt es mehr als drei Millionen Polen, die nach Polen zurückgeschickt werden. Allen diesen Leuten müssen Heimstätten verschafft werden. Die infrage stehenden Gebiete waren ursprünglich von Deutschen bevölkert, die meisten von diesen hatten diese Gebiete jedoch schon vor der Invasion durch die Sowjettruppen verlassen. Es wurde mitgeteilt, dass in diesen Gebieten zur Zeit nur noch eineinhalb Millionen Deutsche leben. Die Gebiete, die nun den Polen zur Verwaltung übergeben worden sind, werden Polen die Hilfe für seine Bevölkerung erleichtern und ihm kürzere und leichter zu verteidigende Grenzen gegen Deutschland geben. Wenn diese Gebiete mit Polen besiedelt werden, wird eine homogenere polnische Nation entstehen.«

Besonders in ethnischen Mischgebieten war es bis zur Potsdamer Konferenz im Juli und August 1945 zu radikalen Vertreibungsaktionen gekommen. In erster Linie betrafen die überfallartigen Vertreibungen diejenigen Deutschen, die in der Nähe von Oder und Neiße lebten. Zumeist nachts aus ihren Betten gejagt, mussten sie überwiegend zu Fuß den Weg in die von den Sowjets besetzte Zone antreten.

Am schlimmsten war es für die kleinen Kinder, denn bald verloren die Mütter die Milch zum Stillen, so überlebten manche diese lange Wanderung nicht, wie auch einige alte Leute, die immer schwächer wurden. Kraft kostete nicht nur das »Wandern«, sondern auch die Sorge der Ungewissheit um die Zukunft und auch um die erwarteten Heimkehrer, die uns ja nicht finden konnten. Der Treck der vielen Dörfer zog sich immer mehr in die Länge. Die polnischen Soldaten ritten auf ihren schönen und wohlgepflegten Pferden neben uns her und sorgten dafür, dass es weiter ging. Wer nicht mehr konnte, wurde erschossen und blieb liegen am Wegesrand ... Zum Begraben blieb keine Zeit ... Auch haben wir eigentlich nicht gehungert, es gab jeden Abend meist ein warmes Essen und etwas Wegzehrung für den nächsten Tag. Es ging ja immer durch Dörfer, wo noch alles vorhanden war für ein bescheidenes Leben. (Cordula Inge Bertram, Jahrgang 1923, Schlesien)

Frankfurt an der Oder 1945. Im Juli/August 1945 wurde die Stadt zu einem der Sammelpunkte für die Opfer der radikalen Vertreibungsaktionen östlich des Flusses.

Die Mehrzahl erreichte erschöpft und den Angriffen von Plünderern schutzlos ausgeliefert, zum Teil nur noch mit dem Nötigsten bekleidet, das rettende Ufer. Hinter dieser staatlich organisierten Aktion stand der Gedanke, bis zu einer offiziellen Vereinbarung über die zukünftige Westgrenze Polens das entsprechende Gebiet von Deutschen »gereinigt« zu haben. Mit einer solchen Maßnahme konnte in Potsdam besser für die Oder-Neiße-Linie argumentiert werden. Die Gebiete im Hinterland der Flusslinie wurden im Juni deshalb endgültig von polnischen Soldaten und polnischer Miliz besetzt, die Deutschen unter hektischen Befehlen auf ihren Weg getrieben. Nach tagelangen Märschen trafen sie dann auf Menschen, die nach der Flucht vor der Roten Armee und dem Kriegsende eigentlich in ihre Heimat zurückkehren wollten. In den sich mit unzähligen Menschen füllenden Städten an Oder und Neiße breiteten sich Hunger und Krankheiten aus. Frankfurt, Cottbus oder Görlitz wurden für die Flüchtlinge und Vertriebenen zu Orten enttäuschter Hoffnungen.

Die Brücke über die Neiße war bei Forst. Mit Entsetzen sahen wir am anderen Ufer alles belegt mit Menschen, die dort Rast hielten und nicht weiterwussten. Hier endete unsere Bewachung, und jeder hatte die Freiheit, dorthin zu gehen, wo er hin wollte. Aber wo wollten, sollten wir hin? Manche besannen sich auf Verwandte oder Freunde, aber die meisten waren viel zu müde und abgekämpft, um noch Pläne zu machen. Obwohl wir nun frei waren, kam uns erst jetzt richtig zum Bewusstsein, dass unsere Freiheit darin bestand, kein Ziel mehr zu haben, keine Hoffnung auf irgendeine Zukunft, über die wir uns keine Vorstellung machen konnten. Wir waren immer noch in völliger Ungewissheit, weil wir keine Ahnung von einer Abgrenzung unserer Heimat hatten, dass sie von nun an polnisch sein würde. Es gab keine Nachricht darüber. Wie eine verlassene Herde lagerten wir dort am Ufer, die letzte Nacht noch beisammen. (Cordula Inge Bertram, Jahrgang 1923, aus Schlesien)

Die Sowjets befürchteten unhaltbare Zustände in ihrer Zone und stimmten der Formulierung im Abkommen von Potsdam zu: »Da der Zustrom von großen Mengen von Deutschen nach Deutschland die bereits auf den Besatzungsbehörden ruhenden Lasten vergrößern würde, sind die drei Regierungen der Ansicht, dass zunächst der Alliierte Kontrollausschuss in Deutschland das Problem unter besonderer Berücksichtigung der angemessenen Verteilung dieser Deutschen auf die verschiedenen Besatzungszonen prüfen soll. Die tschechoslowakische Regierung, die provisorische Regierung Polens und der Kontrollausschuss in Ungarn werden gleichzeitig hiervon in Kenntnis ge-

Der Rollstuhl als Gefährt für die letzte Habe, 1945

Auf dem Bahnhof Bodenbach in Böhmen, März 1945

setzt und angewiesen, inzwischen weitere Ausweisungen einzustellen, bis die beteiligten Regierungen den Bericht ihrer Vertreter im Kontrollausschuss geprüft haben.«

Gemäß den Potsdamer Beschlüssen trat die polnische Verwaltung für die Gebiete östlich der Oder-Neiße-Linie nunmehr formal in Kraft. Auch die Teilung Ostpreußens im Sinne der Potsdamer Beschlüsse in einen sowjetischen und polnischen Teil erlangte Geltung. An die Regelungen hinsichtlich eines Stopps der Ausweisungen hatten sich die polnischen Behörden jedoch nicht gehalten.

Der zweite Teil des letzten Schrittes aus der Heimat folgte nach dem Potsdamer Abkommen. Ohne den Ausweisungsplan des Alliierten Kontrollrats vom 17. Oktober 1945 abzuwarten, sind im August und September vorrangig aus Oberschlesien Sammeltransporte in die sowjetische Besatzungszone geleitet worden. Im Herbst dehnten sich die Ausweisungsaktionen auf Pommern, das südliche Ostpreußen, Posen und Westpreußen aus.

Zuerst quartierten sich die Russen in unsere Wohnung ein. Ein paar Monate später kamen die Polen und nahmen, ohne zu fragen, die Wohnungen und Häuser in Besitz. Essen gab es kaum, es wurden die Vorräte des Winters aus dem Keller geholt. Im Tausch war einiges möglich. Ich ging mit Kristall, Wäsche, Kleidern auf den »Tschuppelmarkt« und versuchte etwas Essbares zu erhaschen. (Renate-Maria Kroemer, Jahrgang 1933 aus Schlesien)

Ein neues Verfahren etablierte sich: das »freiwillige Ausreisen«, wie es in der Amtssprache genannt wurde. Gemeint war damit Folgendes: Den Deutschen sollte das Leben in ihrer Heimat so erschwert werden, dass sie auch ohne gewalttätigen Druck die wenigen Koffer packen würden. Neuesten Dokumentationen zufolge lassen sich selbst einzelne solcher Maßnahmen der regionalen Behörden gut belegen.

Insgesamt wurde eine Atmosphäre geschaffen, die eine Ausreise gleichsam erzwang. Von der schwierigen Ernährungslage und den katastrophalen hygienischen Bedingungen waren alle Menschen im Nachkriegs-Polen betroffen. Wenn dann noch konkrete Drohungen dazu kamen, aus der Sozialfürsorge und der noch verbliebenen medizinischen Betreuung ausgeschlossen sowie aus den Wohnungen gewiesen zu werden, sank der Mut der Bedrückten oft ins Bodenlose. Die Hoffnung auf eine Wende durch die Beschlüsse von Potsdam war bei vielen Menschen geschwunden. Wer konnte noch helfen? In dieser Situation kam es im Herbst neben zwangsweisen Aussiedlungen verstärkt auch zu freiwilligen Auswanderungen. Bis Jahresende stieg die Zahl der Deutschen, die in dieser zweiten Etappe ihre Heimat verließen, noch einmal um bis zu 550 000.

Nachdem sie ihre Wohnungen verlassen hatten, mussten lange Fußmärsche zum nächsten Verladebahnhof oder ins nächste Lager zurückgelegt werden. Wenn man die Kontrollen überwunden und eventuell sogar unter Druck ein polnisches Papier unterschrieben hatte, das die Freiwilligkeit der Ausweisung bestätigen sollte, ging es in die Eisenbahnwaggons. Ohne geregelte Verpflegung hieß es dann irgendwie die meist mehrtägigen Transporte durchhalten.

Die »chirurgische« Lösung, also die Entfernung des deutschen Elements aus Polen, erhielt nach der Potsdamer Konferenz eine neue Qualität: Die Operation verlief insgesamt geregelter, ihr lagen nun Pläne zugrunde.

Wenig änderte sich jedoch zunächst an der schonungslosen Behandlung der Deutschen in Polen: hektische, fast überfallartige Aktionen der Ausweisungskommandos. Lange Märsche in die Sammellager, in denen katastrophale Zustände herrschten. Plünderungen auf dem Zugweg. Züge, immer wieder Züge. Sie waren das meistgenutzte

Transportmittel der zweiten Vertreibungsphase, die Normalität sozusagen. Aber es handelte sich meistens nicht um Personenzüge mit Sitzplätzen oder gar mit Heizung. Es waren geschlossene und manchmal auch offene Güter- oder Viehwaggons.

Zwei Tage später am Nachmittag wurden wir wieder auf LKWs verladen und zum Güterbahnhof in Teplitz-Schönau gebracht. Vorher hatte man die Leute schon in Gruppen aufgeteilt und »Waggonführer« ausersehen. Jede Gruppe bestand aus ca. 20 Familien, erhielt einen Güterwagen zugeteilt, und der Waggonführer hatte zuzusehen, dass alle Personen und ihr Gepäck ordentlich verstaut wurden ... Da standen wir nun mit einer Menge Koffer, zugenähten Säcken, kleineren und größeren Kisten, Körben und Hucken, Taschen und Päckchen aller Art. Ermüdete und traurige Passagiere ... Zuerst war ja gedacht, dass jede Familie ihre Sachen selbst in dem Waggon verstaut, aber es erwies sich bald als irrational ... Es kam zu Streitereien zwischen den Leuten. Jede Partei wollte ihren speziellen Platz nur für sich beanspruchen. Von den Nachbarwaggons konnte man ähnliche Szenen und Stressmomente observieren. ... Es endete damit, dass sich einige von den jüngeren Leuten daran machten, den ganzen Wagen wieder auszulasten und von vorne anzufangen ... Als wir fertig waren, war zwar alles Gepäck verladen, aber für die Menschen gab es nur die halbe Höhe des Raumes, der sich zwischen den Schiebetüren befindet. Rechts und links der Schiebetüren war der Raum bis zum Dach hoch voll gestopft ... Die Schiebetüren konnten gar nicht mehr ganz geschlossen werden, und wir Jungen standen auf den Fersen nebeneinander mit dem halben Oberkörper im Freien. Es gab ganz einfach keinen Platz, mit der ganzen Fußlänge am Boden zu stehen. Die anderen Leute hockten oder knieten zusammengepackt auf dem engen Raum zwischen den Schiebetüren des Wagens. Für sie war es unmöglich, sich aufzurichten. Bei Einbruch der Dunkelheit setzte sich dann der Transport in Bewegung. Es ging Richtung Westen ... Ein großes Problem waren die sanitären Verhältnisse. Eine Toilette gab es nicht, und es dauerte nicht allzu lange, bis von ganz hinten der Hut eines Mannes vorsichtig weitergereicht wurde und bei uns an der Tür dann ausgeschüttet wurde. Manchmal kamen auch Kinder, die wir dann ganz einfach vom fahrenden Zug frei in die Natur ihre Geschäftchen erledigen ließen ... (Edvard Pröckl, Jahrgang 1928, aus Böhmen)

Zu Essen gab es nichts, als Trinkwasser diente geschmolzener Schnee, oder Wasser von der Lokomotive. (Arnold Degener, Jahrgang 1935, aus Schlesien)

Von einer »ordnungsgemäßen und humanen Übersiedlung«, wie sie das Potsdamer Abkommen vorsah, konnte hier keine Rede sein. Fortschreitende Entrechtung, mangelnde Ernährung und schlechte medizinische Versorgung prägten weiterhin das Leben der Deutschen.

Nach der Ausweisung versuchen die Deutschen einen Platz in den Zügen Richtung Westen zu bekommen; Frühjahr 1945

Flüchtlinge aus Stettin in einem Güterwaggon in Rostock, April 1945

Zu einer Art Rechtfertigungsmythos für Ausschreitungen gegenüber den Deutschen in den »Wiedergewonnenen Gebieten« wurden vor allem in Niederschlesien angebliche deutsche Untergrundaktivitäten einer »Werwolf«-Organisation aufgebaut. Weniger auf realen Aktivitäten basierend denn als Antrieb zur »Wachsamkeit« gegen möglichen Widerstand gedacht, lieferte der Mythos den polnischen Behörden die Begründung für die schnellstmögliche Ausweisung der unerwünschten Mehrheit.

Alles in allem war man jetzt aber bestrebt, die Ausweisung in geordnetere Bahnen zu leiten. Breslau als größte Stadt der neuen polnischen Westgebiete stand im Zentrum der Aussiedlungsbemühungen.

Dachte der Leiter der zuständigen Behörde, Fundowicz, noch im September 1945 daran, innerhalb von zwei Monaten 800 000 Deutsche ausweisen zu können, zeigte sich mit Beginn der Aktion sehr schnell, dass dies unmöglich sein würde. Schon am ersten Tag, dem 1. Oktober, entstand ein Chaos. Während sich polnische und sowjetische Plünderer über die Häuser der 2000 zum Transport vorgesehenen Deutschen hermachten, gelangten die Vertriebenen nur zögerlich zu den vorgeschriebenen Sammelpunkten. Hier blockierten sowjetische Einheiten die Abfertigung, wodurch sich der Transport erheblich verzögerte. Es standen einfach zu wenig Züge zur Verfügung, und die Fahrt zur deutsch-polnischen Grenze dauerte länger als angenommen. Statt der üblichen zehn bis zwölf Stunden brauchte der Zug für 250 Kilometer drei Tage. Auch die Behandlung der Deutschen ließ zu wünschen übrig: Art und Weise des erzwungenen Aufbruchs sowie Raubüberfälle und Misshandlungen während des Transports – diese Vorgänge waren weit entfernt von einer »humanen Übersiedlung«.

Das Chaos vom ersten Tag der »geplanten« Ausweisung setzte sich fort: Anfang 1946 lebten noch immer 120 000 Deutsche in Breslau. Erst die zentral gelenkte Ausweisung ab Februar 1946 brachte den gewünschten Erfolg einer schnelleren und effektiveren Aussiedlung, auch wenn organisatorische Mängel bis einschließlich 1947 an der Tagesordnung waren.

Im Juli 1946 dann klopfte es hart an unserer Tür, und drei Russen mit Dolmetscher sagten uns: »Sie haben 20 Minuten Zeit, und jeder darf 30 Pfund Gepäck mitnehmen.« So wurden wir in ein Straflager am Rande der Stadt gebracht und hausten unter verheerenden Umständen. Zu essen Wassersuppe ... Schläge. Läuse, Wanzen, Flöhe unsere ständigen Begleiter. Nach vier Wochen jagten uns die Russen durch die Stadt zum Güterbahnhof. Alle Menschen waren geschwächt und konnten kaum noch laufen, geschweige 30 Pfund Gepäck tragen. LKWs fuhren hinter uns her und luden alles, was an die Seite gelegt wurde, auf. Menschen, die vor Hitze und Schwäche umfielen, wurden einfach liegen gelassen. Am Güterbahnhof angekommen, wurden wir in offene Kohlewagen reingepfercht. Ziellos wurden wir eine Woche rumgefahren und landeten nach 8 Tagen in Friedland, wo wir von deutschen Beamten und amerikanischen Soldaten empfangen wurden. (Renate-Maria Kroemer, Jahrgang 1933, aus Schlesien)

Zudem lässt sich feststellen, dass die polnischen Behörden mehr gegeneinander als miteinander arbeiteten. Der politische Machtkampf zwischen Kommunisten und der Opposition hatte zur Folge, dass die Abgeordneten der verschiedenen Parteien in den Provinzen selten zusammenarbeiteten. Dazu kam, dass das staatliche Repatriierungsamt nicht nur für die Umsiedlungen der Deutschen, sondern auch der Polen aus dem Osten verantwortlich war. Mit diesen Aufgaben war es oft völlig überfordert.

Erschöpfte Flüchtlingskinder im Juli 1945 in Berlin

Waren die Transporte 1945 ohne Ausnahme in die sowjetische Zone erfolgt, nahmen sie jetzt überwiegend direkt den Weg in die britische Besatzungszone. Damit reduzierte sich auch die Wanderungsbewegung vieler Vertriebener, die sich inzwischen auf den illegalen Weg von der sowjetischen in die britische Zone gemacht hatten. Unter dem Namen »Operation Schwalbe« gelangten vom Frühjahr bis Ende 1946 fast 1,5 Millionen Menschen in organisierten Massentransporten aus Polen in den Westen Deutschlands. Aus Warschau ergingen Anweisungen, wie die Transporte durchzuführen seien, jedoch scheiterte deren Realisierung vielfach. Überfälle und Diebstähle gehörten zur Normalität der organisierten Transporte. Hinzu kamen die schlechte Versorgung und die Brutalität der für die Abfertigung zuständigen Personen. Wiederholt protestierten britische Behörden gegen die ihrer Meinung nach unmöglichen Zustände. Das hatte auch den Hintergrund, dass die Briten über die Zusammensetzung der in ihrer Zone ankommenden Menschen unzufrieden waren. Es fehlte ihnen die Kategorie von Vertriebenen, die sie für den Aufbau dringend benötigten: junge, arbeitsfähige Männer. Nach und nach reduzierten sie die Aufnahme von 8 000 auf 5 000 Menschen täglich und teilten im Juli 1947 offiziell mit, dass sie keine weiteren Menschen mehr aufnehmen würden.

»Für Flüchtlinge, kriegsgefangene deutsche Soldaten, die keine Bescheinigung haben, ist es zwecklos, sich auf den Bahnhof zu bemühen, da sie nicht befördert werden!« 1945 am Lehrter Bahnhof in Berlin

Faktisch waren schon seit Dezember 1946 keine Vertriebenen mehr in die britische Zone gelangt. Nur wenige Wochen später, im Januar 1947 unterbrachen auch die sowjetischen Behörden die Aufnahme von Vertriebenen aus Polen für drei Monate, da es zu skandalösen Vorfällen bei einigen Transporten gekommen war. Im November endete hier ebenfalls die Aussiedlung. Insgesamt 1,8 Millionen Deutsche aus Polen hatten die spätere DDR erreicht.

Der Minister für Öffentliche Verwaltung, Władysław Wolski, erklärte im April 1947, dass in den »wieder eingegliederten Gebieten« gegenwärtig etwa fünf Millionen Polen und 400 000 Deutsche lebten. Zurzeit würden in Berlin mit Vertretern der britischen Besatzungszone in Deutschland Verhandlungen über die technische Organisation der wieder aufzunehmenden Umsiedlung der Deutschen geführt. Es sei zu erwarten, dass binnen zwei Monaten die polnischen Westgebiete von Deutschen gänzlich »gesäubert« sein würden. Die Zugehörigkeit der Westgebiete zu Polen sei in Potsdam endgültig entschieden und durch die Aussiedlung der Deutschen sowie durch die Ansiedlung der polnischen Bevölkerung besiegelt worden. Das Problem der »wieder eingegliederten Gebiete« Polens könne nicht mehr diskutiert werden. Das polnische Ministerium für die wieder eingegliederten Gebiete bestätigte im August 1947 diese Zahlen. Es kündigte an, dass die »Repatriierungsaktion« für Deutsche aus Polen Mitte Oktober 1947 beendet sein dürfte. In der Rückschau zeigt sich, dass diese Planungen nicht eingehalten werden konnten.

Im September 1947 hieß es dann auch für uns: Ausweisung. Für uns war es die Vertreibung aus unserer Heimat ... Obwohl darauf vorbereitet, traf es uns wie ein Schlag. Meine Eltern hatten schon zig Male die Koffer und Säcke ein- und ausgepackt. Es standen immer die Fragen: Was ist wichtig? Wo würden wir hinkommen? Was würden wir in der Fremde am dringendsten benötigen? Kleidung, Wäsche, Geschirr, Werkzeug? Wie viel von den Dingen des täglichen Lebens packen wir ein? Nötig wäre alles gewesen, aber was sind 50 Kilo pro Person? Nach langem Reden und Streiten, Ein- und Auspacken hatten wir beisammen, was uns damals wichtig erschien. Unter anderem war dies auch Werkzeug, wie Hammer, Zange, Hobel, Bügelsäge und sogar eine Schrotsäge. Dank der Weitsicht meines Vaters haben uns diese Dinge später sehr geholfen. Mir persönlich gestatteten meine Eltern einen Sack voll lieb gewordener Sachen: ein Atlas, ein Indianerbuch, eine Gießform für Bleisoldaten, eine Schachtel voll Angelhaken, eine Bommelmütze und ein Bündel Gummistreifen für ein Katapult. Manche dieser Dinge bewahre ich noch heute auf. (Karl Beutner aus Schlesien)

Der Juliusschacht im schlesischen Waldenburg

Warten auf den Weitertransport – aber wohin? Sommer 1945

Bis einschließlich 1951 erhielten die letzten noch in den Zentralarbeitslagern festgehaltenen Deutschen ihre Ausweisung; sie kamen in kleineren Transporten nach Deutschland.

Insgesamt haben in den verschiedenen Phasen der Vertreibung der Jahre 1946 und 1947 mindestens drei Millionen Menschen aus den ehemaligen ostdeutschen Gebieten und in Polen ihre Heimat verloren.

Zurück blieben nur zwei größere, für die polnische Wirtschaft unentbehrliche Gruppen: Landarbeiter auf den pommerschen Gütern und Bergarbeiter im Revier von Waldenburg in Niederschlesien. In-

Das Altvatergebirge in den Ostsudeten

offiziellen Angaben zufolge verblieben 180 000 Deutsche und ca. 1,2 Millionen »Autochthone« zunächst in Polen. Nach Gründung der DDR unterzeichneten beide Staaten ein neues Abkommen für zukünftige Umsiedlungen. Der Wunsch zur Ausreise – vor allem in die BRD – stieg ständig. Das polnische Reisebüro ORBIS regelte von nun an die Aussiedlungen.

»Besondere Berücksichtigung werden immer die Ostflüchtlinge verdienen. Wenn wir auf sie zu sprechen kommen, so beschäftigt uns hier nicht so sehr der rechtliche, wirtschaftliche und politische Gesichtspunkt jenes in der Vergangenheit Europas beispiellosen Vorgehens: über diese Gesichtspunkte wird die Geschichte urteilen. Wir fürchten freilich, dass ihr Urteil hart ausfallen wird. Wir glauben zu wissen, was sich während der Kriegsjahre in den weiten Räumen zwischen Weichsel und Wolga abgespielt hat. War es jedoch erlaubt, im Gegenschlag zwölf Millionen Menschen von Haus und Hof zu vertreiben und der Verelendung preiszugeben? Sind die Opfer jenes Gegenschlages nicht in ganz überwiegender Mehrzahl Menschen, die an den angedeuteten Ereignissen unbeteiligt und ohne Einfluss auf sie gewesen waren?« Die Gedanken, die Papst Pius XII. 1948 in einem Handschreiben an die deutschen Bischöfe richtete, signalisierten einerseits die Schwierigkeiten, die auf die Aufnahmeländer zugekommen waren. Sie waren andererseits beispielhaft für ein Denken, das besonders die öffentliche

Meinung in der späteren Bundesrepublik nachhaltig beeinflusste. Es ging dem Papst um die zentralen Fragen im Zusammenhang mit den Vertriebenen: Fragen von Schuld, Verantwortung, Rückkehr und Revision. »Die Unterbringung von zwölf Millionen Menschen auf einen von Krieg und Niederlage schwer getroffenen und durch Abtretung weiter Gebiete verengten Boden hat Leiden, Notstände und Schwierigkeiten geschaffen, die zu meistern bis jetzt die Möglichkeit fehlt ... Wir wünschen und hoffen, es möchten alle Beteiligten zur ruhigen Einsicht kommen und das Geschehene rückgängig machen, soweit es sich noch rückgängig machen lässt ...«

»Heim ins Reich«. München und die Sudetendeutschen

In Eger kam es am 1. Juni 1938 in einer Gastwirtschaft, in der sich mehrere Mitglieder der Sudetendeutschen Partei befanden, zu einem blutigen Zwischenfall. Zwei Sudetendeutsche wurden durch Revolverschüsse eines tschechischen Soldaten verletzt. Nach amtlicher tschechoslowakischer Darstellung hätte sich der Unteroffizier bedroht gefühlt. Nach sudetendeutscher Darstellung feuerte der Unteroffizier, der

Hitlergruß auf einer Kundgebung am 1. Mai 1938 in Teplitz-Schönau

Historischer Exkurs: Tschechoslowakei

In der aus der Erbmasse der österreichisch-ungarischen Doppelmonarchie am 28. Oktober 1918 entstandenen Tschechoslowakei mit mehr als 13 Millionen Einwohnern lebten Tschechen (50 %), Slowaken (15 %), Deutsche (23 %), Polen (0,7 %), Ungarn (5 %) und Ukrainer (3,7 %) – entgegen dem Willen der deutschen Bewohner Böhmens und Mährens, die sich der Republik Deutsch-Österreich anschließen wollten.

Die Gruppe der Sudetendeutschen bildete zu keiner Zeit eine stammesmäßige Einheit. Der dem Gebirgszug der Sudeten entlehnte Begriff ist vielmehr Ausdruck einer politischen Sammelbewegung, die mit der Entstehung der tschechoslowakischen Republik ihre Bedeutung gewann.

Auch in der Slowakei stellten die Deutschen keine homogene Gruppe dar. Unter der erst Ende der zwanziger Jahre üblichen, politisch motivierten Bezeichnung Karpatendeutsche werden die deutschsprachigen Bewohner der nordungarischen Hälfte der ehemaligen österreichisch-ungarischen Doppelmonarchie zusammengefasst. Die einer Volkszählung von 1910 nach ungefähr 150000 Karpatendeutschen siedelten in fünf Sprachinseln, von denen Pressburg, die Zips und das Kremnitzer-Deutschprobener Gebiet die wichtigsten waren. Die mit einer Abwendung gegen die herrschenden Habsburger verbundene Hinwendung zu den Ungarn prägte das politische Verhalten der Mehrheit der Slowakeideutschen bis gegen Ende der zwanziger Jahre. Erst mit der Entstehung der Karpatendeutschen Partei und dem Einfluss sudetendeutscher Vereine erinnerte man sich an ein deutsches Nationalbewusstsein.

Nachdem ab Herbst 1938 deutscherseits der Konflikt slowakischer Nationalisten mit Prag geschürt worden war, erklärte der slowakische Landtag die Slowakei für unabhängig. Vier Tage später, am 18. März 1939, hatte Hitler ein weiteres außenpolitisches Ziel erreicht: Die Slowakei wurde mittels des so genannten »Schutzvertrages« zum deutschen Satellitenstaat.

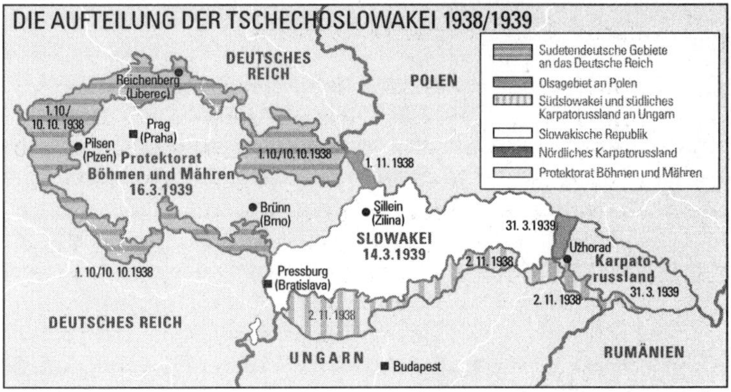

sich in Begleitung eines Sozialdemokraten befand, die Schüsse gegen die beiden Sudetendeutschen ab, weil sie sich beim Verlassen des Lokals mit erhobener Hand und dem Gruß »Heil« verabschiedet hätten. Was zeigt diese kleine Episode am Rande des Sudetenlandes, das sich zu diesem Zeitpunkt noch unter tschechoslowakischer Herrschaft befand? Sie zeigt zumindest die Aufgeregtheit und Angespanntheit zwischen Deutschen und Tschechen nach jahrelangen Auseinandersetzungen unter nationalen Vorzeichen.

Im November 1937 hatte Hitler gegenüber Vertretern der militärischen Elite seine Gedanken zur Lösung der deutschen Frage zusammengefasst, die nur durch neuen Lebensraum im Osten zu beantworten sei: Als Erstes sollten Österreich und die Tschechoslowakei vereinnahmt werden. Hitler konkretisierte seine außenpolitischen Pläne im April des folgenden Jahres. »Es ist mein unabänderlicher Entschluss, die Tschechoslowakei in absehbarer Zeit durch eine militärische Aktion zu zerschlagen.« Einen Monat zuvor waren deutsche Verbände in Österreich einmarschiert – ein erfolgreicher Schachzug Hitlers, der wegen der jubelnden Menge in den Straßen als »Blumenfeldzug« deklariert wurde. Mit dem »Anschluss« der Alpenrepublik verwandelte sich in der Sprache der Nationalsozialisten das Deutsche ins Großdeutsche Reich.

Auch im Fall der Tschechoslowakei versuchte Hitler, das Land von innen heraus aufzuweichen. Dazu bediente er sich der Sudetendeutschen. Die Nachkommen deutscher Siedler, die sich seit dem 12. Jahrhundert in den Randgebieten des böhmisch-mährischen Kessels und in einigen Sprachinseln im Innern des Landes niedergelassen hatten,

Auf einer Großkundgebung in Reichenberg: Hitler zwischen Konrad Henlein, dem Gauleiter des Sudetenlandes (rechts), und Karl Hermann Frank, dessen Stellvertreter

bildeten nach Gründung der Ersten Tschechoslowakischen Republik eine Minderheit und nannten sich Sudetendeutsche. Vor dem Hintergrund der sich seit 1848 verschärfenden nationalen Auseinandersetzungen zwischen Tschechen und Sudetendeutschen vollzog sich ein schleichender Identitätswandel: Man betonte mehr und mehr das eigene nationale Element, die böhmische Gemeinsamkeit ging schrittweise verloren. Die Verständigung der Gemeinschaft zwischen Tschechen und Deutschen scheiterte schließlich auf dramatische Weise. Zwar existierte im sudetendeutschen politischen Spektrum auch eine starke staatsbejahende Strömung, die sich bis 1938 aktiv an der tschechoslowakischen Regierung beteiligte, und auch eine sozialdemokratische Richtung wehrte sich bis zum Anschluss der Grenzgebiete in der Folge des Münchner Abkommens von 1938 energisch gegen die nationalsozialistische Vereinnahmung ihrer Heimat, aber die nationale Begeisterung hatte seit 1935 weite Teile der sudetendeutschen Bevölkerung erfasst und sich in entsprechenden Wahlergebnissen für die Sammlungsbewegung der Sudetendeutschen Partei niedergeschlagen. Konrad Henlein und seine Sudetendeutsche Partei begaben sich schließlich im November 1937 unwiderruflich in das Fahrwasser Hit-

Arthur N. Chamberlain, Édouard Daladier, Adolf Hitler, Benito Mussolini und Galeazzo Ciano (v. l. n. r.) nach der Unterzeichnung des Münchner Abkommens im September 1938

lers und unterstellten sich offiziell der Führung des Reiches. Das Feld war bereitet. Welche Rolle sollten Henlein und die Sudetendeutsche Partei im Spiel Hitlers einnehmen? Der deutsche Diktator benutzte die Sudetendeutschen zu einer massiven innertschechischen Provokationspolitik. Henlein verfolgte von nun an bereitwillig eine Politik der Maximalforderungen dem tschechischen Staat gegenüber. Am 24. April 1938 hielt er in Karlsbad eine programmatische Rede, in der er Forderungen aufstellte, die in ihrer zugespitzten Form für die Vertreter des tschechoslowakischen Staates unerfüllbar waren. Henlein forderte unter anderem »1. Herstellung der völligen Gleichberechtigung und Gleichrangigkeit der deutschen Volksgruppe mit dem tschechischen Volke. 2. Anerkennung der sudetendeutschen Volksgruppe als Rechtspersönlichkeit zur Wahrung dieser gleichberechtigten Stellung im Staate. 3. Feststellung und Anerkennung des deutschen Siedlungsgebietes«. Von heute an werde das Sudetendeutschtum andere Wege beschreiten, fauchte er in das Mikrofon. Und die Wege liefen so eng wie nie zuvor an der Seite der deutschen Nationalsozialisten. Die Staatskrise nahm ihren Lauf und wurde durch das strategische

Kalkül Hitlers zu einer internationalen Krise. Zum ersten Mal stand der Zweite Weltkrieg, von Hitler provoziert, kurz bevor.

September 1938. Die Sudetenkrise beherrschte die internationalen Schlagzeilen dieser Tage. Der Regierung Großbritanniens war seit Monaten klar, dass die Tschechoslowakei auf Hitlers Eroberungsliste ganz oben stand. Lohnte es sich, die territoriale Unversehrtheit des verbündeten Staates auch um eines Krieges willen zu verteidigen? Hitler hatte den Druck auf die europäischen Mächte und die Tschechoslowakei enorm verstärkt. Er drohte mit dem Einmarsch in die Tschechoslowakei. Hitler wollte Krieg. Doch die Briten und Franzosen taten ihm diesen »Gefallen« nicht. Chamberlain reiste am 15. September persönlich zum Regierungssitz Hitlers in die Alpen. Auf dem Obersalzberg schlug er Hitler vor, die sudetendeutschen Gebiete dem Deutschen Reich zuzuschlagen. Chamberlain wollte einen Krieg unbedingt vermeiden und flog in dem Bewusstsein zurück nach Großbritannien, »peace in our time« erreicht zu haben, was er nach Unterzeichnung des Münchner Abkommens stolz in der Öffentlichkeit verkündete.

Zusammen mit Frankreich stellte Großbritannien nun der Tsche-

Unmittelbar nach der Unterzeichnung des Münchner Abkommens strömen tschechische Flüchtlinge aus dem Sudetenland nach Prag; September 1938

Jubel für Hitler bei seiner Fahrt durch das besetzte Sudetenland am 3./4. Oktober 1938

choslowakei ein Ultimatum. Für die Sicherung der tschechischen Grenze durch die beiden Westmächte sollte die Tschechoslowakei alle Gebiete mit mehr als 50 Prozent deutscher Bevölkerung an das Deutsche Reich abtreten. Es gab keine andere Wahl, wollte man die Hoffnung auf den von Hitler bedrohten Gesamtstaat nicht vollends aufgeben: Unter schmerzlichem Druck stimmte die tschechische Regierung am 21. September 1938 dem Ultimatum zu. Hitler war enttäuscht. Seine Vorstellung, die Tschechoslowakei ohne den Widerstand der europäischen Mächte schnell zu zerschlagen, war vorläufig geplatzt. Er drehte die Schraube noch ein Stück weiter und verlangte nun die Billigung des sofortigen Einmarsches der Wehrmacht in die Sudetengebiete. Chamberlain wollte auf diese Erhöhung des Tempos nicht eingehen. Europa stand Ende September 1938 am Randes des Krieges. Letzte Möglichkeit zur Rettung: München. Benito Mussolini, Adolf Hitler, Édouard Daladier und Arthur N. Chamberlain trafen zu Besprechungen am 29. September im so genannten »Führerbau« am Königsplatz zusammen. Ein Vertreter der Tschechoslowakei, des Opfers,

Wahlpropaganda der Sudetendeutschen Partei, Dezember 1938

fehlte. Den intensiven Gesprächen folgte ein schnell geschriebenes Papier: das Münchner Abkommen. Es bestätigte im Wesentlichen die bereits am 21. September verfassten Abmachungen und regelte mehr oder weniger nur deren Modalitäten. Zum abzutretenden Gebiet hieß es lapidar: »Die Räumung beginnt am 1. Oktober.« In der Folge drang die deutsche Wehrmacht in die festgelegten Zonen ein. Eine »Garantie der neuen Grenzen des tschechoslowakischen Staates gegen einen unprovozierten Angriff« sollte ursprünglich die übrig gebliebene Tschechoslowakei schützen, eine Garantie, die entgegen dem Abkommen aber nie erteilt wurde. Das Sudetenland, genauer der Reichsgau Sudetenland, gehörte nun zum Deutschen Reich. Auf den Bildern der dem »Führer« auf seiner ersten Reise zujubelnden Menge sind Gesichter zu sehen, die Angst machen können: Hemmungslose Begeisterung scheint sich hier zu entladen, die religiöse, ja wahnhafte Züge erkennen lässt. Aufgeputscht durch den »Volkstumskampf« in der Ersten Tschechoslowakischen Republik und unter dem Eindruck allumfassender Propaganda wirkte die Droge des extrem übersteigerten deutschen Nationalismus.

Chamberlain zeigte sich tief beeindruckt von der Gesamtkulisse des Abkommens. Er glaubte an das, was er sah – und ließ sich täuschen. »Wo immer ich war – bei Tag und bis in die späte Nacht hinein – standen in den Straßen große Volksmengen, um mich zu grüßen. Ich, der ich als Freund gekommen bin, gehe mit dem Bewusstsein, dass ich als Freund empfangen wurde. Ich werde die Münchener Eindrücke und die Münchener selbst nie vergessen.« Kurze Zeit später bestätigten sich die Befürchtungen derjenigen, die Hitlers Drang nach Osten für nicht befriedigt gehalten hatten. Die »Erledigung der Rest-Tschechei«, wie er nur vier Wochen nach München formulierte, war nur aufgeschoben, nicht aufgehoben worden.

Die Flucht und Verdrängung von Tschechen und Juden sowie Antifaschisten setzte prompt ein. Ungefähr 350 000 Personen verließen vom Herbst 1938 bis zum August des folgenden Jahres die Grenzgebiete und siedelten ins vermeintlich sichere innerböhmische Land. Die Ruhe stellte sich nur ein halbes Jahr später schon als trügerisch heraus. Im März 1939 griff Hitler nach Prag. Der tschechoslowakische Staatspräsident Emil Hácha stimmte, wieder unter Androhung von Gewalt, am 15. des Monats der Bildung des »Protektorats Böhmen und Mähren« zu, und in einem militärischen Handstreich wurde das »Problem Tschechoslowakei« in nationalsozialistischem Sinne »gelöst«: Der noch junge Staat, wo neben mehr als sieben Millionen Tschechen nur 259 000 Deutsche lebten, verschwand von der politischen

Truppen der deutschen Wehrmacht auf dem Wenzelsplatz in Prag, März 1939

Empört und verzweifelt beobachten die Prager die Fahrt der deutschen Truppen durch die tschechische Hauptstadt; März 1939

Landkarte. Die Wehrmacht auf dem Wenzelsplatz und Hitler auf dem Hradschin, der Prager Burg: Bilder, die im Gedächtnis der tschechischen Nation bis heute als düsteres Menetekel lebendig geblieben sind.

Was bedeutete München und die Schaffung des »Protektorates« im Zusammenhang des Komplexes von Mehrheiten und Minderheiten? Es bedeutete einen für alle sichtbaren Einschnitt in der bisher vom NS-Staat vorgegebenen Parole von der Sinnhaftigkeit des national reinen Staates. Das Motto von einem Volk in einem Reich passte jetzt nicht mehr. Der brutale Griff nach Böhmen und Mähren bildete vielmehr einen Markstein der letztlich auf Weltherrschaft abzielenden Außenpolitik Hitlerdeutschlands. Die Karten waren künftig aufgedeckt. Das Blatt hatte sich in Richtung Krieg gewendet.

Edvard Beneš war am 5. Oktober 1938 als Präsident der tschechoslowakischen Republik zurückgetreten. Nach einer Reise in die Vereinigten Staaten, wo er nach der Okkupation seines Heimatlandes für die Wiederherstellung des tschechoslowakischen Staates warb, gelangte er schließlich nach London. Hier bildete er ein Tschechoslowakisches Nationalkomitee, das im Juli 1940 von der britischen Re-

Edvard Beneš, Präsident der tschechoslowakischen Exilregierung, (links) und Władisław Sikorski, Vorsitzender der polnischen Exilregierung, in London 1941

gierung als provisorische tschechoslowakische Regierung anerkannt wurde. Seit München 1938 gab es für Beneš ein konkretes Ziel: die Ausweisung der Deutschen.

London und Lidice: Aussiedlungspläne

Schon im Münchner Abkommen war der Gedanke der Entmischung beider Völker aufgetaucht. Zwar kamen die darin anvisierten »Verfahren zur Erleichterung des Austausches der Bevölkerung« nie zustande, allein ihre Erwähnung deutete jedoch an, dass in der offiziellen Politik der Gedanke der Lösung von Minderheitenproblemen durch Bevölkerungsumsiedlungen immer noch aktuell war. Das dann seit 1939 in Gang gekommene »Umsiedlungs-Karussell«, wie es hier bereits beschrieben worden ist, hatte sich in vielen Köpfen als Allheilmittel etabliert. Jetzt, während des Zweiten Weltkrieges, entwickelten sich schnell und auf zum Teil verworrenem Wege Ideen, die konkret mit der Ausweisung der Deutschen aus ihrer böhmisch-mährischen Heimat

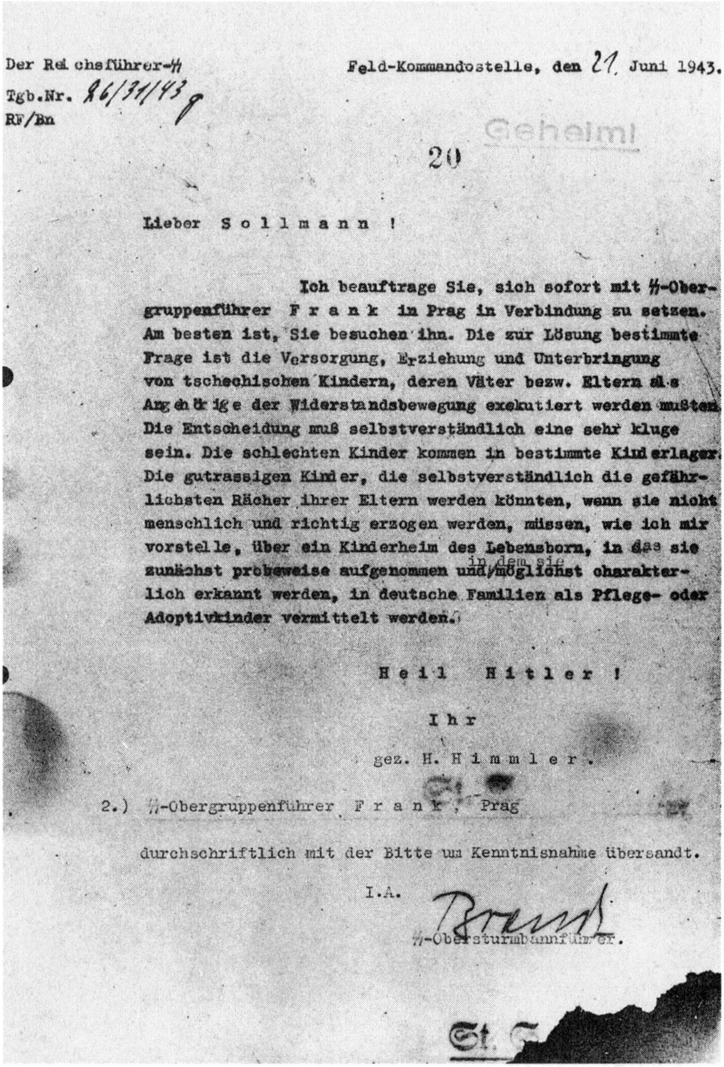

Der Reichsführer-SS Feld-Kommandostelle, den 21. Juni 1943.
Tgb.Nr. 26/31/43 g
RF/Bn

Geheim!

20

Lieber S o l l m a n n !

Ich beauftrage Sie, sich sofort mit SS-Obergruppenführer F r a n k in Prag in Verbindung zu setzen. Am besten ist, Sie besuchen ihn. Die zur Lösung bestimmte Frage ist die Versorgung, Erziehung und Unterbringung von tschechischen Kindern, deren Väter bezw. Eltern als Angehörige der Widerstandsbewegung exekutiert werden mußten. Die Entscheidung muß selbstverständlich eine sehr kluge sein. Die schlechten Kinder kommen in bestimmte Kinderlager. Die gutrassigen Kinder, die selbstverständlich die gefährlichsten Rächer ihrer Eltern werden könnten, wenn sie nicht menschlich und richtig erzogen werden, müssen, wie ich mir vorstelle, über ein Kinderheim des Lebensborn, in das sie
in dem sie
zunächst probeweise aufgenommen und/möglichst charakterlich erkannt werden, in deutsche Familien als Pflege- oder Adoptivkinder vermittelt werden.

H e i l H i t l e r !

I h r

gez. H. H i m m l e r .

2.) SS-Obergruppenführer F r a n k , Prag

durchschriftlich mit der Bitte um Kenntnisnahme übersandt.

I.A.

Brandt

SS-Obersturmbannführer.

Brief Heinrich Himmlers vom 21. Juni 1943 mit Anweisungen für die Behandlung der Kinder von hingerichteten tschechischen Widerstandskämpfern

Reinhard Heydrich, SS-Gruppenführer und Chef der Sicherheitspolizei, ab Juli 1941 stellvertretender Reichsprotektor von Böhmen und Mähren

spielten. Verschiedene Akteure beteiligten sich an den Gedankenexperimenten, denen zunächst noch die machtpolitische Grundlage fehlte.

In erster Linie rekrutierten sich die Planspiele aus drei Richtungen: der tschechoslowakischen Exilregierung in London, der Alliierten und des tschechoslowakischen Widerstands. Im Verlauf der Kriegsjahre entstanden deren Vorstellungen teilweise parallel, manchmal ergänzten sie sich oder folgten aufeinander. Schließlich verlagerte sich Mitte 1942 das Gewicht zunehmend auf eine der möglichen Alternativen. Wichtig ist auch der Umstand, dass es keineswegs eine einheitliche und von Anfang an durchgängige Vorstellung gab, weder im Exil noch bei den Alliierten.

Bei den schon erwähnten Nachkriegskonzeptionen für Ostmittel- und Südosteuropa waren zuerst die Briten tonangebend. Das Bemühen, national reine Staaten zu schaffen, bildete die Grundlage für alle einzelnen Vorstellungen der Verschiebung von Grenzen und Menschen. Mit dem Sichtbarwerden der Niederlage Deutschlands konkretisierten sich die jeweiligen Vorstellungen und wurden je nach militärischer oder politischer Wetterlage verändert. Sich frühzeitig auf die eine oder andere Konzeption festzulegen wurde deshalb so lange wie möglich vermieden. Auch die tschechoslowakische Exilregierung in London unter der Führung von Edvard Beneš verfolgte die Idee, dass nach dem Krieg ein möglichst homogener tschechoslowakischer Nationalstaat ohne nationale Minderheiten entstehen sollte. In ihren Vorstellungen orientierten sie sich am Kriegsverlauf sowie an den potenziellen Nachkriegsgrenzen, und sie unterlagen dem Einfluss des im Untergrund agierenden tschechoslowakischen Widerstandes. Da diese Bewegung am stärksten dem Druck des NS-Regimes ausgesetzt war, stellte sie die radikalsten Forderungen in Bezug auf eine mögliche Vertreibung der Deutschen auf.

Wie sollte die Tschechoslowakei nach 1945 aussehen? So wie vor dem Abkommen von München im September 1938 oder so wie Ende 1938 nach der Abtrennung der sudetendeutschen Gebiete? Die erste Lösung schien allen gleich unsinnig, weil diese Konstellation schließlich gescheitert war. Das zweite Modell fand keine Anhänger auf beiden tschechoslowakischen Seiten, wenngleich die Briten bis etwa 1941 mit einer solchen Option liebäugelten. Im Widerstand kursierten Vorstellungen, die weitgehend von Rachegefühlen bestimmt waren. Hier stand als Leitmotiv Vergeltung im Vordergrund. Auch wenn Terrorakte sich in der Zeit zwischen Kriegsende und dem Potsdamer Abkommen häuften, konnte sich diese Maxime als Nachkriegsmodell nicht durchsetzen.

Bis zum Wendepunkt des Jahres 1942 stand noch eine weitere Vorstellung hoch im Kurs, die Beneš schon 1938 erwogen hatte: die Abtrennung von deutsch besiedelten Gebieten und der nachfolgende Austausch der Mischbevölkerungen. Eine Idee, die an die Schaffung einheitlicher Nationalstaaten im Sinn des oben erwähnten Georges Montandon erinnerte. Doch dieser Gedanke fand 1942 ein fast abruptes Ende.

Am 27. Mai wurde durch zwei aus London entsandte tschechische Agenten auf den stellvertretenden Reichsprotektor für Böhmen und Mähren, Reinhard Heydrich, ein Attentat verübt.

Die nationalsozialistische Tschechenpolitik im Protektorat hatte sich bis dahin bereits durch Unterdrückung, Ausbeutung und Verfolgung nicht zuletzt der jüdischen Bevölkerung ausgezeichnet. In den Planungen von Reichsprotektor Konstantin von Neurath spielte die »Germanisierung« der Tschechen im Hitlerschen Sinne eine wesentliche Rolle. Noch weiter ging Karl Hermann Frank, der ehemalige Stellvertreter Henleins in der Sudetendeutschen Partei. Er sprach sich bereits 1940 für eine »Assimilations- und Umvolkungspolitik« den Tschechen gegenüber aus. Für alle den Vorstellungen der Nazis nicht entsprechenden Teile der tschechischen Bevölkerung waren zudem »Sonderbehandlungen« vorgesehen, ein Begriff, der Vernichtung meinte. Frank entwickelte sich schnell zur Symbolfigur des Hasses der Tschechen auf die Sudetendeutschen.

Mit der Ernennung Heydrichs zum stellvertretenden Reichsprotektor im September 1941 verschärfte sich der Terror gegen die Tschechen. Der Leiter des nationalsozialistischen Verfolgungsapparates verhängte den Ausnahmezustand. Hunderte von Todesurteilen, sowohl gegen Schwarzhändler als auch gegen Widerstandskämpfer, ließ Heydrich vollstrecken. Zur Abschreckung. Seine Maxime, »der Tscheche hat in diesem Raum letzten Endes nichts mehr verloren«,

Eine Gruppe von SS-Männern im brennenden Lidice. Als Vergeltung für das Attentat auf Heydrich im Juni 1942 wurden alle Männer des tschechischen Dorfes ermordet und der Ort dem Erdboden gleichgemacht.

wurde lediglich wegen des hohen Bedarfs an tschechischen Rüstungsarbeitern nicht in die Tat umgesetzt.

Nur zweieinhalb Stunden nach dem Attentat auf Heydrich erhielt Frank von Hitler den Befehl, zur Vergeltung 10 000 Tschechen zu erschießen. Frank wandte sich gegen unkontrollierte Massenerschießungen, da sie die Wirtschaftsproduktion nachhaltig stören könnten, und hatte Erfolg. Einer Bestrafung der möglichen Täter und ihrer Helfer widmete jedoch auch er sich mit Begeisterung. Es begann die brutale Verfolgung und Liquidierung unschuldiger Tschechen, tituliert mit dem bewusst verniedlichenden Begriff »Heydrichiade«. Am 10. Juni, sechs Tage nachdem Heydrich seinen Verletzungen erlegen war, meldeten NS-Stimmen aus Prag: »Nachdem die Einwohner dieses Dorfes durch ihre Tätigkeit und durch die Unterstützung der Mörder von SS-Obergruppenführer Heydrich gegen die erlassenen Gesetze schärfstens verstoßen haben, sind die männlichen Erwachsenen erschossen, die Frauen in ein Konzentrationslager überführt und die Kinder einer geeigneten Erziehung zugeführt worden. Die Gebäude des Ortes sind dem Erdboden gleichgemacht, und der Name der Gemeinde ist ausgelöscht worden.« Die Rede ist von Lidice, einem Ort, dessen Name sich als Symbol des Nazi-Terrors in das kollektive Gedächtnis der tschechischen Nation eingebrannt hat. Das Massaker an den Einwohnern dieses Dorfes wurde weltweit bekannt und begünstigte die Schaffung eines positiven Klimas in Hinblick auf die Idee der Austreibung der Sudetendeutschen. Das Vertreibungsthema spielte sich jetzt auch auf der internationalen Bühne ab. Empört über den NS-Terror, der sich im gleichen Monat noch gegen die Ortschaft Ležáky richtete, annullierten England und auch Frankreich im Sommer beziehungsweise Herbst des Jahres das Münchner Abkommen.

Beneš im britischen Exil reagierte prompt. Er kündigte am 15. Juni im Londoner Rundfunk die Bestrafung aller Schuldigen nach Kriegsende an. Mit den Repressionen der Folgezeit verschoben sich generell die Grundeinstellungen bezüglich der Behandlung der Deutschen. Die letzte Variante, deren Verwirklichung später auch durchgesetzt wurde, lautete: bedingungslose Vertreibung der Deutschen aus der Tschechoslowakischen Republik. Wie konkret die Bereitschaft der Westmächte zur Vertreibung in diesem Stadium auch gewesen sein mag – sie war wohl eher grundsätzlicher als detaillierter Natur –, wichtig war, dass Beneš sich ihrer Zustimmung sicher fühlte.

Bis zum Jahresbeginn 1945 ergaben sich immer wieder kleinere Veränderungen in den Vertreibungsplänen, besonders in Hinblick auf die Zahl der Auszuweisenden. Feste Abmachungen oder genaue Absprachen zwischen der Londoner Exilregierung und den federführenden Briten gab es nicht: Die Vorstellungen wurden vor dem Hintergrund des Zweiten Weltkrieges zumindest in ihrer letzten Konsequenz nur vage formuliert. Beneš war schlau genug, im Zusammenhang des »Freundschaftsvertrages« mit der Sowjetunion Ende 1943 die Absicherung seiner Nachkriegspläne zu erreichen. Immer wieder gelang es dem tschechischen Politiker – die wechselnden Wogen der öf-

Historischer Exkurs: Russlanddeutsche

Auf Einladung der Zaren, unter anderem formuliert in dem Manifest Katharinas II. von 1763, kamen seit der zweiten Hälfte des 18. Jahrhunderts vorwiegend Bauern ins Land, die im Wolgagebiet angesiedelt wurden. Die aus wirtschaftlichen Motiven erfolgende Zuwanderung von Deutschen verstärkte sich im 19. Jahrhundert (Manifest Alexanders I. von 1804), sodass die Volkszählung von 1897 insgesamt etwa 1,8 Millionen Russlanddeutsche verzeichnete. Die deutschstämmigen Siedler in Russland lebten geographisch verstreut in meist ethnisch abgeschlossenen Dörfern. Nicht nur im Wolgagebiet, sondern ebenso in der Ukraine, auf der Krim, im Kaukasus, in Mittelasien und Sibirien gab es inzwischen größere »Kolonien«. Staatlichen Repressalien während des Ersten Weltkrieges folgte um den Jahreswechsel 1916/17 die Umsiedlung von mehr als 200000 Deutschen vor allem aus Wolhynien im Westen des Reiches. Unter den bis dahin sich loyal zum Staat verhaltenen, zunehmend aber verunsicherten Deutschen in Russland entwickelte sich daraufhin ein ausgeprägteres Nationalbewusstsein. Dem Wunsch nach größerer Autonomie entsprach Wladimir I. Lenin 1918 mit einem Dekret für die Schaffung der später so genannten ASSR der Wolga-Deutschen.

Vor dem Hintergrund der deutsch-russischen Kampfhandlungen des Zweiten Weltkrieges kam es dann in den vierziger Jahren unter Stalin zu massenhaften Bevölkerungsverschiebungen. Zwischen 1941 und 1946 wurden fast eine Million Deutsche, besonders aus den Gebieten östlich des Dnjepr, nach Mittelasien und Sibirien deportiert.

fentlichen Meinung in den Staaten der Alliierten nutzend –, seinen jeweiligen Gesprächspartnern die eigenen Absichten als die einzig sinnvollen zu vermitteln.

Im September 1944 erörterte der Staatssekretär im Außenministerium der tschechoslowakischen Exilregierung in London, Hubert Ripka, mit Außenminister Eden die Pläne seiner Regierung für eine Lösung des Sudetenproblems. Ripka vertrat die Ansicht, dass die

Tschechoslowakei aus Gründen nationaler Sicherheit an den alten Grenzen vor dem Münchner Abkommen festhalten müsse. Da aber gerade die Sudetendeutschen sich als besonders fanatische Nationalsozialisten erwiesen hätten und ihre Anwesenheit eine Gefahr für den tschechoslowakischen Staat bilde, müssten zwei Millionen Sudetendeutsche das Land verlassen. Etwa 800 000 könnten bleiben, wenn sie sich als friedliche Mitbürger aufführten, bemerkte Ripka.

Als neues und dominierendes Motiv aus tschechischer Perspektive kristallisierte sich damit immer stärker der Gedanke einer Bestrafung der Deutschen heraus, aller Deutschen, fast ohne Ausnahme.

Sommer 1945. »Wilde Vertreibungen« in Prag und Aussig

Was war ein Menschenleben noch wert am Ende eines bis dahin unvorstellbaren Vernichtungskrieges, ausgegangen von Deutschland? Unter der alltäglichen Fratze der Gewalt und des Todes war die positive Haltung vieler Menschen zum elementaren Wert des Lebens rapide gesunken. Zusammen mit den während der deutschen Okkupation entstandenen Rachegefühlen hatte sich unter manchen Tschechen längst eine brisante Stimmung entwickelt.

In den unterirdisch gelegenen Kinos Prags liefen in den Maitagen 1945 keine deutschen Propagandafilme mehr. Aber die Sitzreihen waren trotzdem mit Deutschen belegt, jetzt, nach Ausbruch des Prager Aufstandes. Besonders Mütter mit Kindern wurden von tschechischen Wachmannschaften hier festgehalten. Bei 24-stündigem Kunstlicht, schlechter Verpflegung und in den engen Reihen sitzend, quälten sie sich über die Tage und Nächte – eine Praxis, die bei der Gestapo mit verhafteten Tschechen ebenfalls betrieben worden war. In einer Art Gehirnwäsche mussten sie sich politische Vorträge anhören oder wurden mit tschechischem Propagandamaterial überschüttet. Unhaltbare hygienische Zustände und Schikanierungen der Bewacher zermürbten die Festgehaltenen. Zu essen gab es fast nichts. Depressionen machten sich in den Lichtspielhäusern breit. Nicht nur Kinos, auch Schulen und Kasernen wurden in diesen Wochen in Prag als Hilfs-Internierungslager genutzt und den inhaftierten Deutschen zu Orten böser Erinnerungen. Selbstmorde – in Böhmen von Mai bis Oktober 1945 fast 4500 – belegen die extreme psychische Belastung Einzelner. Was war passiert?

Kurz vor dem Ausbruch des Aufstandes gegen die deutschen Okkupanten am 5. Mai hielten sich ungefähr 50 000–100 000 Deutsche in Prag auf, überwiegend Zivilisten. Vor allem die Flüchtlingsströme aus dem östlichen Sudetenland, aus Mähren und den slowakischen Gebieten hatten die Zahl der Deutschen in die Höhe getrieben. Die Kapitulation des Gesamtreiches stand kurz bevor. Die Rote Armee drang nach der Einnahme Brünns und Mährisch Ostraus weiter vor, die US-Truppen hatten die Grenzen des Protektorats erreicht. Auch wenn wenige Menschen, zumeist Frauen und Kinder, über die Moldau die Stadt verlassen konnten, blieben systematisch angelegte Evakuierungspläne von Karl Hermann Frank, noch im April propagiert, in den Schubladen stecken. Die Ereignisse überstürzten sich.

Der tschechische Aufstand kam für weite Teile der deutschen Bevölkerung Prags anscheinend vollkommen überraschend. Obwohl hier das Attentat auf Heydrich stattgefunden hatte und sich zahlreiche Widerstandskämpfer in der Stadt aufhielten, herrschte noch relative Ruhe in der böhmischen Stadt, die nicht nur als Mittelpunkt tschechischen Nationalbewusstseins galt, sondern auch zum Ort fruchtbaren deutsch-tschechischen Zusammenlebens geworden war.

Der Aufstand begann spontan, überraschend und verlief weitgehend unkoordiniert. Mehrere Widerstandsorganisationen waren beteiligt. »Tod den deutschen Okkupanten« und »Aufstand, Aufstand« lautete der Schlachtruf in den Straßen Prags. Einer tschechischen Gruppe war es gelungen, die Lautsprecheranlage des Senders Prag II in ihre Hand zu bringen. Schon seit den frühen Morgenstunden des 5. Mai zogen große Menschenmengen durch die Innenstadt und rissen deutsche Schilder ab, brachten tschechische Flaggen an und vergriffen sich an Uniformierten, die sich ihnen in den Weg stellen wollten. In nur wenigen Stunden befand sich die Stadt, bis auf das Regierungsviertel um die Prager Burg, unter Kontrolle der Aufrührer. Schnell bildete sich aus bisher von deutscher Seite geduldeten tschechischen Polizeikräften und milizähnlichen Einheiten eine so genannte Revolutionsgarde.

Die deutschen Truppenteile reagierten teilweise mit barbarischer Gegenwehr. Unter Prager Zivilisten kam es zu Massakern, die unter anderem von SS-Panzereinheiten durchgeführt wurden. Dadurch entwickelte sich eine Situation, in der die Aufständischen gezwungen waren, über den Rundfunk amerikanische Hilfe aus Pilsen an-

Entwaffnung deutscher Soldaten während des Prager Aufstandes am 4./5. Mai 1945

zufordern. Da aber die Sowjets bereits die Besetzung Prags vorbereiteten, reagierten die Amerikaner nicht. Unverhoffte Unterstützung kam dann von der »Wlassow-Armee«, benannt nach General Andrej Wlassow. Kurz vor Kriegsende waren aus russischen Kriegsgefangenen und Ostarbeitern zwei Divisionen gebildet worden, die ursprünglich als Freiwilligenverbände auf deutscher Seite kämpfen sollten. Wlassow versprach sich von seinem Kampf gegen die Deutschen nun wohl Vorteile für die Zeit nach dem Krieg. Der Eintritt einer seiner beiden Divisionen in den Kampf um Prag brachte die Wende für die Aufständischen. Die deutschen Truppen kapitulierten offiziell am 8. Mai. Sie erhielten den Befehl zum Rückzug und zur Evakuierung der Bevölkerung. Doch bis am 9. Mai 1945 die Rote Armee einzog, gelang nur wenigen ein Verlassen der Stadt.

Viele deutsche Bewohner in Prag sahen sich nun einer Treibjagd ausgeliefert. Jahrelang aufgestaute Gefühle gegen das deutsche Terrorsystem entluden sich in Gewaltaktionen gegen alle Deutschen.

Wer zum Beispiel eine Wehrmachtsuniform oder eine HJ-Mütze trug, den traf die Rache zuerst und am brutalsten: Oft wurde er an Ort und Stelle gequält und anschließend ermordet. Zur Beseitigung der

Prager Aufständische und russische Soldaten feiern in den Straßen der Stadt; Mai 1945

während des beginnenden Aufstands errichteten Barrikaden setzte man Deutsche ein, die während oder nach der schweren Arbeit Opfer böswilliger Ausschreitungen wurden. Die inzwischen vom Nationalrat regierte Stadt geriet in ihrem Hass gegen die Deutschen fast aus den Fugen. Mindestens um die 900 Personen kamen insgesamt ums Leben. Die in den Kinos, Schulen und weiteren Behelfslagern Internierten hatten fast noch Glück im Unglück: Sie gelangten in einer zweiten Phase ihrer Gefangenschaft »geschützt« in größere Lager, besonders in Prager Sportstätten, wie z. B. das Strahov-Stadion.

Täglich trafen neue Transporte von Flüchtlingen, Soldaten, aber auch internierten deutschen Familien aus Prag ein. In wenigen Tagen wimmelte es in diesem Internierungslager von Menschen jeden Alters und Geschlechts ... Bald war jedes Fleckchen unter der überdachten Terrasse belegt. Neben mir rechts und links, oberhalb und unterhalb meines Lagerplatzes, überall lagen, saßen und standen Menschen. So sah es bald auf der gesamten Stadionfläche aus. Wer das nötige Decken- oder Zeltmaterial hatte, baute sich zum Schutz gegen die noch empfindlich kühlen Nächte ein Schutzdach. Da die Notdurftanlagen des Stadions nicht mehr ausreichten, wurden Erdgruben am Rande des Stadions ausgehoben. (Josef Schubert aus Schlesien)

Und doch: Es gab eine Reihe Tschechen, die sich von der Massenhysterie nicht anstecken ließen, die sich schützend vor deutsche Bekannte oder Freunde stellten, sie unter Lebensgefahr in Sicherheit brachten: in Prag und auch im übrigen Böhmen.

Die Geschehnisse besaßen den Charakter von zum Teil im Rausch begangenen Exzessen gegen all das, was als »deutsch« identifiziert wurde. Radikale und gewaltbereite Elemente tobten sich rücksichtslos aus. Diese Erklärung reicht jedoch nicht mehr, wenn man die fortlaufenden Ausschreitungen im Verlauf des gesamten Sommers 1945 betrachtet. Dahinter stand eine gewisse Planmäßigkeit, die sich immer mehr manifestierte.

Die »Säuberung« setzte zuerst im innertschechischen Raum ein und dehnte sich sukzessive an die fast rein deutsch besiedelten Ränder Böhmens aus. Nicht nur durch die Lautsprecher in den Straßen Prags, auch im übrigen Gebiet des Protektorats schallten die Aufrufe der Radiosender zum Kampf gegen die Deutschen durch den Äther. Jetzt, in den Tagen des Zusammenbruchs der NS-Herrschaft im Mai 1945, lieferten sich die Aufständischen auch im übrigen Teil Böhmens Ge-

In Prag inhaftierte deutsche Soldaten und Zivilisten werden in ein Lager gebracht; Mai 1945

fechte mit zurückweichenden deutschen Verbänden. Besonders die Flüchtlinge aus Schlesien, dem östlichen Sudetenland und aus Mähren wurden zur bevorzugten Zielscheibe unkontrollierter Ausschreitungen. Die bereits Heimatlosen wurden von einem Ort zum anderen getrieben. Übergriffen von Marodeuren oder Banden und auch von Zivilpersonen ausgesetzt, internierte man sie zeitweise oder schob sie willkürlich weiter. Auch die Deutschen in den Sprachinseln auf tschechischem Territorium, besonders in Brünn, Iglau und Wischau, wurden in dieser ersten Phase der so genannten wilden Vertreibungen verfolgt und inhaftiert.

Unter der »wilden Vertreibung« der Sudetendeutschen, kurz nach Kriegsschluss und den ganzen Sommer 1945 sah man die Kolonnen, bewacht von bewaffneten tschechischen Partisanen, auf der Hauptstraße in Richtung Zinnwald ziehen. Alte und junge Menschen, mit ihren Habseligkeiten auf dem Rücken, in kleinen Karren, in denen oft auch gebrechliche Leute saßen oder lagen. Einige der Kolonnen sahen so aus, als hätten sie schon einen sehr langen Marsch hinter sich. Sie schleppten sich nur so dahin. (Edvard Pröck, Jahrgang 1928 aus Böhmen)

In Lagern warteten sie alle auf eine ungewisse Zukunft.

Fast alle gesellschaftlichen Schichten wurden von der antideutschen Strömung erfasst. Die Zeit der Abrechnung mit den Nationalsozialisten schien jetzt endlich gekommen zu sein. Zur weiteren Aufheizung der schon angespannten Lage trugen die Aufrufe und Kommentare führender tschechischer Politiker und ihrer Parteien bei. Ob Klement Gottwald, Zdeněk Fierlinger oder Prokop Drtina: die Eindeutigkeit ihrer Äußerungen ist so erschreckend wie unbestreitbar. Die Aggressionen mancher Tschechen konnte sich in einem solch erhitzten Klima voll entfalten. Lynchjustiz war in der Zeit vor Potsdam keine Seltenheit. Beneš hatte schon am 10. Juni, dem Jahrestag der Vernichtung Lidices, ein mehrheitlich akzeptiertes Motiv ausgesprochen: »Es geht um die direkte Schuld der überwiegenden Mehrheit der Deutschen; deshalb sind die Deutschen als Gesamtheit verantwortlich.«

Nicht nur die alteingesessene deutsche Bevölkerung, die Sudetendeutschen, auch nach 1938 zugezogene Reichsdeutsche, Wehrmachtsangehörige sowie Evakuierte aus bedrohten Regionen befanden sich

Die nordböhmische Stadt Aussig an der Elbe nach dem Zweiten Weltkrieg

bei Kriegsende in den böhmischen Ländern. Die Grenzgebiete waren überfüllt mit Flüchtlingen. Im Zeitraum April/Mai 1945 hielten sich neben 3,1 Millionen Sudetendeutschen noch 400 000 weitere deutsche Staatsangehörige in Böhmen und Mähren auf. Warum waren nur die wenigsten Deutschen geflohen? Hatten sie kein Gespür für das drohende Unheil? Zum einen erfolgte der Einmarsch der sowjetischen Truppen sehr schnell. Und auch der Glaube daran, dass die Situation sich nach dem ersten Frontkontakt wieder beruhigen würde, hielt sich bei vielen hartnäckig.

Obwohl sich in den Regierungsbezirken Troppau und Aussig gleich nach der Kapitulation tschechische Nationalausschüsse gebildet hatten, kam es erst im Sommer zu einem verstärkten Zustrom von Tschechen in die sudetendeutschen Gebiete. Die militärische Besetzung durch die Armee und weitere bewaffnete Einheiten verlief ebenso wie die ethnische »Reinigung« dieser Regionen also erst im Anschluss an die Aktionen im Innern der böhmischen Länder.

Die vielerorts chaotischen Nachkriegsverhältnisse schafften einen Zustand, der zum Teil bewusst jegliche Kontrolle unmöglich machte. Marodierende Banden suchten die für sie günstige Stunde zu nutzen. Noch existierten keine zentralen Richtlinien, wie mit den »Feinden« umzugehen sei. Aus zahlreichen Befehlen regionaler Militärführer an ihre Untergebenen ergab sich aber schon früh ein klar geschliffenes Bild: »Ihr sollt helfen, unser herrliches Grenzgebiet von den Deutschen zu säubern.«

Die schon erwähnten Revolutionsgarden – nichtreguläre Militäreinheiten – etablierten in verschiedenen Orten ein System konsequenter Verfolgung der Sudetendeutschen. Zusätzlich angestachelt durch entsprechende Berichte in der Presse und geschützt durch Dekrete, die sogar nachträglich jegliche Gewalttaten sanktionierten, kam es teilweise zu pogromartigen Szenen. So in Aussig am 31. Juli 1945. Als ein Munitionslager nahe der Stadt in Nordböhmen explodierte, wurde dieses Ereignis – zu Unrecht – zu einem deutschen Sabotageakt erklärt; die Explosion war vielmehr durch tschechische Einheiten durchgeführt worden. Die Folge war ein von staatlichen Stellen vorbereitetes Massaker an den Aussiger Deutschen. Noch einen Tag zuvor hatte laut »Schweizerischer Depeschenagentur« der tschechoslowakische Ministerpräsident Fierlinger in Aussig eine Ansprache gehalten, in der er unter anderem versicherte: »Die Deutschen aus der Tschechoslowakei, die mit uns gearbeitet und für die tschechoslowakische Republik gekämpft haben, haben nichts zu befürchten.« Jetzt interessierte das niemanden. Die Brücke von Aussig wurde zu einem bleibenden Erinnerungsort des Schreckens. Mit Wissen der Minister des Innern und der Nationalen Verteidigung organisierte Staatshauptmann Pokorný sowohl die Explosion in Schönpriesen als auch die folgenden pogromähnlichen Attacken. Neuesten Untersuchungen zufolge kamen etwa 200 Menschen ums Leben.

Das Leben der Menschen war aus sämtlichen Fugen geraten. (Ilse Zimmermann, Jahrgang 1936, aus Schlesien)

Noch vor der Potsdamer Konferenz wurde also ein Vorwand für die Vertreibung inszeniert. Zu Gewalttaten an Deutschen kam es an vielen Orten: Es gab Lynch- und Selbstjustiz, es gab Exekutionen wie die von 265 Deutschen aus der Slowakei im mährisch-schlesischen Prerau.

Eng mit dem Terror verknüpft waren die folgenden Vertreibungen, an deren Austreibungsaktionen sich zudem örtlich gebildete Nationalausschüsse und die mit der Roten Armee eingerückte tschechoslowakische Befreiungsarmee unter dem Kommando Ludvík Svobodas gezielt beteiligten. Bei den Angehörigen dieser Truppe des wäh-

Die Explosion des Munitionslagers in Schönpriesen im Juli 1945 war Anlass für ein Massaker an den Aussiger Deutschen.

rend des Krieges in der Sowjetunion gebildeten Armeekorps waren die Erinnerungen an die Nazi-Gräuel in der UdSSR noch wach.

Betrachtet man einzelne Wanderungsbewegungen von Vertriebenen in diesem Zeitraum, erhält man den Eindruck einer fast schon absurden »Vertreibungs-Szenerie«, die sich für die Betroffenen aber als alles andere als ein Spiel darstellte.

Gruppen von Russen gingen zu den einzelnen Wagen, einer stieg auf, jagte mit Fußtritten die oben sitzenden alten Leute und kleinen Kinder hinunter und durchwühlte sämtliche Gepäckstücke. Er suchte zielstrebig nach Damenwäsche. Denn bei den Soldaten war eine Tschechin dabei … Die Sachen, welche gefallen hatten, nahmen sie mit. Auf den übrig geblieben Haufen stürzten sich nun die Flüchtlingsfrauen, jede auf der Suche nach ihrem Eigentum … Es war oft ein trauriges Schauspiel. Auf diese Weise wurden die Wagen immer leerer und leichter … (Karl Beutner aus Schlesien)

Ein markantes Beispiel dafür ist die Flucht der Sudetendeutschen aus den schlesischen Randgebirgen im polnisch-tschechischen Grenzgebiet. Zuerst wurden die Betroffenen von tschechischer Seite auf dem kürzesten Weg in Richtung der nun polnischen Seite der Gebirge getrieben. Aber schon das Überschreiten der Grenzpunkte verwehrten ihnen polnische Soldaten. Auch dort waren Deutsche unerwünscht. Was nun? Der erste Gedanke: zurück in die Heimatorte. Doch auch der Rückweg war versperrt, denn die Tschechen meinten es ernst mit der Ausweisung, und das Schicksal der Sudetendeutschen jenseits ihrer Grenze kümmerte sie nicht. Vielfach irrten die Heimatlosen nun im Grenzgebiet umher, manchmal tage- oder sogar wochenlang. Falls sie nicht auf tschechischer oder polnischer Seite aufgegriffen und schließlich in Lager transportiert wurden, gelang es einer Reihe von Vertriebenen, in beschwerlichen Märschen zu Fuß nach Sachsen zu kommen.

»Im ganzen Land entstehen jetzt Konzentrationslager für die Deutschen, die wahllos dort hingebracht werden, um auf die deutschen Einreisevisa zu warten. Sogar deutsche Juden und Antinazis, die erst kürzlich aus Konzentrationslagern der Gestapo befreit wurden, sind davor nicht sicher.« In einem Artikel der britischen Journalistin Rhoma Churchill spiegelt sich ein Teil der kaum fassbaren Verhältnisse wider. Auch wenn der Vergleich hinkt: Allein die Tatsache, dass aus dem ehemaligen Konzentrationslager Theresienstadt nun ein Lager für unerwünschte Deutsche wurde, hinterlässt einen bitteren Nachgeschmack. Die Orte dienten meist der vorübergehenden Internierung der Unerwünschten. Annähernd 350 000 Deutsche wurden – kürzer oder länger – in mehr als 1200 solcher Einrichtungen festgehalten. Je nach Lager schwankte die Sterberate bei allgemein sehr schlechten Lebensbedingungen. Als untere Grenze müssen für das Jahr 1945 4000–5000 Tote angenommen werden.

Am 3. Juli 1945 wandte sich die tschechoslowakische Regierung an die Alliierten. Ihrer Bitte, bei der organisierten Aussiedlung von bis zu 2,5 Millionen Deutschen behilflich zu sein, entgegneten Briten und Amerikaner freundlich. Gegen einen Transfer der Bevölkerung sei im Grunde nichts einzuwenden, den Verhandlungen in Potsdam solle aber nicht vorgegriffen werden. Aber schon während der ersten Austreibungswelle bis Ende Juli hatten 450 000 Deutsche – Flüchtlinge aus den Ostgebieten, Sudetendeutsche oder Reichsdeutsche – aus den sowjetisch besetzten Regionen der Tschechoslowakei das Land verlassen müssen. In den von den Amerikanern besetzten westböhmischen Kreisen fanden dagegen keine Aussiedlungen statt, obwohl der Arbeitseinsatz von Deutschen und gelegentliche Deportationen ins Innere der Tschechoslowakei nicht verhindert wurden.

Transfer und »odsun«. Die organisierte »Normalität« der Vertreibung

Alle Deutschen seien bereits geflohen. Stalin unterstellte auf der Potsdamer Konferenz im Schloss Cecilienhof, in der Nähe von Berlin, dass sich schon jetzt keine Deutschen mehr in den Ostgebieten aufhalten würden. Auch wenn die westlichen Verhandlungspartner Stalins solche bewusst falschen Angaben als taktisches Mittel durchschauten, waren sie doch dem Druck der Fakten ausgesetzt: Mit der Schließung der Grenzen an Oder und Neiße im Juni waren aus Flüchtlingen Vertriebene geworden. Und vom Juni bis zum Beginn der Konferenz waren nach Militärangaben schon über 110 000 Deutsche aus der Tschechoslowakei in die sowjetische Zone transportiert worden.

Auch den Briten und Amerikanern brannte das Problem der in ihre Besatzungszonen strömenden Flüchtlinge und Vertriebenen erheblich unter den Nägeln. Es waren die einfachen Dinge, die kaum zu bewältigen waren, zum Beispiel die Versorgung der Ankommenden mit den lebensnotwendigen Gütern. Das Tempo der Vertreibun-

Winston Churchill, Harry S. Truman und Josef W. Stalin (v. l. n. r.) während der Potsdamer Konferenz vor Schloss Cecilienhof, Juli/August 1945

gen war zu hoch. Außerdem erregten Berichte über die Exzesse an den Deutschen in Polen und in der Tschechoslowakei, wie sie durch die englischsprachigen Medien in verstärktem Maße verbreitet wurden, auch die politisch Verantwortlichen im Westen. Die Lösung konnte nur heißen: eine organisierte, an Quoten orientierte und sukzessive Abschiebung beziehungsweise Zuwanderung zu vereinbaren.

Die konkreten Durchführungsbestimmungen des in Artikel XIII des Potsdamer Abkommens vorgesehenen »geregelten und humanen« Transfers legte der Alliierte Kontrollrat in Berlin am 20. November 1945 fest. Bis dahin sollten weitere Ausweisungen unterbleiben. Doch in der Tschechoslowakei hielt man sich nicht an diese Abmachung. Die indirekte Erklärung dafür lieferte der tschechoslowakische Minister für Außenhandel, Ripka, in einer Rundfunkansprache Ende August. »Es handelt sich dabei um einen fundamentalen Grundsatz unserer politischen und wirtschaftlichen Konsolidierung. Dieser Bevölkerungsabschub liegt nicht nur im Interesse der Tschechoslowakei, sondern ist eine unumgängliche Voraussetzung für die Beibehaltung des Friedens in Europa.« Die Tschechen freuten sich daher über den Beschluss von Potsdam, könnten jedoch die Verschiebung der Deportierung nicht begrüßen. »Wir sind uns der Schwierigkeiten der Alliierten bewusst, indessen können wir keine Vorbereitungen für die Umorganisation und den Neuaufbau der Grenzgebiete treffen, bis wir wissen, wann die Deutschen sie verlassen werden.« Ende November 1945 verzeichnete die Aussiedlungsstatistik insgesamt 730 000 Deutsche – 600 000 von ihnen gelangten nach Deutschland und 130 000 nach Österreich.

Die nationale »Säuberung« schritt zügig voran. In einer Reihe von tschechoslowakischen Verordnungen wurden die Deutschen besonders nach dem Krieg zahlreichen Restriktionen unterworfen. Ein Teil der so genannten Beneš-Dekrete, welche die juristischen Richtlinien der Nachkriegs-Tschechoslowakei festlegten, betraf die Sudetendeutschen. Drei der Dekrete vom Mai, Juni und Oktober 1945 veränderten radikal deren Eigentumsverhältnisse. Entschädigungslose Enteignung und wirtschaftliche Ausschaltung waren die Folge. Ein weiteres Dekret vom Juni 1945 betraf den Bereich der politischen Verfolgung und Bestrafung der Sudetendeutschen. Damit erhielten die kollektiven Strafmaßnahmen gegen die starke deutsche und ungarische Minderheit ihr rechtlich abgesichertes Fundament, auf dessen Grundlage Zehn-

Aufforderung an die Deutschen in der Tschechoslowakei, sich für Internierung, Arbeitseinsatz oder Ausweisung aus der Heimat erfassen zu lassen; 1945

tausende Deutsche verhaftet und einige von ihnen zu Freiheits- und Todesstrafen verurteilt werden konnten. Ein spezielles »Vertreibungsdekret« existierte dagegen nicht.

Das brauchte es auch nicht, denn zudem wurden der Mehrzahl aller Sudetendeutschen mit der Staatsbürgerschaft auch die Bürgerrechte entzogen. Alle Deutschen verloren die politischen Rechte. Sie mussten bestimmte Kennzeichen an ihrer Kleidung anbringen. Fahrten mit öffentlichen Verkehrsmitteln bedurften einer besonderen Genehmigung. Bis auf offiziell anerkannte Antifaschisten mussten alle übrigen Personen Radios und Fahrräder abgeben. Nicht nur rechtlich, auch faktisch waren sie von der neuen Gesellschaft und dem »normalen« Leben ausgeschlossen.

Ein tschechischer Begriff erhielt in diesem Zusammenhang eine neue Bedeutung und ist bis heute Gegenstand kontroverser Diskussionen: »odsun«, die »Abschiebung« der Deutschen. Bis zum Zweiten Weltkrieg war die Bezeichnung im oben genannten Sinn nicht geläufig. Auch nach seinem vermutlich ersten, noch allgemeinen Auftauchen 1938 in einem amtlichen tschechischen Dokument wurde in Bezug auf die zukünftige Behandlung der Deutschen hauptsächlich von

Deutsche aus Bergreichenstein unter Bewachung auf dem Weg zum Sammelplatz für Ausgewiesene aus der Tschechoslowakei, 1945

Hinter Stacheldraht wartet dieser Mann auf seinen Abtransport nach Deutschland. Die Binde am Arm kennzeichnet ihn als Deutschen.

Sudetendeutsche auf einem Bahnhof in der Tschechoslowakei vor ihrer endgültigen Fahrt über die Grenze nach Deutschland

»Bevölkerungstransfer« gesprochen. Mit der von der Verwaltung gesteuerten Durchführung der Massenausweisung schien aber wohl eine neue Bezeichnung für die Vertreibung der Deutschen nötig geworden zu sein. Erstmals im Juni 1945 tauchte »odsun« dann als Begriff für diesen spezifischen Vorgang auf und machte von da an schnell Karriere. Da er rückwirkend auch die »wilden Vertreibungen« einschloss und den Gesamtprozess der Vertreibung kennzeichnete, wird er von Kritikern als verharmlosend beschrieben, was seiner Verbreitung im tschechischen Sprachraum keinen Abbruch tat.

Der tschechoslowakische Präsident Eduard Beneš erklärte zu den kritischen Bemerkungen in der internationalen Presse über die Methode der Ausweisung der Deutschen: »Man sagt, dass wir dasselbe tun, was uns die Nazis angetan haben. Ob diese Behauptungen richtig sind oder nicht, ich erkläre, dass die Sudetendeutschen ins Reich ziehen müssen, wegen dem, was sie unserem Lande und unserem Volke im Kriege angetan haben.«

Diese Antwort war eindeutig. »Heim ins Reich« lautete jetzt wieder die Devise, nur unter gänzlich anderen Vorzeichen als in dem von Konrad Henlein formulierten Aufruf. Die Weichen für die organisierte Aussiedlung wurden in ersten Schritten schon im Sommer 1945 gestellt.

Im dortigen Kino zeigte man uns einen Dokumentarfilm über das Menschenvernichtungslager Auschwitz… Jetzt bildeten sich bei mir geistige Zusammenhänge mit dem Durchzug der halb erfrorenen und erschöpften Häftlingskolonnen Ende Januar 1945 durch unser Heimatdorf heraus. Ziemlich nachdenklich und in uns gekehrt traten wir den Heimweg an. Das Gesehene revidierte auch bei mir zu einem erheblichen Teil den Glorienschein ums »Deutsche Vaterland« nationalsozialistischer Prägung. Zu einem gewissen Teil begann ich jetzt auch den teils verhaltenen, teils offenen Groll und Hass der tschechischen Bevölkerung auf uns Deutsche zu verstehen. (Josef Schubert aus Schlesien)

Alle nicht organisierten Ausweisungen sollten möglichst unterbleiben. Anordnungen wurden erlassen, die einen Rahmen der künftigen Vorgehensweise bei der Vertreibung der Deutschen bildeten.

Ein Zug mit sudetendeutschen Aussiedlern trifft im Durchgangslager im bayerischen Wiesau ein; 1946

Ende November 1945 waren die Vorbereitungen der Organisation der Vertreibung in ihre Endphase getreten. Ein Erlass des tschechoslowakischen Innenministeriums verbot den gegenseitigen Grenzübertritt ohne amtliche Papiere beziehungsweise Pässe. Abschiebungen waren nur mit Zustimmung des Ministeriums und nach Absprache mit den entsprechenden alliierten Militärbefehlshabern gestattet. »Abschubkategorien« regelten die Reihenfolge der Ausweisung: nicht verfolgte Nazis sollten zuerst vertrieben werden. Auch die Gruppe der Nicht-Auszuweisenden war klar umrissen: Glaubhafte Antifaschisten und von der Wirtschaft benötigte Arbeiter wollte man nicht »heimschicken«.

Ähnlich wie auf polnischem hieß es nun für die Masse der Deutschen auf tschechischem Gebiet: warten bis zum Transport aus der Heimat. Man wartete in den eigenen Wohnungen oder wieder in Sammellagern. Wartete manchmal gemeinsam mit den Flüchtlingen aus Schlesien und anderswoher, deren Lebensbedingungen noch schwieriger waren: Wer sollte für sie, die »vogelfreien« Frauen, Alten und Kinder, überhaupt aufkommen? Bis zu ihrer definitiven Abschiebung

Ankunft ausgewiesener Deutscher im bayerischen Durchgangslager Furth im Wald, 1946

konnten sie als Zwangsarbeiter gegen eine geringe Entlohnung beschäftigt werden. Es reichte oft kaum für das Nötigste.

Im Lauf der folgenden Zeit entwickelte sich so etwas wie eine »Normalität« der Vertreibung. Zwar ist kein kollektiver Vertreibungsvorgang »normal« im Hinblick auf Recht und Gerechtigkeit, doch liefen die späteren Aussiedlungen, besonders in der Phase der Massentransporte 1946, zumeist nach einem Muster ab, das brutale Verbrechen ausschloss. Bei aller Unmenschlichkeit, die der erzwungene Heimatverlust für den Einzelnen mitbrachte, war der Akt der Ausweisung oft nicht mit unendlich empfundenen Schrecken verbunden.

Es existierten Sonderregelungen für anerkannte Antifaschisten, für unentbehrliche Arbeitskräfte und für Personen in Mischehen. Die konkreten Aussiedlungsbedingungen wurden nach Vorgabe durch den Alliierten Kontrollrat zwischen den USA und der Tschechoslowakei im Januar und Herbst 1946 ergänzt. Von den noch in der Tschechoslowakei sich befindenden 2,5 Millionen Deutschen sollten 1,75 Millionen in die amerikanische und 0,75 Millionen in die sowjetische Zone transportiert werden.

Zur »Normalität« der Massenausweisung gehörten die Züge. Anfang 1946 liefen alle Eisenbahntransporte mit einer Sollstärke von 1200 Personen nur in die amerikanische Zone, da die Sowjets zu diesem Zeitpunkt lediglich ein begrenztes Kontingent an Antifaschisten aufnahmen. Wichtigste Bedingung seitens der Amerikaner war die Forderung, dass Familien geschlossen ausgesiedelt werden sollten, woran sich die Tschechen jedoch oft nicht hielten. Häufig wurden die Männer gezwungen, an ihrem Arbeitsplatz zu bleiben, sodass die Frauen die Last des Transports alleine tragen mussten.

Die Amerikaner pochten auch auf die Einhaltung der vereinbarten Regelungen zur Ausstattung der Vertriebenen: Zunächst waren 50 Kilogramm Gepäck zur Mitnahme erlaubt, später 70 Kilo. Auch die Summe des als Besitz gestatteten Bargelds wurde auf 1500 Mark erhöht. Lebensmittel für mehr als eine Woche konnten mitgenommen werden. Im Laufe des Jahres einigte man sich, die Transporte im Winter 1946/47 vorübergehend einzustellen, Ende November kamen die letzten Eisenbahntransporte im Westen an. Da sich die Lage der internationalen Politik vor dem Hintergrund des Ost-West-Konflikts während des Jahres 1947 jedoch stetig verschlechterte, wurden die Transporte nicht wieder aufgenommen. Nur noch in kleineren Abschiebungen erreichten in den Jahren 1947 bis 1949 etwa 17000 Personen den Weg in eine ungewisse Heimat. Darüber hinaus gab es bis zum April 1951 Programme im Rahmen von Familienzusammenführungen. Die bekannteste dieser Aktionen mit dem Namen »Operation Link« verhalf mehr als 18 000 Menschen zu einem Wiedersehen mit ihren Familienangehörigen.

Die massenhafte Aussiedlung in die sowjetische Zone begann erst im Juni 1946, dauerte dafür aber bis zum Ende des Jahres. Die Bedingungen ähnelten denen der vorhergegangenen Abschiebungen. 500 Mark und 50 Kilogramm Gepäck durften mitgeführt werden. Allerdings gab es hier mehr Verstöße gegen diese Abmachungen als bei den Deportationen in die amerikanische Zone.

Nimmt man alle Vertriebenen der organisierten Phase zusammen und addiert noch diejenigen, die außerhalb der »geregelten« Vertreibung die Tschechoslowakei verlassen hatten, dazu, kommt man zu folgendem Ergebnis: Ende 1946 betrug die Zahl aller nun Heimatlosen mehr als 2 230 000. Ungefähr 1 440 000 Vertriebene erreichten die amerikanische, 790 000 die sowjetische Zone.

Zurück blieben etwa 250 000 Sudetendeutsche und 24 000 Karpatendeutsche, deren Status sich in den kommenden Jahren nur zögerlich verbesserte. Bevorteilt innerhalb dieser Gruppe waren diejenigen, die eine tschechoslowakische Staatsbürgerschaft beantragten und erhielten, die Fraktion der Antifaschisten und der »unersetzlichen« Arbeitskräfte samt ihren Familien. Noch galt es, die Frage der Mischehen zwischen Tschechen und Deutschen zu klären, immerhin handelte es sich um fast 15 000 deutsche Frauen und 30 000 deutsche Männer. 1953 erlangten alle verbliebenen Deutschen die neue tschechische Staatsbürgerschaft. Ihre materielle und soziale Lage entwickelte sich zunehmend positiv. In Hinblick auf die Pflege ihrer kulturellen deutschen Traditionen unterlagen sie jedoch scharfer Beobachtung seitens der kommunistischen Herrschaft.

Der Spielraum spezifischen »Deutschseins«, was immer das im Einzelfall bedeuten mochte, war gering.

Die Angabe der Zahl der Opfer des Vertreibungsprozesses ist bis heute umstritten und Teil politischer Auseinandersetzungen in der Bundesrepublik Deutschland. Während die politisch organisierten Sudetendeutschen von mehr als 200 000 »Vertreibungsverlusten« ausgehen, deuten andere deutsche und tschechische Untersuchungen auf einen Oberwert von etwa 40 000 Toten hin. Das Spiel mit den Zahlen scheint in die Irre zu führen. Allen Berechnungen eigen sind spezifische Ansätze, Probleme und Fehlerquellen. Je nach Vorgehensweise kommt man zu anderen Ergebnissen. Solange nicht alle Möglichkeiten der exakten Errechnung ausgeschöpft sind – und noch gibt es sie – erhalten wir keinen widerspruchsfreien Wert. Die Schärfe in der bis heute anhaltenden Debatte um diese Angaben scheint bei manchen Beteiligten vergessen zu machen, dass dahinter Einzelschicksale stehen.

Unter den Sudetendeutschen gab es Opfer und Täter. Dass sie in ihrer Gesamtheit als Folge des Kollektivschuldgedankens einen so hohen Preis für die Taten unter der Herrschaft der Nationalsozialisten zahlten, muss als Unrecht erscheinen. Schuld betrifft immer Einzelne, nicht eine Gruppe. Für das Prinzip der Unschuld gilt allerdings das Gleiche. Bei dem Prozess der radikalen Verwirklichung der Idee vom reinen, entmischten Nationalstaat darf nicht vergessen werden, dass diese Idee schon durch die Nationalsozialisten systematisch pervertiert worden war. Von dieser technisierten physischen Vernichtung »fremder« Bevölkerungsteile war die Form der Entmischung nach dem Zweiten Weltkrieg allerdings weit entfernt. Der weitaus größte Teil der Vertriebenen erreichte, von dem Geschehenen körperlich und seelisch gezeichnet, aber lebend, ein rettendes Ufer. Die letzte Etappe des Gesamtprozesses der Vertreibung war eingeläutet worden: Der Neubeginn in einer vielfach fremden Welt. Der Grenzübertritt wurde so zu einem erzwungenen und für viele auch leidvollen Schritt in die Zukunft, an den sich auch Hoffnungen knüpften.

Das riesige Barackenlager hatte zwar völlig unzureichende Unterkunftsmöglichkeiten, wir waren jedoch froh, für eine gewisse Zeit ein Dach über dem Kopf zu haben ... Damals dachten ja die meisten der Vertriebenen an eine baldige Rückkehr in die Heimat. Sie hofften darauf, dass vonseiten der Westmächte dem verbrecherischen Treiben im Böhmerland bald ein Ende gesetzt würde ... Der Kampf ums nackte Überleben prägte weithin diese Zeit. (Walter Gleißner aus Böhmen)

Nun wurde uns bedeutet, dass wir frei wären und hingehen könnten, wohin wir wollten. Zunächst sanken die meisten in einen befreienden Schlaf ... Nun konnte jedermann seiner Wege gehen. (Walter Gleißner aus Böhmen)

Neubeginn

Erste Anlaufstelle für die Vertriebenen im Grenzdurchgangslager Furth im Wald, 1946

Sie öffnen die Waggontüren und strecken ihre Köpfe hervor. Als wollten sie prüfen, ob die Luft in Bayern eine andere ist als in dem Land, das sie gerade verlassen mussten. Auf einmal nehmen sie ihre weißen Armbinden mit dem schwarzen »N« für Němci (= Deutsche) ab und werfen sie aus den langsam fahrenden Zügen. So, als wollten sie sich von der Last der vergangenen Wochen und Monate befreien, Ungeliebte in der eigenen Heimat zu sein. Die Strecke neben den Gleisen ist übersät mit den Zwangskennzeichen, die sie bis zur Grenze hatten tragen müssen. Die Köpfe wenden sich zurück, ein letzter Blick, ein Abschied. Für wie lange? Wohin geht der Transport überhaupt? Zwischen Heimat und Fremde: Das ist der imaginäre Ort vieler Flüchtlinge und Vertriebenen für die nächsten Jahre. Der Zug hält.

Existenzielle Probleme. In Bayern, auf dem Land

Zwischen Heimat und Fremde: Das bedeutete zunächst ein Halt in einem Grenzdurchgangslager. Furth im Wald, Wiesau, Schalding, Pi-

Vorherige Seite:
Kinder aus vertriebenen Familien in einem deutschen Flüchtlingslager, 1946

Ankunft in der Fremde; auf einem Bahnhof in Westdeutschland

ding und Hof waren die klassischen ersten Begegnungsstätten zwischen Flüchtlingen und Einheimischen in Bayern. Die vom Bayerischen Roten Kreuz (BRK) betreuten Grenzdurchschleusungen spielten eine wichtige Rolle für die Neuankömmlinge. Sowohl körperlich wie psychisch. Der erste Eindruck blieb haften.

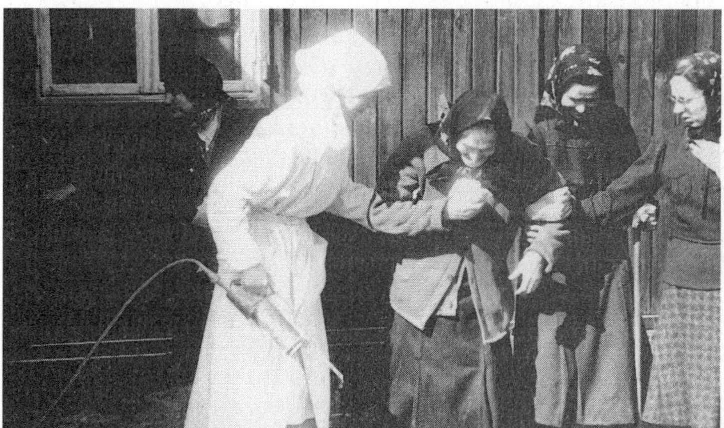

Nach der Ankunft im Lager mussten sich die Flüchtlinge zunächst einer Desinfektion unterziehen; Furth im Wald 1946

Im Morgengrauen des 20. September 1946 passierten wir die deutsch-tschechische Grenze und kamen nach Wiesau/Oberpfalz, wo wir zum ersten Male aussteigen konnten ... Wir mussten zwischen zwei Männern passieren, die jeder mit einer Insektenvernichtungsspritze ausgerüstet waren und damit mengenweise DDT-Puder über den Körper spritzten. Auf den Kopf und vorn und hinten in die Halsöffnung der Kleidung ... Alles roch und schmeckte tagelang nach Chemikalien ... Wir erhielten nach dieser ersten medizinischen Betreuung auch einen »Gesundheitsschein«, ohne den man in der neuen Heimat keine Zuzugserlaubnis, Lebensmittelkarten und Registrierschein erhalten konnte. (Edvard Pröckl, Jahrgang 1928, aus Böhmen)

Am Anfang funktionierte nicht alles wie gewünscht. Dem Ansturm von mehreren tausend Menschen in so kurzer Zeit waren die Grenzlager organisatorisch noch nicht gewachsen.

Im Winter 1945/46 stand die erste große Bewährungsprobe bevor. Die Tschechoslowakei stellte trotz enormer Kälte die Transporte nicht gänzlich ein. In Hof fehlte ausreichend Heizmaterial, zudem gab es weder Benzin noch Frostschutzmittel. Das gesamte Lagerleben drohte zusammenzubrechen, doch aus der Landeshauptstadt München konnte Hilfe organisiert werden. Nach und nach lernte man aus den Pannen. Wobei die Zuteilung von Rollmöpsen an Säuglinge eher tragikomisch ausfiel.

Die Zustände in den Grenzlagern waren oft desolat. Zu viele Menschen auf viel zu kleinem Raum. Zur psychischen Belastung kam die Gefahr von Krankheiten und Seuchen.

Flüchtlinge bei der Registrierung in einem Lager bei Uelzen

Lageralltag: Ein Tanzsaal war durch Papp-Trennwände in Kabinen eingeteilt. Oben offen, hörte man die intimsten Sachen der Mitbewohner. Morgens klingelten nacheinander x Wecker, jedes laute Wort, jedes menschliche Geräusch bekamen alle mit. Hinter der Bühne gab es Kochgelegenheiten für die Familien. Jede Familie bekam einen Zinkeimer, eine Schüssel, eine Suppenkelle als Start ins neue Leben. (Edda Lange, Jahrgang 1932, aus Schlesien)

Von den Grenzlagern ging es zur nächsten Station, in die Regierungsdurchgangslager. Hier erfolgte die Aufteilung der Transporte auf die jeweiligen bayerischen Regierungsbezirke. Daran schloss sich die Unterkunft in Landratslagern an, von denen aus die Vertriebenen in private Quartiere oder in Wohnlager eingewiesen wurden. Zum ersten Mal kamen sie hier vorübergehend zur Ruhe.

Wieder Lagerleben, aber wenigstens bekamen wir hier etwas zu essen, keine Flöhe, keine Schläge. Nach 4 Tagen wurden einzelne Transporte zusammengestellt und auf verschiedene Orte und Dörfer verteilt. Meine Mutter und ich kamen nach Asendorf, Kreis Syke. Ein Dorf mit 300 Einwohnern, in das 600 Vertriebene reingedrückt wurden. Die Begeisterung der Dorfbewohner können Sie sich vorstellen! Mutti und ich kamen zu einem Bauern, nicht ins Haus, nein, in einen frisch geweißelten Ziegenstall (10 qm). 1 Bett, 1 Stuhl, 1 Wasserschüssel, 1 Wasserkanne die Einrichtung. Kein Schrank (wir hatten ja eh nichts), keine Türklinke. (Renate-Maria Kroemer, Jahrgang 1933, aus Schlesien)

»Zerstörte Städte – Überfüllte Dörfer«. Die Überschrift einer 1950 erarbeiteten Broschüre des Statistischen Informationsdienstes für Bayern fasst das Problem der Aufnahme von Flüchtlingen und Vertriebenen der Jahre 1945 bis 1949 gut zusammen.

Im November 1945 hatte ein alliierter Ausschuss für die Flüchtlingsfürsorge der US-Zone in Stuttgart die Aufnahmequote für die Vertriebenen und Flüchtlinge nach rein logistischen Kriterien festgelegt: Bayern 50 Prozent, Großhessen 27 Prozent und Württemberg-Baden 23 Prozent. Trotz der später zugunsten Bayerns revidierten Quote stieg die Belastung stetig an. Während der organisierten Ausweisung der Deutschen aus der Tschechoslowakischen Republik des

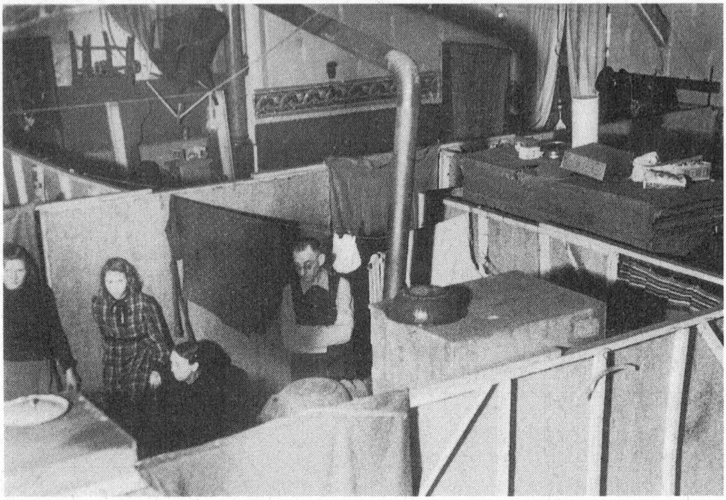

Provisorisch abgeteilte »Wohnungen« im Flüchtlingslager Bramsche bei Osnabrück

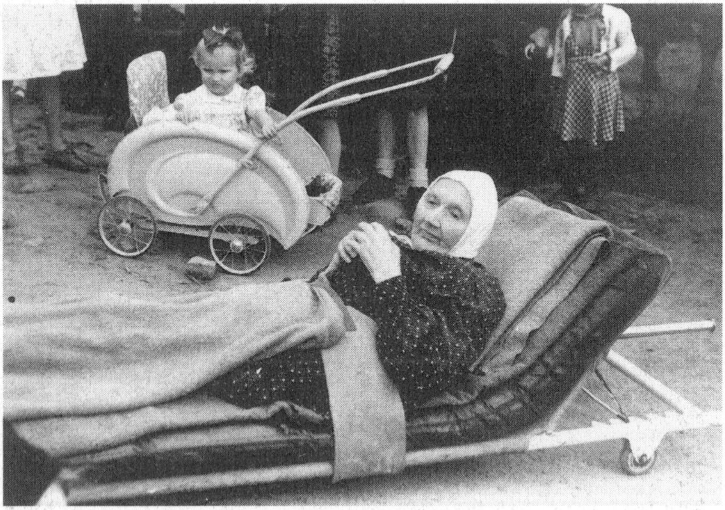

Die Kinder und die Alten litten besonders unter den Strapazen der Vertreibung; Furth im Wald 1946

Jahres 1946 – der größten Vertriebenenwelle – erreichten 764 Eisenbahntransporte mit 786 000 Ausgewiesenen Bayern.

Mit der von der amerikanischen Militärregierung veranlassten Einstellung weiterer Transporte im Dezember 1946 war der Zustrom der Flüchtlinge nach Bayern bis Ende 1946 weitgehend abgeschlossen und das Flüchtlingsproblem mithin quantitativ auf seinem Höhepunkt. Mit Jahresende 1946 hatten insgesamt 1,7 Millionen Flüchtlinge und Vertriebene in Bayern eine erste Aufnahme gefunden. Die Zahl der Einwohner Bayerns war damit von 6,9 Millionen im Jahr 1939 auf etwa neun Millionen am Jahresende 1946 gestiegen. Die Sudetendeutschen stellten mit mehr als 50 Prozent die mit Abstand größte Gruppe der Ausgewiesenen dar, gefolgt von den Schlesiern mit 26 Prozent. Zählt man noch die ehemaligen Fremdarbeiter und Evakuierten hinzu, war jeder fünfte Einwohner Bayerns ein »Fremder«.

Die räumliche Verteilung der Neuhinzugekommenen stellte zunächst die größte Herausforderung dar. Sie war Sache einer speziell dafür geschaffenen staatlichen Zentralbehörde. Hier diktierte die Notwendigkeit schneller Entscheidungen die anstehenden Handlungen. Aufgrund fehlender Daten über die Zusammensetzung der Trans-

Für Notunterkünfte stellten die britischen Alliierten so genannte Nissenhütten zur Verfügung; Hamburg 1947

Die wenigen Züge, die nach dem Kriegsende noch fuhren, mussten Massen von Menschen befördern, von denen viele auf der Suche nach einem neuen Zuhause waren.

porte sowie über die ökonomische Situation der Aufnahmeländer mussten die Einweisungen mittels der berechneten Wohndichte durchgeführt werden. Die enorm hohe Frequenz der Einschleusungen – im Oktober 1946 zum Beispiel 6000 Personen täglich – machte eine gelenkte Einweisung der Massentransporte einfach unmöglich.

Die meisten bayerischen Groß- und Mittelstädte waren durch die Bombenangriffe stark zerstört. Betrachtet man den Anteil kriegszerstörter Wohnungen von 13,5 Prozent, wird klar, woran es spätestens seit den organisierten Transporten 1946 aus der Tschechoslowakei besonders mangelte: an ausreichendem Wohnraum. Den gab es nur noch auf dem Dorf. Vorwiegend in den Häusern der Bauern. Zudem war auf dem Land die Ernährungslage günstiger als in den Städten. Wie in den übrigen Teilen Westdeutschlands auch, wurden die Flüchtlinge – so der allgemeine Sprachgebrauch der frühen Nachkriegszeit – vorwiegend in Kleinstädten und Landgemeinden untergebracht. Die ohnehin strukturschwachen Regionen wie die Oberpfalz und Niederbayern wurden so zusätzlich belastet. Eine bayerische Besonderheit war die überdurchschnittliche Belegung kleinerer Gemeinden. 1950 lebte fast die Hälfte aller Flüchtlinge in Gemeinden mit weniger als 3 000 Einwohnern.

Probleme zwischen Altbürgern und Neuankömmlingen tauchten schnell auf. In dem wertkonservativen ländlichen Milieu war man auf den Massenansturm nicht vorbereitet. Vielerorts löste die Ankunft der Fremden geradezu einen Schock aus. Obwohl seit Beginn des Bombenkrieges gegen Deutschland zwangsevakuierte Stadtbewohner in den ländlichen Regionen Schutz gesucht hatten, wirkten die Flüchtlinge und Vertriebenen wie aus einer anderen Welt. Sie wirbelten das feste

Auf dem Bahnhofsvorplatz in Hannover, 1946

Statusgefüge der Einheimischen mächtig durcheinander. Ihr Dialekt war nicht immer leicht verständlich, sie kleideten sich anders. Sitten und Gebräuche unterschieden sich – was war nur in der Küche wieder für ein Geruch?

Der Winter stand nun vor der Tür, und in der Küche durften wir uns als Flüchtlinge nicht länger aufhalten, nur soeben unser Essen zubereiten, waren aber lieber unter uns, denn wir mussten das Vergangene erst mal verkraften. (Ilse Wolter, Jahrgang 1931, aus Brandenburg)

In der Schule litten die Flüchtlingskinder nicht selten unter Hänseleien und Demütigungen der einheimischen Mitschüler. Und überhaupt: mit den »Ausländern« die Wohnung teilen? Wieso konnten die überhaupt so gut Deutsch? Die sozialen Spannungen verschärften sich erheblich.

Warum behandelten uns viele der Einheimischen wie Aussätzige? Wir brauchten damals Hilfe statt Mitleid und Akzeptanz statt Bedauern. Warum erkannten viele nicht, dass es nur ein glücklicher Zufall war, einige Kilometer weiter westlich zu wohnen? (Karl Beutner aus Schlesien)

1949 empfanden 61 Prozent der Einheimischen die Flüchtlinge und Vertriebenen als Störenfriede innerhalb ihrer Gemeinden. 40 Prozent aus wohnungsbedingten Gründen, 30 Prozent beklagten die sozioökonomischen Rivalitäten, zwölf Prozent die mentalitätsbedingten Unterschiede, zehn Prozent sahen den dörflichen Charakter ihrer Gemeinde gefährdet, und acht Prozent bemängelten Einschränkungen im gewerblichen Fremdenverkehr durch die Zwangseinweisungen. Nach repräsentativen Meinungsumfragen, die in den Ländern der amerikanischen Besatzungszone durchgeführt wurden, glaubte über die Hälfte der Altbürger darüber hinaus, dass die Zwangszuwanderer zukünftig nicht friedlich mit ihnen auskommen würden. Andererseits waren nur 60 Prozent der Vertriebenen, ein weit unterhalb des für Hessen ermittelten Werts von 73 Prozent, mit ihrer Erstaufnahme durch die örtliche Bevölkerung zufrieden.

Besonders in der ersten Phase der Aufnahme bis zu Beginn der fünfziger Jahre kam es immer wieder zu Konflikten, gleichgültig, ob in Schleswig-Holstein oder in Bayern.

Kinder bewachen das Gepäck einer Gruppe von Flüchtlingen, 1946

Dieser Bauer oder diese Bäuerin waren besonders geizig. Wenn geschlachtet wurde, fiel für uns Flüchtlinge nur ein Eimer Wurstsuppe ab. Meine Mutter wurde von der Bäuerin dann immer mit den Worten empfangen: Ja, Sie armes Schwein, ham Se schon wieder nichts! Nur allmählich lockerte sich das Verhältnis zwischen Einheimischen und Flüchtlingen auf. (Arnold Degener, Jahrgang 1935, aus Schlesien)

Nur mittels Zwangseinweisungen oder der Beschlagnahme von Wohnraum konnte die größte Not gelindert werden.

Festzuhalten bleibt dennoch, dass die Flüchtlinge und Vertriebenen in Bayern in dieser Notzeit eine durchaus verschiedenartige Aufnahme durch die Einheimischen erlebten. Sie reichte von energischer Ablehnung über bloße Duldung bis hin zu freundlicher Unterstützung. Zudem gab es Stadt-Land-Unterschiede: Die Bewohner der allerdings auch weit weniger vom Flüchtlingsstrom belasteten Großstädte entwickelten ein wesentlich größeres Problembewusstsein den Flüchtlingen gegenüber als die Bewohner kleiner Gemeinden.

Mit der großen Flüchtlingswelle des Jahres 1946 war es nicht mehr möglich, alle Neuhinzugekommenen in privaten Quartieren unterzubringen. Aus vielen der nur als Notlösung gedachten Unterkünfte entwickelten sich mehr oder weniger mittelfristig bestehende Massenlager, Wohnlager und Wohnsiedlungen.

Historischer Exkurs: Die deutsche Ostsiedlung

Im westlichen und mittleren Teil Europas setzte zu Beginn des 11. Jahrhunderts eine umfangreiche Siedlungsbewegung ein, die in unterschiedlicher Intensität bis zum Beginn des 14. Jahrhunderts anhielt. Sie hatte ihre entscheidende Ursache in dem kontinuierlichen Wachstum der Bevölkerung.

Zahlreiche Menschen suchten in dieser Zeit bessere Lebens- und Arbeitsbedingungen und wanderten in Städte ab. Ebenso ergaben sich durch die Rodung bisher unerschlossener Gebiete und der damit verbundenen Neugründung von Dörfern neue Chancen.

Mit dem nach Osten orientierten Ausbau der Marken an Elbe und Saale war die wichtigste Voraussetzung für die hochmittelalterliche deutsche Ostsiedlung geschaffen worden, sodass die Besiedlung der östlich von Elbe und Saale gelegenen Länder durch Deutsche hauptsächlich im 12. und 13. Jahrhundert stattfand.

In den jeweiligen Ansiedlungsgebieten förderten die Landesherren durch bevorzugte Siedlungsrechte den Zuzug fremder Arbeitskräfte, zum einen aus wirtschaftlichen Gründen, zum anderen auch zur Festigung des eigenen Herrschaftsbereichs. Diese Siedlungsbewegung erfasste nach und nach alle dem Deutschen Reich benachbarten Länder unter slawischer und ungarischer Herrschaft.

Die Ansiedlungen erfolgten meist in Großdörfern und dann gezielt auch im Zuge von Stadtgründungen des 13. Jahrhunderts nach deutschem (Magdeburger, Lübecker) Recht, das sowohl deutschen als auch anderen zugezogenen Stadtbürgern wirtschaftliche Privilegien einräumte.

In Polen setzte erst im 13. Jahrhundert die Masseneinwanderung deutscher Bevölkerungsteile ein, die von der Kirche, dem Adel oder den Landesfürsten gerufen wurden. In Schlesien erfolgte die Zuwanderung am frühesten und nachhaltigsten.

Der so genannte Landesausbau in Böhmen und Mähren wurde seit dem frühen 13. Jahrhundert gezielt gefördert. Besonders die um den dicht besiedelten »böhmischen Kessel« gelegenen Waldgebirge entwickelten sich zum bevorzugten Ziel der deutschen Siedlungsbewegung. Die meist aus den jeweiligen Nachbarländern der Mittelgebirge (Böhmerwald, Erzgebirge, Lausitzer Gebirge, Riesengebirge, Sudeten) stammenden Siedler machten die bis dahin unbesiedelten Regionen durch Rodung urbar und bildeten auch zahlreiche so genannte Sprachinseln.

1946 gab es in Bayern 1381 Flüchtlingslager mit 146 000 Insassen. Erst ein umfangreiches Wohnungsbauprogramm in den fünfziger Jahren ermöglichte deren Auflösung beziehungsweise Umfunktionierung in Wohnungen. Sie war 1963 abgeschlossen.

Wegen der zum Teil unhaltbaren Zustände in den Massenunterkünften gab es mancherorts Unmutsäußerungen. Im ehemaligen Konzentrationslager Dachau, das nun Flüchtlinge »beherbergte«, kam es zur berüchtigten »Dachauer Lagerrevolte« im Jahr 1948. Und dennoch: Keine der hin und wieder apokalyptisch anmutenden Vorhersagen einer Rebellion der Vertriebenen wurden Wirklichkeit.

Die Tatsache, dass 1946 zwei Drittel der Zugewanderten in kleineren ländlichen Gemeinden eine Unterkunft gefunden hatten, bedeutete in Hinblick auf eine berufliche Integration ein Problem. Die meisten der Sudetendeutschen und Schlesier hatten früher im industriell-gewerblichen Bereich gearbeitet und sollten nun bäuerliche Tätigkeiten ausführen. Abgesehen von ihrer mangelnden Qualifikation weigerten sich viele – erstaunlich oft mit Erfolg –, den Bauern bei der schweren Arbeit zu helfen: Berufsfremd eingesetzt zu werden kam für einige von ihnen nicht infrage. Der Arbeitskräftemangel auf dem Land konnte so nicht behoben werden, und sicher auch nicht die Abneigung der Alteingesessenen gegenüber den Neuen.

In Bezug auf den Beschäftigungsmarkt handelte es sich hier um eine deutliche Fehlverteilung der Flüchtlinge. Eine Korrektur ermöglichte die so genannte Binnenumsiedlung. Diese mit Hilfe staatlicher Umsiedlungsprogramme unterstützte freiwillige Migrationsbewegung sorgte im Rahmen des Länderflüchtlingsausgleichs dafür, dass aus den hauptbelasteten Aufnahmeländern Bayern, Schleswig-Holstein und Niedersachsen bis 1960 über eine Million Menschen vorwiegend nach Baden-Württemberg, Nordrhein-Westfalen und Rheinland-Pfalz umgesiedelt wurden.

Für alle Einwohner Deutschlands galt es, die Folgen des nationalsozialistischen Systems und des vom Deutschen Reich verursachten und verlorenen Zweiten Weltkrieges zu bewältigen. Alle mussten sich gemeinsam in eine neue Zeit mit neuen Aufgaben und Normen und einem neuen sozialen Gefüge eingliedern. Die Flüchtlinge und Vertriebenen mussten jedoch zusätzlich mit Heimatverlust und den teilweise traumatischen Erfahrungen während ihres Transfers umgehen und zugleich als Fremde eine neue Existenz aufbauen.

Die Vertreibung aus meiner Heimat und die schreckliche Flucht in eine neue konnte ich nie mehr aus meinem Gedächtnis verbannen ... Das Markanteste an der Vertreibung ist wohl, dass man ohne Vorfahren in dem Gebiet, in das man vertrieben wurde, sich erst mal eine Existenz der Anerkennung aufbauen muss, aber als Heimat noch lange nicht ansieht. (Renate Schadt, Jahrgang 1943, aus Schlesien)

Das Zusammenleben von Einheimischen und Neuankömmlingen entwickelte sich in Bayern – wie in den übrigen Westzonen auch – unter schwierigen Bedingungen, denn die Auswirkungen des Krieges machten einen Neuanfang für beide Gruppen notwendig. Die bittere materielle Not verminderte sich nur langsam.

Der Hunger nach dem Krieg war schlimmer als alles andere. Noch 1947, als ich bei einer Tombola ein Brot gewann, kam der Tisch in die Mitte, und wir alle aßen genüsslich das trockene Brot. (Edda Lange, geboren 1932, aus Schlesien)

Zu den nachhaltigsten Erinnerungen gehörte es, wenn wir steinharte Weißbrotreste zernagten, die einen in der kindlichen Erinnerung unvergleichlichen Geschmack hatten und die eigentlich für die Fütterung der Hühner bestimmt waren. (Edda Dunkel, Jahrgang 1940, aus Böhmen)

Wie das Problem des Schmelztiegels der Nachkriegsgesellschaft lösen? Auf jeden Fall mussten die Flüchtlinge und Vertriebenen ihr Schicksal selbst in die Hand nehmen, um sich von der Rolle eines nur passiven Objekts in der neuen Gesellschaft zu befreien.

Mit der Zeit lebte man sich ein. Die Nachrichten aus der alten Hei-

In den extremen Situationen der Nachkriegszeit mussten die Kinder schon früh Aufgaben der Erwachsenen übernehmen.

mat klangen nicht gut. Von Enteignungen, weiteren Umsiedlungen oder Vertreibungen war da zu hören, vom Zurückdrängen der deutschen Sprache. Was würde bei einer Rückkehr zum jetzigen Zeitpunkt eigentlich besser sein? Eines vor allem wurde deutlich: Ein simples Anknüpfen an die Zeit vor der Vertreibung war nicht mehr möglich, war nur noch ein Traum aus früherer Zeit. Galt es nicht, alle Kräfte und

Energien darauf zu verwenden, sich im Hier und Jetzt einzurichten? Langsam, in kleinen Schritten, rückten die Gedanken an die Heimat in den Hintergrund, und das neue Zuhause und sein Umfeld wurden zur zweiten Heimat. Auch wenn die Gefühle gespalten waren und insgesamt erhebliche Unterschiede zwischen den einzelnen Generationen und Geschlechtern zutage traten.

Auch die amerikanischen Besatzer wollten, dass die Deutschen insgesamt Eigeninitiative entwickelten, unter entsprechender Kontrolle, versteht sich: »Make the Germans do it« und nicht »Let the Ger-

Neu erstandener Besitz wird ins Lager Allach bei München transportiert; 1947

Im Flüchtlingslager »Große Allee« in Hamburg, 1947

mans do it« war ihr diesbezügliches Motto. Die Idee des »melting-pot«, des Zusammenschmelzens, prägt das amerikanische Selbstverständnis bis heute. Übertragen auf die Situation in ihrer Besatzungszone in Deutschland hieß die Leitidee demnach: ein möglichst organisches Aufgehen der Hinzugekommenen und der Einheimischen im Schmelztiegel der Nachkriegsgesellschaft. Auf keinen Fall wollten die Amerikaner ein Sonderbewusstein der Vertriebenen fördern, das möglicherweise ein neues Minderheitenproblem schaffen könnte. Mit der Bereitstellung von Wohnungen, einer Verbesserung der wirtschaftlichen und sozialen Lage sowie dem Verbot landsmannschaftlicher Vereinigungen glaubten die Besatzer, ihrem Ziel der vollständigen Angleichung beider Bevölkerungsgruppen nahe zu kommen.

Die materielle Situation der Flüchtlinge und Vertriebenen verbesserte sich: Währungsreform, die Gründung der Bundesrepublik und der Lastenausgleich schufen langfristig Rahmenbedingungen, die ein wirtschaftliches Fortkommen ermöglichten. Viele Flüchtlinge zogen vom Land in die Stadt, die Einheimischen akzeptierten mehr und mehr ihre neuen Mitbürger. Die Fremden waren jetzt andere: Die Ausländer, »Gastarbeiter«, übernahmen seit Mitte der fünfziger Jahre die Rolle des Unbekannten, Anderen und auch Unerwünschten.

Keine einfache Erfolgsgeschichte. Zur Nachkriegsidentität

Vom »Wunder der Integration« ist in der Bundesrepublik viel gesprochen worden. Zu Recht wurde dabei seit den sechziger Jahren die Leistung betont, der Millionenschar von Neuankömmlingen die Möglichkeit gegeben zu haben, in der bundesrepublikanischen Gesellschaft wirtschaftlich und sozial erfolgreich Fuß zu fassen. Ein genauerer Blick auf Lebensgeschichten von Flüchtlingen und Vertriebenen offenbart jedoch gravierende Unterschiede dieses Erfolgs. Vor allem der Blick auf die verschiedenen Generationen und Geschlechter belegt eindrucksvoll, wie differenziert Integration erlebt und bewältigt worden ist – oder auch nicht.

Der Einfluss geschichtlicher Ereignisse auf die konkrete Biographie war durch den Zweiten Weltkrieg und die anschließende Vertreibung enorm groß. Für alle Betroffenen. Der Verlust von Heimat, Habe und oft auch der nächsten Angehörigen und Freunde bedeutete einen harten Bruch in der Lebensgeschichte. Die nachhaltigen Prägungen der Einzelnen sind bis heute nachspürbar. Sie waren im Besonderen vom Alter bei der Vertreibung abhängig.

Für die Ältesten war der Einschnitt am härtesten. Flucht und Vertreibung stellten eine enorme Strapaze dar. Allein die körperlichen

Im Flüchtlingslager Bothfeld bei Hannover

Von ihrem Hof vertriebene ungarndeutsche Bauern in einem Auffanglager in Ulm, 1947

Belastungen der zum Teil wochenlangen Zwangswanderung überforderten sie. Nach der Ankunft im Westen fanden die Probleme für die Generation der über Sechzigjährigen kein Ende. Es waren nicht nur Probleme der Art, wie sie alle übrigen Vertriebenen betrafen. Sie litten vor allem unter der Trennung von der Heimat. Dort hatten sie den Großteil ihres Lebens verbracht: Kindheit, Schule, die Gründung der eigenen Familie, das gesamte Berufsleben. Die Unterschiede in der Sprache, Kultur und auch der Mentalität zur neuen Gesellschaft empfanden die meisten in einer ersten Reaktion als unüberwindbare Hindernisse. Wie sollte, wie konnte die neue Umgebung das Verlorene ersetzen? Eine Vorstellung, die vielen unmöglich erschien.

Mein Vater hat den so genannten Rausschmiss nie verwunden, meine Mutter hatte mit der Vergangenheit abgeschlossen und war da wesentlich sachlicher. Über unserer Kindheit und Jugend lag aber immer die tragische Stimmung meines Vaters und die zwar gerührt zurückschauende, aber doch sehr optimistische und fröhliche Stimmung meiner Mutter – beide aber voll ihrer Heimat bis ans Lebensende. (Eva Maria Hahn, Jahrgang 1939, aus Böhmen)

Mit dem Verlust der bisher so vertrauten Lebensgemeinschaften und des Besitzes schwand zudem die Aussicht auf eine relativ gut abgesicherte Existenz im Alter. Der offenbare soziale Abstieg dieser Gruppe konnte aus eigener Kraft kaum noch ausgeglichen werden. Das war auch in der sowjetisch besetzten Zone (SBZ) beziehungsweise der DDR nicht anders.

Für viele ältere Menschen gab es keinen Neuanfang mehr. Den 2. verbrecherischen Krieg in ihrem Leben hatten sie zwar überlebt, aber mit ihrer Heimat verloren sie auch ihr erarbeitetes Eigentum und Lebensglück. So ging es auch meinen Eltern. Moralisch vernichtend wirkte noch die Tatsache, dass sie aus einer landschaftlich reizvollen, wirtschaftlich und kulturell hoch entwickelten Gegend in einen der damals rückständigsten deutschen Landstriche nach Ur-Mecklenburg umgesiedelt wur-

Die Familien satt zu bekommen war in den ersten Jahren nach dem Krieg die größte Sorge; jede Gelegenheit wurde genutzt, sich zusätzlich Lebensmittel zu verschaffen.

Notunterkunft einer siebenköpfigen Familie am Stadtrand von Düsseldorf, 1949

den ... Sie [die Mutter des Erzählers – KEF] sprach nie mehr viel über dieses traurigste Kapitel ihres Lebens. (Josef Schubert aus Schlesien)

In der unmittelbaren Nachkriegszeit blieb die emotionale Bindung an die Heimat im Vordergrund, konnten die erst kurz zurückliegenden schmerzvollen Ereignisse nicht bewältigt werden. Das Gefühl einer neuen Heimat stellte sich nicht mehr ein, zumal die sozialen Kontakte vorwiegend auf den engsten Familienkreis beschränkt blieben. Die Einheimischen der neuen Umgebung spielten keine große Rolle im täglichen Leben dieser Vertriebenen. In den Zeiten wirtschaftlicher und sozialer Isolation wurde die Unterstützung durch die eigenen Kinder immer wichtiger.

Das geistige Leben speiste sich vorrangig aus Erinnerungen, der Blick in die Zukunft zeigte sich manchmal verdüstert, manchmal gleichgültig.

Weißt, das ist, wenn man so allein ist in einer weiten Fremde, da betrifft einen alles sehr schwer ... Weißt, die wollen keinem Flüchtling eine Stelle geben, die wollen, dass alle in Kohle gehen oder mit Schaufel ...

Historischer Exkurs: Westpreußen

Das seit dem 15. Jahrhundert polnische »königliche Preußen« war von 1772 (der Ersten Polnischen Teilung) bis 1824 und von 1878 bis nach dem Ersten Weltkrieg preußische Provinz. In der Zwischenzeit bildete sie zusammen mit Ostpreußen die Provinz Preußen.

Mit den im Januar 1920 in Kraft getretenen Bestimmungen des Versailler Vertrages hat die Provinz Westpreußen zu bestehen aufgehört. Der größte Teil Westpreußens fiel als »Polnischer Korridor« an den neu entstandenen Staat Polen, der sich damit einen Zugang zur Ostsee sicherte. Der Ruf nach Revision dieser Gebietsverluste spielte eine zentrale Rolle in der deutschen Öffentlichkeit der zwanziger und dreißiger Jahre. Die westpreußischen Gebiete westlich des Korridors wurden mit den Resten Posens zur Provinz Grenzmark Posen-Westpreußen zusammengefasst, die sich östlich des Korridors befindlichen Kreise wurden – zum Teil erst nach der Volksabstimmung vom 11. Juli 1920 – Ostpreußen angegliedert.

Die Deutschen, der Volkszählung von 1905 nach mit 65 Prozent der 1,7 Millionen Einwohner die größte Bevölkerungsgruppe vor den Polen (28 %) und Kaschuben (6 %), wurden zwar nicht vertrieben, trotzdem wanderten viele von ihnen in Richtung Westen. Ihre Beweggründe, die Heimat zu verlassen, waren sowohl ökonomischer als auch politischer Natur. Seit der Gründung des Deutschen Reiches 1871 hatten sich die Spannungen zwischen der deutschen und der polnischen Bevölkerung verschärft: Die auf Assimilation der Minderheiten zielende Nationalitätenpolitik des preußischen Gesamtstaates hatte eine national motivierte Gegenbewegung der Polen geradezu herausgefordert.

Ach, wie unglücklich ich bin ... Wenn nur schon das Frühjahr werden wollte. (Brief von Emma Halle vom 28. Januar aus Lichtenhain)

Sehnsucht nach der Heimat und Hoffnung auf eine Rückkehr ließen besonders die Alten nicht mehr los: Dort war ihr Zuhause, nicht im Hier der Aufnahmeregion. Betrachtet man die wirtschaftliche, kör-

perliche und emotionale Verfassung der Vertriebenen, so müssen in erster Linie die Alten als die »Opfergeneration« bezeichnet werden.

Auch die über Dreißigjährigen hatten schwer an den Erlebnissen und Folgen von Flucht und Vertreibung zu tragen. Die Männer mussten die Kriegserfahrungen verarbeiten, die Frauen hatten während des Krieges, der Vertreibung und auch in der ersten Anfangszeit als Alleinverantwortliche für die Familien Mühsal und Entbehrung auf sich nehmen müssen. Einst erarbeitete Existenzgrundlagen waren nun nicht mehr vorhanden. Es bestand also die Notwendigkeit, sich ein zweites Mal als Erwachsener zu etablieren.

Schließlich haben wir in unserer Not alles verdrängen müssen, um einigermaßen Kraft für den Neuanfang zu haben. (Gisela Retter, Jahrgang 1924, aus Schlesien)

Es galt, den Neuanfang zu bewältigen. Ein Neuanfang, der beruflich oft mit einer völlig neuen Tätigkeit verbunden war und auch privat unerwartete Schwierigkeiten mit sich brachte. Verheiratete mussten sich nach den langen Trennungen oft neu kennen lernen; zuviel war in der Zwischenzeit passiert, zu sehr hatte sich der Einzelne oft verändert, um als Familie und in der Partnerschaft einfach da anfangen zu können, wo man vor dem Krieg, vor der Vertreibung aufgehört hatte. Ganz zu schweigen von den Problemen, die bewältigt werden mussten, wenn einer der Partner umgekommen war.

Das entscheidende Plus dieser mittleren Generation gegenüber ihren Eltern war die zwar beeinträchtigte, aber grundsätzlich vorhandene Lebenskraft. Der unbedingte Wille, es in den Notzeiten noch einmal zu schaffen: für sich, die Eltern und für die Kinder. Als psychologisch wichtigstes Moment kristallisierte sich in diesem Zusammenhang das Gefühl der Verantwortung heraus. Sich um andere zu kümmern half dabei, die teilweise traumatischen Erlebnisse in den Hintergrund treten zu lassen.

Die Erlebnisse der schrecklichen Flucht und Vertreibung, die Demütigungen, die laufenden Anpassungen und neuen Existenzgründungen haben mein ganzes Leben beeinflusst. Angst, Not und Willkür spiegeln sich noch heute in Träumen wider. (Rosemarie Mietsch, Jahrgang 1929, aus Pommern)

Für sie war es viel wichtiger als für ihre Eltern, sich der Aufnahmegesellschaft zu öffnen und nicht in Erinnerungen zu verharren. Wer beruflich wie privat erfolgreich sein wollte, musste anderen möglichst aufgeschlossen gegenübertreten. Obwohl man sich der Heimat stark verbunden fühlte, war man gezwungen, sich in die neuen Verhältnisse aktiv einzubringen, um die eigene Zukunft selbst gestalten zu können. Kennzeichnend für diese Gruppe war also die Herausbildung einer »doppelten Identität«: in zwei verschiedenen Welten zu leben, die sich nicht automatisch ergänzten. Dies brachte aber auch Probleme mit sich: Wo war denn nun das Zuhause, in welcher Heimat lebte man? Der ersten, der zweiten oder in keiner mehr?

Auch Kinder und Jugendliche hatten mit dem Bruch in ihrer Biographie zu kämpfen, selbst wenn es zunächst nicht so schien. Die Jugendgeneration befand sich in der Phase des langsamen Übergangs zum Erwachsenenalter. Eine Zeit, in der man sich abnabelt von den Eltern, den Umgang mit Sexualität erfährt, die erste Liebe und – bewusst oder unbewusst – auf der Suche nach der Rolle in der Welt der Erwachsenen ist. In dieser Selbstfindungsphase hatten die Jugendlichen Gewalt und Bedrohung erfahren müssen.

Mit acht Jahren habe ich aufgehört, ein Kind zu sein. Die Erlebnisse haben tiefe Spuren in mir hinterlassen. Schlaflose Nächte, Depressionen, oft fahre ich im Schlaf hoch. Ich hatte Angst, nur Angst. Ein fröhliches Kinderlachen hatte ich seit diesen Ereignissen nicht mehr. Oft konnte ich, wenn ich lachen wollte, nur meinen Mund verziehen. (Erna Renklin, Jahrgang 1937, aus Schlesien)

Die Jugend endete abrupt. Zumindest das Gefühl, keine richtige Jugend gehabt zu haben, findet man bei vielen Angehörigen dieser Generation.

... dass ich gegen niemanden Hassgefühle empfinde. Es war eben damals so gekommen, und was übrig geblieben ist, ist Trauer und manchmal das Gefühl, dass man um seine Kindheit und Jugend gebracht worden ist. (Christel Adamski, Jahrgang 1934, aus Schlesien)

Das frühe Erwachsenwerden konnte schnell zu Konflikten innerhalb der Familien führen, wenn das Gefühl der Einengung im Überlebenskampf der frühen Nachkriegszeit hinzutrat. Machte die Notzeit ein Zusammenrücken aller grundsätzlich notwendig, versuchten doch einige, der Enge zu entfliehen und schneller als üblich selbständig zu werden.

In der neuen Gesellschaft aus Einheimischen und Neubürgern hatten die Jugendlichen es grundsätzlich etwas leichter. Dauerhafte und bedrohliche Probleme gab es viel weniger als bei den älteren von der Vertreibung betroffenen Personen.

Im Kampf ums Überleben waren die Frauen in den Nachkriegsjahren meist auf sich allein gestellt.

Als 18-jähriger hatte man es einfacher, einen neuen Abschnitt im Leben zu beginnen. Man begann von null. Das Wichtigste war vorerst einmal zu überleben. (Edvard Pröckl, Jahrgang 1928, aus Böhmen)

Die Verwurzelung in der alten Heimat war wesentlich schwächer, sodass sich bei ihnen das Gefühl einer neuen Heimat im Laufe der Jahre stärker durchsetzen konnte.

Wie hinter einem Schleier erlebten viele Kinder die Vorgänge bei Flucht und Vertreibung. Sie – die völlig Schutzlosen – sahen zwar die Geschehnisse der Zeit, konnten sie aber weder begreifen noch einordnen.

Als Kind erlebt man ungefälschte Emotionen, sie hinterlassen Traumen, von denen man ein ganzes Leben nicht mehr loskommt. (Christa Heidrich, Jahrgang 1936, aus Schlesien)

Um diesen Schleier zu heben, bedurfte es in den meisten Fällen einer systematischen Spurensuche, die häufig erst gegen Ende eines Lebens stattfindet.

Auch die Kinder und Jugendlichen mussten den Umsturz aller während der NS-Zeit anerzogenen Werte vollziehen.

Vielen unter den damals Jugendlichen, die im 3. Reich aufgewachsen waren, wie auch mir, war diese Zeit noch zu nah, in der wir unsere Lieder gesungen hatten. So schnell konnten wir uns nicht umstellen, und wir konnten auch nur schwer verstehen, dass wir letztlich unser Elend und die verlorene Heimat, vor allem aber die vielen Gefallenen eben dieser Führung zu »verdanken« hatten ... Wir wollten nie wieder an etwas glauben, vertrauen. (Cordula Inge Bertram, Jahrgang 1923, aus Schlesien)

Nach der Ankunft in dem neuen Zuhause gelang es dieser Gruppe dennoch am schnellsten und eindrucksvollsten, den Anschluss und die Anbindung an die neue Zeit und Gesellschaft zu finden. Sie lernte bald die Bedeutung einer guten Ausbildung kennen und profitierte am stärksten von der Überwindung der ersten Notzeit.

Ablesbar ist die Öffnung zum Aufnahmeland unter anderem am Heiratsverhalten: Während die 1945 über Dreißigjährigen fast ausschließlich Partner unter den Vertriebenen suchten und fanden, be-

Oft lebten die Flüchtlingskinder jahrelang in Notunterkünften auf engstem Raum; Berlin 1951

stand der »Heiratsmarkt« für die Kindergeneration später überwiegend aus Einheimischen beziehungsweise Nicht-Vertriebenen. Im Verhältnis zu den anderen Gruppen waren die Kinder, rückblickend betrachtet, die Meistbegünstigten.

Nicht nur der Blick auf die verschiedenen Generationen relativiert die Erfolgsgeschichte der Integration der Vertriebenen. Bei der Betrachtung der beruflichen und sozialen Eingliederung fällt auf, dass unter den Vertriebenen der Anteil der Selbständigen rapide zurückging. Im Vergleich zur Bevölkerung Bayerns waren die Vertriebenen vor dem Krieg in ihrer Heimat nicht nur stärker in Angestellten- und Facharbeiterpositionen vertreten, es gab auch mehr Selbständige un-

Familienfest im Lager Wagenried bei Dachau, 1954. Besonders die Vertriebenenfamilien mit vielen Kindern fanden nur schwer ein neues Zuhause.

ter ihnen. Dass ihr Anteil nun zurückging, resultierte vor allem aus der extremen Reduzierung der selbständigen Landwirte. Anders als in Polen und im Einflussbereich der Sowjets im Ostteil Deutschlands wurde der Boden nicht verstaatlicht und an Landwirte neu aufgeteilt: Die Vertriebenen als die Besitzlosen gingen in Bayern also leer aus.

Da kein Hof oder Betrieb des Mannes mehr vorhanden war, gab es für viele Frauen, die zuvor als mithelfende Familienangehörige mit wichtigen Aufgaben betraut waren und Verantwortung getragen hatten, keine berufliche Tätigkeit mehr. Und so standen wie die Männer auch die Frauen unter den Neuhinzugekommenen vor dem Problem, sich neuen Beschäftigungsformen zuzuwenden. Gelang dies vor allem den Jüngeren, so blieb den Frauen über vierzig bis an ihr Le-

Matratzen, von den Amerikanern für Vertriebenenfamilien in einem Lager bei Geretsried in Bayern gespendet, 1948

Umzug vom Lager in die erste eigene Wohnung in Geretsried, 1950

bensende meist nur noch ein Dasein als Hausfrau. Besonders ältere vertriebene Frauen waren in einem Land, das einem massiven Strukturwandel unterlag, beruflich benachteiligt.

Sonderfall Neugablonz. Die importierte Industrialisierung

Ein Bunker in Waldkraiburg wird zur Wohnung ausgebaut, 1952. Waldkraiburg entstand, wie auch andere Orte, auf ehemaligen Wehrmachtsgeländen.

»Mit Laptop und Lederhose«. So lautet die gegenwärtige, gefällige Beschreibung des bayerischen Selbstverständnisses: einerseits traditionsorientiert und das regionale Brauchtum pflegend, andererseits modern und weltoffen. Es wäre zu gewagt, die Vertriebenen, also vornehmlich die Sudetendeutschen und Schlesier als Urheber dieser positiven Mixtur anzusehen. Aber es gibt gute Gründe, ihre Rolle bei dem Wandel Bayerns vom Agrar- zum Industriestaat deutlich hervorzuheben. Auch dem kulturellen Brauchtum in Bayern haben sie eine eigene Note hinzugefügt, deren sich der Freistaat heute rühmt.

Neubürgern wie auch Politikern war klar, dass einer möglichst schnellen Eingliederung der Vertriebenen in den Arbeitsprozess aus existenziellen Gründen der Vorzug gegeben werden

Siedlung bei Geretsried zwischen gesprengten Gebäuden des ehemaligen Rüstungswerks, mit staatlicher Förderung und hoher Eigenleistung entstanden

müsste. Langsam verbesserten sich auch die Verhältnisse. Der wirtschaftliche Kreislauf Bayerns stabilisierte sich in den fünfziger Jahren. Basis dafür war vor allem ein spezifisches Merkmal der sich verändernden Wirtschaftsstruktur: die Reanimation oder Neugründung von Industriezweigen, die zumindest am jeweiligen Standort bis dahin unbekannt waren. Entstanden waren sie durch den Einfluss der Flüchtlinge und Vertriebenen.

Die ersten dieser Industrieansiedlungen, auch als Flüchtlings- oder Vertriebenenindustrien bezeichnet, wurden amerikanischerseits durch die Erlaubnis ermöglicht, auf ehemaligen Wehrmachtsgeländen, Flugplätzen oder Sprengstofffabriken gewerblich tätig zu werden. Die meisten dieser Industrien hatten ihre Wurzeln im Sudetenland, dessen wirtschaftliche Struktur vorwiegend konsumgüterorientiert war: Glas-, Schmuck- und Musikinstrumentenerzeugung zum Beispiel. Nachteilige Standortsituationen auf den oft abgelegenen Arealen konnten durch die günstigen Produktionsbedingungen wieder aufgehoben werden. Außerdem waren die zumeist arbeitsintensiven Tätigkeiten mit einem relativ geringen Kapitalbedarf zu bewerkstelligen, was das Problem der Kapitalbeschaffung zumindest linderte.

Glasbläser in der Waldkraiburger Glashütte, die von Sudetendeutschen in dem bayerischen Ort aufgebaut wurde, 1955

Historischer Exkurs: Pommern

Pommern, »Land am Meer«. So nannten die slawischen Einwanderer den von ihnen im sechsten und zu Beginn des siebten Jahrhunderts besiedelten Teil östlich der Odermündung. In das Stettiner Haff fließend, bildet die Oder eine direkte Verbindung zur Ostsee mit den drei vorgelagerten Inseln Rügen, Usedom und Wollin.

Nach dem Ende des Dreißigjährigen Krieges, im Westfälischen Frieden von 1648, erhielt Brandenburgs Großer Kurfürst das Gebiet östlich der Oder (Hinterpommern) zugesprochen. Stettin, das Gebiet westlich der Oder (Vorpommern), Usedom, Wollin und Rügen fielen an Schweden. Im Stockholmer Frieden 1720 gewann das Königreich Preußen einige Gebiete westlich der Oder hinzu, bis es schließlich aufgrund der Beschlüsse des Wiener Kongresses 1815 alle pommerschen Gebiete unter seiner Herrschaft vereinigen konnte. Bis zum Ende des Ersten Weltkrieges verblieb Pommern als Provinz bei Preußen. Ende des 19. Jahrhunderts war es unter der fast ausschließlich deutschsprachigen, evangelischen Bevölkerung zu einer großen Abwanderungsbewegung gekommen – sowohl nach Übersee als auch innerhalb des Deutschen Reiches. 1925 lebten in Pommern lediglich 1,9 Millionen Menschen.

Nach dem Ende des Ersten Weltkrieges musste Pommern Teile seines Gebiets an Polen abtreten, erhielt aber auch Reste der aufgelösten Provinz Westpreußen. Ein Viertel seiner bisherigen Fläche von etwa 30 000 Quadratkilometern bekam die Provinz durch die Auflösung der Provinz Grenzmark Posen-Westpreußen infolge der 1938 durchgeführten nationalsozialistischen Gebietsreform dann wieder hinzu – bis nach dem Zweiten Weltkrieg Land und Provinz Pommern aufhörten zu existieren.

Im Vergleich zum westdeutschen Durchschnitt wird der hohe Anteil der Flüchtlinge und Vertriebenen am wirtschaftlichen Neuaufbau Bayerns deutlich. Bereits Ende 1951 waren rund 32 Prozent aller westdeutschen Flüchtlings- und Vertriebenenindustrien in Bayern angesiedelt.

Die Entwicklung der Flüchtlings- oder Vertriebenenindustrien

verlief aber keineswegs störungsfrei. Zum einen waren die Existenzneugründungen anfangs finanziell gefährdet, da kein Eigenkapital vorhanden war. Fremdfinanzierung hieß das Stichwort der Stunde: Mittels staatsverbürgter Kreditierung – den so genannten Flüchtlingsproduktivkrediten – und der Unterstützung im Rahmen des Marshallplanes konnte dieses unternehmerische Risiko zumindest minimiert werden.

Zum anderen hatte die Währungsreform 1948 das Konsumverhalten der Bevölkerung fast von einem Tag auf den anderen verändert. Die exportorientierten sudetendeutschen Industrien wurden zugunsten lebenswichtiger Güter zurückgedrängt. Gerade in dieser Phase bildeten die Investitionshilfen des bayerischen Staates die entscheidende Voraussetzung für das Überleben der neu entstandenen Betriebe: Mit Hilfe des Soforthilfegesetzes (SHG) 1949, dem anschließenden Lastenausgleichsgesetz (LAG) 1952 und dem Beweissicherungs- und Feststellungsgesetz wurden sowohl Privatpersonen als auch Gewerbetreibende effektiv gefördert. Von den insgesamt 18 Milliarden Mark, die auf diese Weise zwischen 1949 und 1973 in Bayern aufgewendet wurden, entfielen auf die Flüchtlinge und Vertriebenen 70 Prozent, auf die SBZ-Flüchtlinge drei Prozent und auf die Kriegs-

In der Plassenburg bei Kulmbach untergebrachte Flüchtlingsfamilien beantragen neue Wohnungen; 1951

sachgeschädigten 20 Prozent. So konnte zumindest die dringendste Not unter anderem in Form von Entschädigungen für Hausrat, die Gewährung von Existenzgründungsdarlehen und Ausbildungsbeihilfen gelindert werden. Der Hinweis darauf, dass im Bundesdurchschnitt nur 22 Prozent der Vermögensverluste der Vertriebenen wieder ausgeglichen wurden, zeigt, dass für die Vertriebenen die Bedeutung des Lastenausgleichs auch im psychologischen Bereich lag: Sie fühlten sich nicht allein gelassen mit ihren wirtschaftlichen Sorgen.

Neben dem Dienstleistungssektor waren es besonders Industrie und Handwerk, die den Neuhinzugekommenen gute Erwerbschancen boten. Die hohe Quote von Flüchtlingen und Vertriebenen gerade in den ihnen vertrauten Bereichen – Textil-, Bekleidungs- und chemische Industrie, Glasindustrie und Ledererzeugung – belegt den qualifizierten Zustrom von Arbeitskräften, der die rohstoffarme bayerische Volkswirtschaft nachhaltig positiv veränderte. Diese Einschätzung korrespondiert mit der Situation der gesamten Bundesrepublik: Der massive Bevölkerungszuwachs erforderte und förderte eine Beschleunigung und Intensivierung der Industrialisierung.

Im direkten Zusammenhang mit der Neugründung von so genannten Flüchtlingsindustrien entstanden Vertriebenenansiedlungen, zum Teil ebenfalls Neugründungen: Neugablonz, Neuwildflecken, Waldkraiburg, Geretsried, Traunreut, Moosburg, Weidenberg, Ebenhausen, Warmensteinach, Piding, Neutraubling, Bubenreuth, Vohen-

Plakatanschläge für das Soforthilfeprogramm, das ab 1949 als Vorläufer des Lastenausgleichsgesetzes den Flüchtlingen Aufbauhilfe ermöglichte

Luftaufnahme von Neugablonz, das von Sudetendeutschen aus Gablonz gegründet wurde

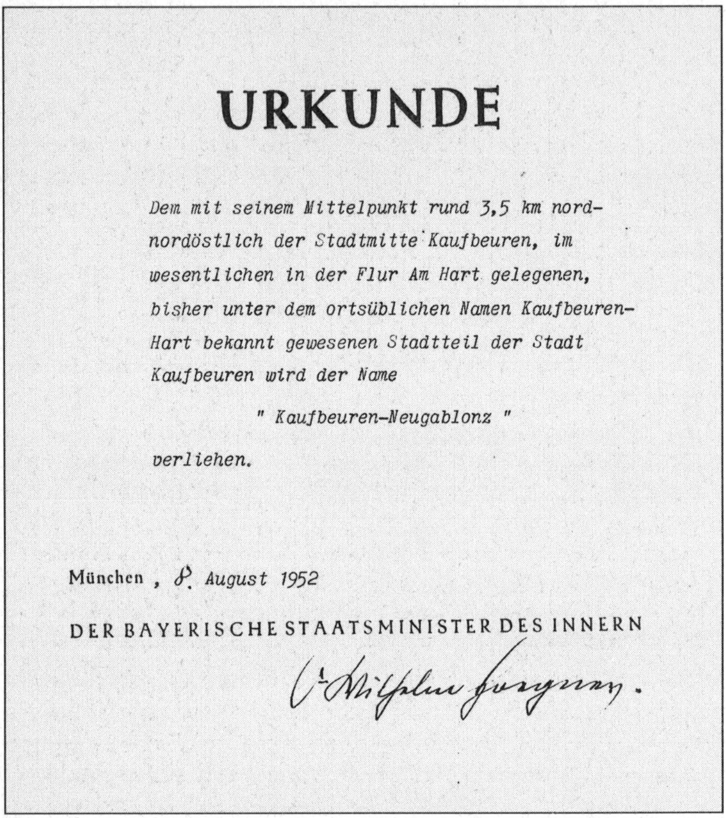

URKUNDE

Dem mit seinem Mittelpunkt rund 3,5 km nord-
nordöstlich der Stadtmitte Kaufbeuren, im
wesentlichen in der Flur Am Hart gelegenen,
bisher unter dem ortsüblichen Namen Kaufbeuren-
Hart bekannt gewesenen Stadtteil der Stadt
Kaufbeuren wird der Name

" Kaufbeuren-Neugablonz "

verliehen.

München , 8. August 1952

DER BAYERISCHE STAATSMINISTER DES INNERN

Mit dieser Urkunde wurde dem von den Sudetendeutschen gegründeten Ortsteil von Kaufbeuren der Name Neugablonz verliehen; 1952

strauß und Pentenried. Diese Siedlungen stießen auf ein großes Interesse in der Öffentlichkeit. Bei der Erhebung von Waldkraiburg und Geretsried zu den ersten selbständigen Flüchtlingsgemeinden in Bayern 1950 wurde in zahlreichen Medien die Aufbauleistung der Vertriebenen hervorgehoben.

Eine besondere Stellung nahm die Siedlung Neugablonz ein. Die Vorsilbe »Neu« verweist auf den Charakter einer Neu- oder Wiedergründung. Gablonz an der Neiße in Nordböhmen war aufgrund des Münchner Abkommens 1938 an das Deutsche Reich gekommen. Im

Juni 1945 begann dort die Vertreibung. Ungefähr 18 000 Gablonzer fanden nach dem Krieg in der Stadt Kaufbeuren und weiteren Gemeinden im Ostallgäu ein neues Zuhause. Meist waren sie nicht mit organisierten Transporten gekommen, sondern einzeln, in Trecks oder zu Fuß. Man hatte von dem Projekt einer geschlossenen Ansiedlung gehört und strebte der Ersatzheimat Neugablonz zu. Im neuen Stadtteil Kaufbeurens bauten sich die meisten von ihnen eine neue Zukunft auf.

»Aus wilder Wurzel«. Auf diese Formel wird die Gründungsgeschichte vieler Vertriebenensiedlungen in der Rückschau der Betroffenen gerne gebracht. Die Wurzel bestand in Kaufbeuren aus einer Dynamitfabrik. Das 300 Hektar große Rüstungsgelände war von den Amerikanern im November 1945 größtenteils gesprengt worden. Nur das Straßennetz und die Kanalisation waren noch weitgehend intakt. Der Sudetendeutsche Erich Huschka hatte bereits im Sommer 1945 eine Vision: Das alte Gelände sollte zu einer zentralen Flüchtlingsansiedlung der Gablonzer werden, zu einer ganz speziellen. Die über das Sudetenland hinaus berühmte Gablonzer Glas- und Schmuckwarenindustrie wollte Huschka mit Hilfe der einst dort beschäftigten Deutschen hier neu errichten. Die Vision wurde letztlich Wirklichkeit – wenn auch gegen vielerlei Widerstände.

Da waren zuerst einmal die Einheimischen. Vertraulichen Stimmungsberichten der Amerikaner zufolge standen sie einem gelenkten Zustrom ansiedlungswilliger Sudetendeutscher misstrauisch gegenüber. Auch die Amerikaner hatten erhebliche Bedenken: Eine geschlossene Ansiedlung von Vertriebenen widersprach ihrer Politik des nahtlosen Aufgehens beider Bevölkerungsteile. Der Alliierte Kontrollrat in Berlin meldete, dass er Zusammenschlüsse von Vertriebenen grundsätzlich ablehne. Einzelinitiativen der Betroffenen, wie die von Erich Huschka, duldeten die Amerikaner nicht.

Lange Zeit blieb das Projekt ernsthaft gefährdet, da auch innerhalb der bayerischen Regierung und Verwaltung aus verschiedenen Gründen breite Skepsis herrschte. Huschka und seine Mitarbeiter gaben aber nicht auf. In Aufrufen, Denkschriften und zahlreichen Gesprächen versuchten sie für ihre Vision Anhänger zu finden. Nicht nur das: Sie gingen pragmatisch vor und versuchten, ansiedlungswillige Gablonzer nach Kaufbeuren zu leiten, allen Widerständen zum Trotz. Im Mai 1946 lebten bereits 2000 Gablonzer im Landkreis Kaufbeuren.

Die Hartnäckigkeit zahlte sich aus. Entgegen allen Bedenken von politischer Seite – man befürchtete ernsthafte Auseinandersetzungen mit der Tschechoslowakei – konnte die unter anderem von Huschka gegründete »Aufbau-und Siedlungs-Gesellschaft« einen Pachtvertrag für das ehemalige Rüstungsgelände unter Kontrolle der Besatzungsmacht abschließen. Nur kurze Zeit später teilten die zuständigen amerikanischen Stellen zwar mit, dass der Vertrag nicht mehr gültig sei, doch das war jetzt egal. Die Vertriebenen hatten ihr Schicksal an dieser Stelle selbst in die Hand genommen und Fakten geschaffen: 1947 zählte Neugablonz bereits 92 Betriebe mit 811 Beschäftigten.

Nicht nur in Kaufbeuren, auch im Raum Bayreuth, Schwäbisch-Gmünd, Oberursel, Trappenkamp, Gotha und Enns in Österreich finden sich Zentren einstiger Gablonzer Industrien.

Die Währungsreform in den Westzonen Deutschlands 1948 bedeutete einen tiefen Einschnitt. Die sich bis dahin rasch entwickelnden Flüchtlingsindustrien standen vor einem großen Problem: Der Geld-

Glasschleifer aus Neugablonz

Werbeprospekt für den industriellen Standort Neugablonz, veröffentlicht in London mit der Erklärung: »Die Stadt, die den Eisernen Vorhang durchbrach«

überhang war verschwunden, die Gablonzer Glas- und Schmuckwaren über Nacht wertlos geworden, da der Markt jetzt Verbrauchsgüter forderte. Von den insgesamt 6 000 Beschäftigten in den Westzonen waren 4 500 arbeitslos. Nur staatliche Kredite konnten jetzt weiterhelfen. Die bis Ende der fünfziger Jahre aufgewendeten fast 23 Millionen Mark aus verschiedenen öffentlichen Kreditprogrammen retteten die Industrien schließlich. Der nach der Wirtschaftskrise einsetzende Aufschwung hielt in Neugablonz bis in die siebziger Jahre an, der Umsatz und Exportanteil konnten in diesem Abschnitt ständig vergrößert werden.

Heutzutage kämpft auch die exportorientierte Neugablonzer Industrie mit den Chancen und Schwierigkeiten der wirtschaftlichen Globalisierung. Der Strukturwandel hat darüber hinaus die traditionell arbeitsintensive, kleinteilige und monoindustrielle Produktion verändert. Menschen wurden durch Maschinen ersetzt.

Die Hälfte der früheren Bevölkerung von Gablonz hat sich in Neugablonz niedergelassen. Ein besonderer und fast einmaliger Fall der Neugründung einer Stadt aus dem Sudetenland im Exil, der gegen alle Widerstände als erfolgreiche Eigeninitiative zu verbuchen ist. Kann man die Entstehung und Entwicklung von Neugablonz als Musterbeispiel einer gelungenen Integration werten? Die Frage lässt sich nur schwer beantworten. Spiegelte das räumliche Nebeneinander von Kaufbeuren und Neugablonz auch ein gesellschaftliches Nebeneinander? Neben Ansätzen gelungenen sozialen Miteinanders dürfen Konflikte zwischen Bayern und Sudetendeutschen nicht verschwiegen werden. Wurden aus Gablonzern Neugablonzer?

Die erste Gastwirtschaft in Neugablonz trug den Namen »Zur Wahrheit«. Ein ungewöhnlicher Name für einen Schankbetrieb. Ob damit die Voraussetzung der schwierigen Suche nach Identität zwischen zwei Heimaten beschrieben werden sollte?

Zwischen Rückkehr und Alltag. Die Politisierung der Vertriebenenfrage

Die Rückkehrbereitschaft der Sudetendeutschen in Bayern war unter dem konkreten Eindruck der Vertreibung verständlicherweise sehr stark ausgeprägt. Eine 1949 vom Bayerischen Statistischen Landesamt durchgeführte Repräsentativerhebung ergab, dass die Rückkehr in die Heimat mit großem Abstand an erster Stelle der Wünsche der Vertriebenen und Flüchtlinge zur Behebung der Flüchtlingsnot rangierte (43,1 Prozent aller Nennungen). Die Sudetendeutschen lagen mit 47,6 Prozent noch über diesem Durchschnittswert. Wie weitere Befragungen zwischen Ende der fünfziger und zu Beginn der sechziger Jahre für das gesamte Bundesgebiet zeigen, nahm die immer hypothetisch zu wertende Rückkehrbereitschaft dann langsam, aber stetig ab. Wer wollte schon unter den gegebenen politischen und gesellschaftlichen Bedingungen in der Tschechoslowakei wirklich zurück? Bemerkenswert auch hier, dass sie bei den Sudetendeutschen schneller zurückging als bei den übrigen Vertriebenen, ein Trend, der sich noch Mitte der achtziger Jahre in der Bundesrepublik belegen lässt: Die Sudetendeutschen wiesen eine geringere Rückkehrorientierung auf als andere Vertriebenengruppen. 90 Prozent der Sudetendeutschen, nur 80 Prozent der vertriebenen Deutschen aus den Gebieten östlich der Oder und Neiße und lediglich 64 Prozent der restlichen Zuwanderer gaben zudem an, »in jeder Hinsicht voll anerkannte Mitglieder« ihrer Aufnahmegesellschaft in der Bundesrepublik zu sein.

Für Bayern ergibt sich dabei nun ein außergewöhnliches Ergebnis: Während die Rückkehrorientierung mit 41 Prozent deutlich unter dem Bundesdurchschnitt von 55 Prozent liegt, fühlen sich die Vertriebenen dort mit 66 Prozent im Vergleich zu den übrigen Bundesländern (Durchschnitt 80 Prozent) auffällig seltener als anerkannte Mitglieder der Gesellschaft. Besonders für die ältere Generation war die Vertreibung gefühlsmäßig eben nicht dauerhaft verarbeitet. Für diese zudem wirtschaftlich deklassierte ältere Vertriebenengeneration lag es daher nahe, ihr Gefühl des Verlustes dadurch zu kompensieren, dass sie verstärkt die alte Heimat verklärte und in starkem Maß auf eine Rückkehr hoffte. Die Spannung zwischen verlorener Heimat und neuer Aufnahmegesellschaft verschwand also nicht über Nacht.

Rückkehrhoffnungen besitzen vorübergehend aber auch eine positive Funktion: Jeweils aktuelle Schwierigkeiten und Notsituationen erscheinen in einem milderen Licht, da sie lediglich als eine Phase des Übergangs wahrgenommen werden können. Der Blick in die Vergangenheit bot so das Bild einer positiven Zukunft. Diese psychologisch wichtige Bestimmung hat vielen Vertriebenen in der Anfangszeit geholfen. Mochten die Probleme auch noch so groß sein, »es war ja nicht für immer«, wie die meisten zunächst glaubten oder glauben wollten.

Trotz individuell verschiedener Eingliederungsmuster lässt sich jedoch behaupten, dass Bayern für die allermeisten Vertriebenen schrittweise zu einer neuen Heimat werden konnte. Für diesen Prozess benötigten die Einzelnen zwar unterschiedlich lang, und Rückschläge waren nicht ausgeschlossen. Aber eine Untersuchung der frühen Vertriebenenpresse zeigt deutlich den Trend, dass das Thema Heimat als der vertraute Ort im Alltag seine vorrangige Bedeutung verlor. Rückkehrhoffnungen wurden immer seltener geäußert, man richtete sich zunehmend auf Dauer ein. Das hieß allerdings nicht, dass sich auch die emotionale Bindung an die neue Umgebung parallel entwickelte. Dies dauerte meist wesentlich länger.

Und genau an diesem Punkt setzten die kurz nach Kriegsende entstehenden Vertriebenenorganisationen an: Sie füllten ein Vakuum, da sich CSU, SPD und FDP scheinbar nicht ausreichend um die Sorgen und Nöte der Neubürger kümmerten. Waren diese Parteien mehr als bloße Vertreter der Einheimischen? Solche Fragen seitens der Neu-

Demonstration anlässlich der Diskussion um das Lastenausgleichsgesetz, Bonn 1951

hinzugekommenen führten zu Auseinandersetzungen zwischen den Vertriebenen und der bayerischen Regierung in dieser frühen Phase. Die eine Seite versuchte, eine annähernde Gleichstellung mit der einheimischen Bevölkerung zu erreichen, während die alteingesessenen Bayern sich bei der Gestaltung des Zusammenlebens mit den entsprechenden Zuteilungskämpfen nicht »von außen« stören lassen wollten.

Flüchtlingsparteien waren verboten. Das 1946 ausgesprochene »Koalitionsverbot« der amerikanischen Besatzer untersagte die Bildung von politisch orientierten Flüchtlingsvereinigungen. Lediglich kulturelle, nicht-politische Vereinigungen wurden gestattet. Das Assimilierungsgebot der Besatzungspolitik hatte so lange Vorrang, bis sich die weltpolitische Lage änderte. 1948 verschoben sich die politischen und gesellschaftlichen Verhältnisse grundlegend: Im Februar übernahmen die Kommunisten die Herrschaft in der Tschechoslowakei. Damit zementierte sich der Ost-West-Konflikt um ein gewichtiges Stück. Die Amerikaner lockerten das Koalitionsverbot, da sie nicht zu Unrecht vermuteten, dass sich die Vertriebenen als energi-

Plakatwand in München mit Wahlwerbung, 1954

sche Antikommunisten erweisen würden. Wie Pilze schossen nun selbst organisierte Flüchtlingsvereinigungen aus dem Boden.

Aus Unzufriedenheit der Vertriebenen mit der Flüchtlingspolitik erfolgte nun die Gründung des Neubürgerbundes und der Deutschen Notgemeinschaft, es etablierte sich für kurze Zeit ein »Notparlament der Vertriebenen«. Zahlreiche Erfolge bei Landes- und Bundestagswahlen konnte dann in den fünfziger Jahren eine spezifische »Flüchtlingspartei« erreichen: der so genannte Block der Heimatvertriebenen und Entrechteten (BHE). Die klassische und einzige für eine gewisse Dauer als Interessenpartei der Vertriebenen und Flüchtlinge zu bezeichnende Partei in der Bundesrepublik verfolgte besonders wirtschafts- und sozialpolitische Ziele. Die Entschädigung des verloren gegangenen Besitzstandes stand dabei im Vordergrund.

Die Diskussion um einen Lastenausgleich bildete seit Ende der vierziger Jahre den Mittelpunkt der Sozial- und Eingliederungspolitik. Der Grundgedanke war, die sozialen Spannungen zwischen Besitzenden und Nichtbesitzenden abzubauen. Ausgleich für das Verlorene. Ein rückwärts gewandter Gedanke, denn im Nachkriegsdeutschland war es unmöglich, alte Besitzverhältnisse exakt zu restaurieren. Dem mochte und konnte sich kein einheimischer Politiker anschließen. Die Höhe des erlittenen Verlustes sollte hinsichtlich der Lastenverteilung nur bedingt eine Rolle spielen, aber denen, die in der aktuellen Situation bedürftig waren, sollte und musste geholfen werden – das war unstrittig.

Die gewährten Leistungen betrafen in der ersten Phase des Soforthilfe-Gesetzes von 1949 Eingliederungsmaßnahmen, zum Beispiel Hausratsentschädigungen, Aufbau-, Arbeitsplatz- und Wohnungsbaudarlehen, Ausbildungshilfen. Im Mittelpunkt des Lastenausgleichsgesetzes von 1952 stand die so genannte Hauptentschädigung, die ab 1957 langsam in Gang kam. Vertriebene erhielten einen bestimmten Teil ihrer nachgewiesenen Vermögensverluste. Die Einlösung dieses Rechtsanspruchs geschah aber unter Vorbehalt der wirtschaftlichen Situation in der Bundesrepublik. Die über einen Zeitraum von 30 Jahren erhobenen Vermögensabgaben der Besitzenden bildeten den Hauptteil des Lastenausgleichsfonds. Der in der Rückschau überaus positiv verlaufene Prozess symbolisiert bis heute den erfolgreichen Akt der wirtschaftlichen Integration von Einheimischen und Vertriebenen. Aus bloßen Fürsorgeempfängern waren rechtlich Gleichgestellte geworden.

Hochzeitszug in einer neu erbauten Siedlung für Vertriebene im bayerischen St. Stefan

Der Kampf um eine Entschädigung der Flüchtlinge und Vertriebenen hatte das Netzwerk der entsprechenden Verbände intensiviert. Ihre Interessenvertretungen erlebten in diesem Abschnitt einen systematischen organisatorischen Ausbau. Das erste Dokument aktiver sudetendeutscher Selbsthilfe in Bayern datiert bereits vom 12. Juli 1945, aus der Zeit noch vor dem Potsdamer Abkommen also. Gemeint ist die später von der amerikanischen Besatzungsmacht genehmigte »Hilfsstelle für Flüchtlinge aus den Sudetengebieten«, die dem BRK angegliedert war. Es folgte eine »Kirchliche Hilfsstelle« für die Vertriebenen und im Juli 1946 die Gründung des »Hauptausschusses der Vertriebenen und Ausgewiesenen in Bayern«, eines die Landesregierung beratenden Organs ohne das Recht der gesetzlichen Mitbestimmung. Der Ausschuss wurde zusätzlich von den Parteien dominiert, da sie die Vertreter der Flüchtlingsinteressen benannten. Viele, die für sich in Anspruch nahmen, für die Vertriebenen zu sprechen, kritisierten diese Form der gelenkten Interessenvertretung. Das Selbstbewusstsein der Vertriebenenvertreter, besonders der Sudetendeutschen, steigerte sich allmählich. Ein Aufgehen oder Einschmelzen von Einheimischen und Neubürgern zu einer einzigen homogenen Gruppe lief ihren Plänen zuwider. Sie wollten ein eigenständiges kulturelles und später auch politisches Profil entwickeln und sich als »Volksgruppe« behaupten. Zahlreiche Vereine, Verbände und Organisationen entstanden.

Keinesfalls existierte nur die eine politische Stimme der Sudetendeutschen: Besonders in den drei frühzeitig formierten so genannten Gesinnungsgemeinschaften – der katholischen Ackermann-Gemeinde, der sozialdemokratischen Seliger-Gemeinde, dem nationalen Witikobund – sammelten sich die Anhänger der gegensätzlichen politischen Strömungen, die schon vor 1938 im Sudetenland aktiv waren. Der Sudetendeutschen Landsmannschaft gelang es jedoch frühzeitig, sich in der Öffentlichkeit als die maßgebliche Kraft zu präsentieren und zu positionieren. Nach der Gründung auf Bundesebene im Jahr 1950 verstanden es ihre Funktionäre, bald Einfluss auf die bayerische Landespolitik auszuüben. Sichtbarster Ausdruck dieser gelungenen lobbyistischen Bemühungen ist die Schirmherrschaft der bayerischen Landesregierung aus dem Jahr 1954. Mit Hilfe dieses Patenschaftsverhältnisses konnte nämlich nicht nur die finanzielle und kulturelle, sondern auch die politische Unterstützung ihrer Anliegen in weiten Teilen erfolgreich eingefordert werden.

Über hunderttausend Sudetendeutsche trafen Pfingsten 1955 auf der Nürnberger Zeppelinwiese zusammen.

Zudem erreichten die Vertreter der Sudetendeutschen Landsmannschaft die Anerkennung ihrer »Volksgruppe« als »vierter Stamm Bayerns« neben Franken, Schwaben und Altbayern. Diese 1956 erstmals ausgesprochene und seitdem oft verwendete Bezeichnung simuliert die stammesmäßige Zugehörigkeit zum Volk der Bayern. Die Sudetendeutschen waren und sind aber nie ein Stamm im völkerkundlichen Sinn gewesen. Zu unterschiedlich waren ihre regionalen, sprachlichen und kulturellen Eigenheiten von jeher. Erzgebirgler und Südmährer – beide Gruppen »offiziell« Sudetendeutsche – trennte unter diesem Aspekt mehr, als sie verband. Von einem sudetendeutschen Stamm unter den Stämmen Bayerns zu reden war und ist geradezu absurd.

Die Erfindung dieses Ehrentitels hat vielmehr eine andere, für die emotionale Integration wichtige Bedeutung: Er suggerierte in einer frühen Phase ein Stück Heimat in der Fremde. Die Betonung des bayerischen Stammes sollte als Bindemittel zwischen Einheimischen und Neubürgern wirken. Mit der Akzentuierung der Sudetendeutschen als Stamm neben anderen Stämmen ermöglichte diese Formel gleichzeitig die Hervorhebung der kulturellen Unverwechselbarkeit der Zwangszuwanderer.

In scharfem Kontrast dazu scheinen die stetigen Rückkehrforderungen der Sudetendeutschen Landsmannschaft zu stehen. Das Spiel mit den lange Zeit unverarbeiteten Emotionen der Vertriebenen besaß etwas Widersprüchliches. Behinderte nicht das Beharren auf eine Rückkehr die Eingliederung, die doch auch von den Funktionären so eindringlich gewünscht war? Der oben geschilderte relativ lange Zeitraum bis zur emotionalen Integration, zum Heimisch-Werden in der neuen Umgebung, hängt eng mit der propagierten Aussicht auf Rückkehr zusammen.

Den bis Mitte der siebziger Jahre in unversöhnlicher Sprache vorgetragenen Gedanken lag ein rückwärts gewandtes Geschichtsbild zugrunde. Das Denken in nationalen Gegensätzen zwischen Deutschen und Tschechen, die ständigen Schuldzuweisungen an den »Vertreiberstaat« sowie der stets präsente Antikommunismus ergaben eine unheilvolle Mischung. Man wollte also zurück. Wohin? Betrachtet man die Rückkehrparolen genauer, wird deutlich, dass sie rein hypothetischen Charakter besaßen, in die Tschechoslowakei unter kommunistischer Herrschaft wollten selbst die Hartnäckigsten unter den Funktionären nicht. Eine Abtrennung des Sudetenlandes schied machtpo-

Auf einer Buchausstellung, die anlässlich des Sudetentreffens im Jahr 1969 in Nürnberg stattfand

litisch von vornherein aus. Hoffen worauf? Den Zusammenbruch des Gesellschaftssystems östlich des Eisernen Vorhangs erwarteten auch die Vertriebenenvertreter nicht.

Und so lässt sich auch die Unterstützung dieser Rückkehrforderungen seitens der bayerischen Staatsregierung besser einordnen. Eine Abwanderung des bayerischen Stammes der Sudetendeutschen konnten sie nicht wirklich wollen. Aber es kostete auch nichts, in der Öffentlichkeit deren Wünsche lautstark zu bekräftigen, solange nicht die kleinste Chance einer Verwirklichung bestand. Die alltägliche Daueraufgabe der Integration hatte von Anfang an Vorrang vor allen anderen Bemühungen. Aber machte sich jemand Gedanken darum, dass Rückkehrforderungen, gerade in der Anfangszeit, Heimatlosigkeit fördern konnten?

Das Buhlen um die Wählerstimmen der Vertriebenen erhielt seit den sechziger Jahren eine neue Qualität. Die längst überfällige politische Öffnung nach Osten, die mit der Bildung der Großen Koalition 1966 begann, führte zu heftigen Reaktionen unter den organisierten Vertriebenen. Die von Bundeskanzler Willy Brandt 1969 zur Chefsache erklärte neue Ostpolitik gipfelte in einem umfassenden Vertragswerk.

Bundeskanzler Willy Brandt vor dem Denkmal für die Opfer des Aufstandes im Warschauer Ghetto anlässlich der Unterzeichnung des deutsch-polnischen Vertrages 1970

Abkommen mit der UdSSR, Polen, der DDR und schließlich 1973 mit der Prager Regierung regelten die Unverletzbarkeit der gemeinsamen Grenzen und manifestierten den Gewaltverzicht. Verzichtbereitschaft war genau der Vorwurf, den die Vertriebenen erhoben – aber nicht Verzicht auf Gewalt, sondern der auf die Heimat. Verrat lautete die sich anschließende Vokabel. In nimmermüden, gebetsmühlenartigen Beiträgen versuchten die Vertriebenenvertreter, ihren Kampf um das Recht auf die Heimat und das Selbstbestimmungsrecht nicht verloren zu geben.

Historischer Exkurs: Brandenburg

Brandenburg war das Stammland Preußens. Die Mark Brandenburg gliederte sich seit ihrem Bestehen in viele kleine Einfluss- und Verwaltungsbereiche. Berlin, Potsdam und Frankfurt/Oder hießen nach 1815 die Regierungsbezirke. Tief greifende Veränderungen erlebte die preußische Provinz durch die 1920 erfolgte Bildung Groß-Berlins, eine Fusion der umliegenden Kreise und Vorstädte mit dem engeren Stadtgebiet. Mit über vier Millionen Menschen war Berlin das Zentrum des Reiches, eine übermächtige Kommune, die den übrigen Bezirken in der Mark Brandenburg mit ihren lediglich 1,3 Millionen Bewohnern kaum noch wirtschaftlichen Spielraum ließ.

Im letzten Jahr des Zweiten Weltkrieges wurden die östlich von Berlin gelegenen Gebiete der Provinz zum Sammel- und Aufmarschgelände der Roten Armee vor dem Sturm auf die Reichshauptstadt; zahlreiche Zerstörungen waren die Folge. Mit der Gründung der DDR verloren sich die Spuren Brandenburgs: Die Gebiete östlich der Oder gehören nun zu Polen, die übrigen wurden Teil einer tief greifenden Bezirksreform in der DDR. Seit der Wiedervereinigung gibt es wieder ein Bundesland Brandenburg.

Die Diskussion um den Prager Vertrag von 1973 zeigte jedoch, dass sich die Argumentation der Landsmannschaft aus vergangenheitsorientierten Quellen speiste. Erinnerungen an den »Volkstumskampf« zwischen Tschechen und Deutschen aus den zwanziger und dreißiger Jahren in der Tschechoslowakischen Republik dienten immer noch als Grundlage. Oftmals gerieten die Protagonisten auf eine deutschnationale Schiene, die ihren Blickwinkel unnötig verengte.

In der Ablehnung des Prager Vertrages erhielt die Landsmannschaft von der CSU-geführten bayerischen Landesregierung tatkräftige Hilfe. Im Bundesrat lehnte das Schirmland der Sudetendeutschen den Vertrag ab, was allerdings ohne Folgen für die Verabschiedung des Abkommens blieb. Auch in anderen Bundesländern gab es Patenschaften für Vertriebenengruppen, so in Nordrhein-Westfalen für die Siebenbürger Sachsen. Die finanzielle und kulturelle Förderung erreichte auch dort erhebliche Ausmaße. Aber kein anderes Bundesland

setzte sich in politischen Angelegenheiten so offensiv für seinen Paten ein wie Bayern. Warum? Sicher spielten wahltaktische Gründe eine wichtige Rolle. Besondere Zuwendung erfuhren die Sudetendeutschen dann, wenn Landtagswahlen anstanden: 1954 erklärte Ministerpräsident Hans Ehard mündlich die Übernahme der Schirmherrschaft. 1962 fixierte er das Patenschaftsverhältnis schriftlich. 1974 versprach man, den Sudetendeutschen ein Zentrum zu bauen, in dem ihre wichtigsten politischen und kulturellen Einrichtungen untergebracht werden sollten. All dies geschah in enger Absprache der jeweiligen Spitzenvertreter von Landesregierung und Sudetendeutscher Landsmannschaft.

Der CSU war es nach dem Wegfall des bis 1962 in Bayern mit regierenden BHE gelungen, dessen Wählerpotenzial in großem Umfang für die eigene Partei zu mobilisieren. Sie schaffte es, sich als die Partei der Flüchtlinge und Vertriebenen darzustellen, trotz sozialdemokratischer Konkurrenz. Außerdem wies die politische Grundhaltung beider Seiten in Fragen der deutschen Nation – einschließlich ihrer ehemaligen Gebiete – eine große Schnittmenge auf: Die Führung der Sudetendeutschen Landsmannschaft tendierte seit Ende der sechziger Jahre personell und inhaltlich eindeutig nach rechts. Einige ihrer Spit-

Zwei Bläser der Egerländer Volksmusik in Geretsried, 2000

zenvertreter, zum Beispiel Walter Becher und Fritz Wittmann, konnten als CSU-Abgeordnete Karriere im Bundestag machen und sich dort massiv für die Belange ihrer Klientel einsetzen.

Auch an wichtigen Scharnierstellen der obersten bayerischen Verwaltung nahmen Sudetendeutsche einflussreiche Posten ein. Die für die Vertriebenen in Bayern zuständige Behörde, das Arbeits- und Sozialministerium, wurde nacheinander von Sudetendeutschen geleitet, die wichtige Positionen in der Landsmannschaft innehatten: Walter Stain, Hans Schütz, Franz Neubauer.

In der bundesdeutschen Öffentlichkeit dagegen konnten sich viele Menschen nicht mit den Zielen der Landsmannschaft identifizieren. Ihre Vertreter wurden als Ewiggestrige beschimpft. Denn die Heimat der Sudetendeutschen war kein gewachsener Teil des Deutschen Reiches, gehörte sie doch nur für knapp sieben Jahre während der nationalsozialistischen Diktatur zu Deutschland. Im Gegensatz zu den Schlesiern oder Ostpreußen etwa, deren Heimat über Jahrhunderte Bestandteil Deutschlands war, mochte sich kaum jemand für ein Heimatrecht der »Deutsch-Böhmen« einsetzen. Die Vermittlung dieses komplexen Anliegens scheiterte. Nicht zuletzt deshalb, weil der schwierige Bereich von Schuld und die kritische Auseinandersetzung mit der eigenen Vergangenheit in Kreisen der Sudetendeutschen Landsmannschaft allzu oft bewusst vermieden wurde. Ob und wie ihr ein Neuanfang in den Beziehungen zur Tschechischen Republik zehn Jahre nach dem Ende des Kalten Krieges gelingt, hängt auch von der klaren Beseitigung dieses Mankos ab. Aber auch in der benachbarten Republik gilt es, die dort ebenfalls noch vorhandenen Defizite im Umgang mit den Geschehnissen der Vertreibung der Deutschen vorurteilsfrei anzugehen. Damit dem Scheitern der Verständigung zwischen Deutschen und Tschechen endlich ein substanzieller Neubeginn folgen kann.

Integrationspropaganda. Die Umsiedler in der SBZ/DDR

Anfang der fünfziger Jahre war das Problem der Integration von Angekommenen und Einheimischen in der DDR vollständig gelöst, die Eingliederung abgeschlossen. Das behauptete damals jedenfalls die SED. Der angeblich so große Erfolg wurde nicht gefeiert. Die mehr als vier Millionen »Umsiedler«, so hießen die Vertriebenen und Flüchtlinge im offiziellen Sprachgebrauch des SED-Regimes, schien es bald darauf auch nicht mehr zu geben, zumindest war offiziell von ihnen in der DDR nicht mehr die Rede. Explizit integrationspolitische Maßnahmen suchte man seitdem vergebens im Arbeiter- und Bauernstaat. Gab es hier also keine Flüchtlinge und Vertriebenen mehr? Es gab sie, und sie wurden entgegen den Gesetzesvorgaben im privaten Sprachraum auch als Flüchtlinge bezeichnet. Allerdings leugnete man mit der Liquidierung beziehungsweise Einschränkung des Begriffs »Umsiedler« auch weitgehend deren Geschichte. So wurde nicht anerkannt, dass sie im Vergleich zu den Einheimischen durch den Heimat- und Besitzverlust eine zusätzliche Last zu bewältigen hatten. Wo keine Last registriert war, da brauchte, wie im Westen Deutschlands, später auch kein umfangreicher Lastenausgleich erfolgen.

Von offizieller Seite wurden wir als Umsiedler und Neubürger angesehen, in der Umgangssprache nannte man uns einfach Flüchtlinge aus dem Osten. Diejenigen, die als Ausgebombte während des Krieges nach Thüringen gekommen waren und die sich gerade anschickten, in ihre Heimat zurückzukehren, wurden in der Regel als Evakuierte bezeichnet. Wie haben wir diese Leute damals beneidet! (Walter Gleißner aus Böhmen)

Die sowjetische Militäradministration (SMAD) besaß zunächst kein Konzept zur Lösung des Problems der hereinströmenden Flüchtlinge und Vertriebenen. Bis Oktober 1948 gelangten 4,3 Millionen Vertriebene in die sowjetisch besetzte Zone (SBZ): 1,9 Millionen Frauen, 1,2 Millionen Männer und 1,2 Millionen Kinder. Ihr Anteil an der Gesamtbevölkerung betrug etwa 24 Prozent und lag damit noch höher als in Westdeutschland. Ähnlich wie dort waren Entscheidungen zur Aufnahme und Unterbringung der Neuankömmlinge dringend notwendig. Die im September 1945 auf sowjetischen Befehl einge-

Barackensiedlung für Umsiedler

richtete zentrale Behörde, die »Zentralverwaltung für Flüchtlingswesen und Heimkehrer«, wurde schon ein paar Tage später umbenannt: »Zentralverwaltung für deutsche Umsiedler« (ZVU) hieß das zuständige Amt nun.

Bei dem Wort Umsiedler oder Umsiedlung entsteht der Gedanke an die sowjetischen und nationalsozialistischen Deportationen. Für die Sowjets bedeutete die Verwendung des russischen Begriffs »Pereselenjetz« ein direktes Anknüpfen an immer noch wache Traditionen im Umgang mit Minderheiten. Von den Verschiebungen der Donkosaken 1920 bis hin zu den Zwangsdeportationen in der Folge des Hitler-Stalin-Paktes benutzte man den Begriff der Umsiedlung. Genauso wie Hitler, der in seiner Rede im Deutschen Reichstag im Oktober 1939 eine »Umsiedlung der Nationalitäten« angekündigt hatte, die dann grausame Realität werden sollte. Mit dem Hinweis auf Hitlers Umgang mit Südtirolern, Balten usw. begründeten hochrangige Funktionäre der SED auch die »Umsiedlung« der Deutschen nach dem Zweiten Weltkrieg. Von den Massendeportationen der Sowjets hörte man an dieser Stelle kein Wort.

Endgültige und vollständige Ansiedlung der Vertriebenen war das erklärte Ziel ostzonaler Besatzungspolitik. Dadurch unterschieden sich die Vorgaben wenig von denen der Politik in den Westzonen. Auch

Für die Massen der einströmenden Flüchtlinge fehlte oft das Nötigste; Kochstelle unter freiem Himmel in einem Flüchtlingslager, 1946

dort strebte man ein gänzliches Verwischen der Unterschiede beider Bevölkerungsteile an. Auf beiden Seiten fürchtete man durch den Zustrom Millionen Besitzloser und potenziell Unzufriedener um die gesellschaftliche Stabilität. Die Gefahr spontaner Aktionen gegen den Staat schloss man am Anfang jedenfalls nicht aus. Das Misstrauen gegenüber dieser Gruppe sollte durch eine verschärfte Beobachtung abgebaut und die Ursache der Unzufriedenheit durch eine Einebnung sozialer Ungleichheiten gemildert werden – solange es das Phänomen der Umsiedler noch gab.

Wie sollte das ehrgeizige Ziel der vollständigen Eingliederung von Einheimischen und Vertriebenen erreicht werden? Der Nationalismus hatte sich gründlich diskreditiert, zumal unter kommunistischer Herrschaft. Soziale Gerechtigkeit und Gleichheit lautete das Motto der Stunde: Einmalig 300 Mark und 100 Mark pro Kind versprach einer der ersten SMAD-Befehle den bedürftigen Vertriebenen. Der Nachholbedarf war groß, die Enttäuschung unter den Umsiedlern ebenfalls. Anspruchsdenken warfen ihnen Kritiker damals vor.

Eine Integration in den Alltag der DDR erfolgte ganz simpel. Die ersten drei Wochen nach unserer Ankunft am 16. Oktober 1948 ver-

Viele der Familien wurden während der Kriegswirren und der oft chaotisch verlaufenden Vertreibungsaktionen getrennt; Suchanzeige von 1945

brachten wir in einem ehemaligen Baracken-Kriegsgefangenenlager. Dann stellte man uns einige Orte zur Wahl, wo wir unseren Wohnort nehmen könnten: Natürlich kannten wir keinen dieser Orte. Wir entschieden uns für Roßlau (Elbe) in Sachsen-Anhalt. Dort angekommen, wies man uns eine Dachkammer mit einem Bett zu, wir erhielten ein paar Mark Übergangsgeld – und das war's dann. Geredet wurde über die Erlebnisse nie, es wurde totgeschwiegen. Bei den Einheimischen waren wir über Jahre hinaus die »Flüchtlinge« geblieben. Und ich persönlich konnte bis zur Wendezeit nie mit jemandem darüber reden, da zum Beispiel mein Mann nie Verständnis oder Interesse daran hatte: Er hatte Not ja nie kennen gelernt. (Ruth Althaus, Jahrgang 1936, aus Ostpreußen)

Neubauern. Die Bodenreform als Eingliederungsmaßnahme

Wir tauschten Schrot gegen Garn und häkelten davon unsere ersten Fenstervorhänge. Im Herbst wurde die DDR gegründet. Es gab immer noch Lebensmittelmarken und Sonderzuteilungen. Jedoch ging es in klitzekleinen Schritten aufwärts. (Edith Flietel, Jahrgang 1936, aus Böhmen)

Wohin mit den Neuankömmlingen, und wie konnte es gelingen, sie in Brot und Arbeit zu bringen? Welche Ressourcen waren überhaupt noch zu verteilen? Die Enteignung der nutzbaren Landflächen und deren Neuverteilung sollte die aus der Not geborene Lösung sein. Als wichtigstes Mittel zur Eingliederung der Umsiedler und zugleich als integraler Bestandteil der Vergesellschaftung war die so genannte Bodenreform gedacht.

Wir waren nun in der Sowjetzone ... Die damalige Regierung im Osten führte die Bodenreform ein. Alle Großgrundbesitzer – soweit sie noch nicht in den Westen gegangen waren – sind enteignet worden. Nun konnte jeder, der wollte, Land bekommen, auch die, welche keine Ahnung von Landwirtschaft hatten. Auch meine Eltern bekamen zwölf Hektar Land, ein Pferd, zwei Kühe und zwei Schweine. (Olga Kleinfeld, Jahrgang 1920, aus Sibirien)

Zwischen 1945 und 1950 erhielten 91 000 Vertriebene – mit Familienanhang handelte es sich um ungefähr 350 000 Personen – einen Teil des vorher enteigneten Grundbesitzes zur landwirtschaftlichen Nutzung zugeteilt. Diese »Neubauern-Umsiedler« dienten als Vorzeigeobjekt sozialistischer Eingliederungspolitik. Zu Recht?

Da sich die konkrete Ansiedlung in den ersten beiden Jahren nach Kriegsende häufig spontan und ungeregelt vollzog, trat ähnlich wie im Westen Deutschlands eine ungünstige regionale Verteilung der Umsiedler auf. Eine der ersten Anweisungen der SMAD zur Verteilung der Flüchtlinge und Vertriebenen besagte, die Umsiedler vorwiegend in den ländlichen Regionen Mecklenburg-Vorpommerns und Brandenburgs unterzubringen. Fast die Hälfte aller Einwohner der erstgenannten Region im Jahr 1949 waren Neubürger, in Brandenburg betrug deren Anteil immerhin 27 Prozent. Erst mit der Landflucht in den fünfziger Jahren und der Anziehungskraft großer Industriestandorte verschoben sich hier die Verhältnisse.

In unvorstellbarer Enge fristeten sie hier ihr Leben in der neuen Heimat. Die ganze Einrichtung bestand aus zwei primitiven Holzbettstellen mit Strohsack, einem wackligen Tisch mit zwei Stühlen und einem primitiven Blechofen ... Das bisschen mitgebrachte Leibwäsche war in den Koffern unter den Betten verstaut. Die karge Mahlzeit, bei der Kohlrüben

Abriss des Gutshauses in Markendorf bei Frankfurt/Oder, um Platz für Neubauernhäuser zu schaffen, 1950

dominierten, mussten sie im Wechsel mit ihrem Mitbewohner auf dem qualmenden, wackligen Herd kochen. Da es für meinen Vater in dieser hinterwäldlerischen Abgeschiedenheit keine Möglichkeit einer Wiedereinstellung bei der Reichsbahn gab, obwohl er seine Zugführer-Uniform stolz behütet bei seinen wenigen Haben mitgebracht hatte, fristete er seinen neuen Lebensunterhalt als Nachtwächter auf dem von Neubauern angesiedelten Gutshof. Dadurch erhielten sie von diesem oder jenem Siedler, die meisten waren auch Flüchtlinge aus Pommern, doch manchmal etwas Milch, Mehl oder Kartoffeln zur Bereicherung der kargen Markenration. (Josef Schubert aus Schlesien)

Auch in der SBZ war der Wohnraum knapp, auch hier waren die Städte zerstört und Arbeitsplätze Mangelware. Also ließen sich die Vertriebenen vielfach in kleineren Gemeinden nieder, die bessere Voraussetzungen boten: 1946 lebte fast die Hälfte aller Umsiedler in Dörfern bis zu 2000 Einwohnern. Drei Viertel aller Neuankömmlinge hatten ihre Heimat in den ehemaligen deutschen Ostgebieten beziehungsweise in Polen, nur 16 Prozent von ihnen in der Tschechoslowakei. Jetzt arbeiteten sie in der Landwirtschaft, was manchmal nicht ganz unproblematisch war. Ende 1946 stellten sie 40 Prozent aller Landarbeiter in der SBZ, in Mecklenburg waren es Ende 1945 sogar 70 Prozent. Aber lediglich 22 Prozent der Vertriebenen aus den jetzt zu Polen gehörenden Gebieten und nur 17 Prozent aus der Tschechoslowakei kannten die anstrengende Arbeit aus eigener Erfahrung. Entscheidend war für sie aber die Möglichkeit, im Rahmen der Bodenreform als selbständige Neubauern Land zu erwerben und zu bewirtschaften.

Plakat in der sowjetisch besetzten Zone von 1948

»Frei und reich ist unser Land«. Bilder und Texte in dem Dokumentarband zur Neugestaltung der Landwirtschaft in der DDR von 1955 zeigen die Aufbruchstimmung, die Leistungserfüllung und die Dankbarkeit der Neubauern: die MAS, die Maschinen-Ausleih-Station, ein »Hammerschlag gegen die Reaktion«, kann der Leser dem Propagandabuch entnehmen. Die Glorifizierung der Bodenreform als entscheidende Triebkraft der Integration der Umsiedler duldete keine Kritik. Von den Problemen des Zusammenwachsens und der täglichen Arbeit wird in dem Buch nichts berichtet.

Bereits im Moskauer Exil hatten deutsche Politiker der KPD detailliert den Gedanken einer Landverteilung im Nachkriegsdeutschland ausgearbeitet. Dabei wurden sie allerdings von der sowjetischen Staatsführung entscheidend beeinflusst. Als sich der massenhafte Zustrom von Flüchtlingen und Vertriebenen gegen Ende des Zweiten Weltkrieges abzuzeichnen begann, musste in den Konzepten der Empfängerkreis neu bestimmt werden. Im Frühherbst 1945 nahm innerhalb des Bodenreformprogramms die Ansiedlung der Neuhinzugekommenen nun einen breiteren Raum ein. Zur Sicherung eines zumindest begrenzten Lebensunterhalts und auch zwecks politischer Bindung an die Partei forcierte die KPD die Idee der Zuteilung auch kleinerer Bauernstellen an Flüchtlinge.

Die Flüchtlinge zögerten zunächst, die Neubauernstellen anzunehmen, denn noch dachten sie an eine Rückkehr in die Heimat. Obwohl diese Option von Seiten des Aufnahmelandes alles andere als gefördert wurde, ließen sich in der Anfangszeit solche Sehnsüchte nicht unterdrücken. Außerdem standen die Neubürger wie auch die einheimischen Kleinbauern oder Landarbeiter der Aufteilung ehemals großer Landgüter in kleine, oft unrentable Parzellen skeptisch gegenüber.

Viele der für die Vergabe von Land zuständigen Bodenreformkommissionen, die überwiegend von Einheimischen besetzt waren, lehnten die Zuteilung an Umsiedler ab, da sie deren Qualifikation – besonders bei Berufsunkundigen – bezweifelten. Gelegentlich kam es aus denselben Gründen sogar zu nachträglichen Enteignungen.

Die Situation in diesem Verteilungskampf wurde für die Flüchtlinge zusätzlich durch das oft angespannte Verhältnis zu den Einheimischen erschwert.

Was dabei besonders schmerzlich war, das war nicht die Vertreibung an sich, die ja eine Folge des Krieges war, sondern das Leben danach, hier in Sachsen. Wir haben nicht verstehen können, warum die Menschen

Informationstafel am Rand eines Neubauerndorfes bei Güstrow, 1948

hier uns mit so großer Ablehnung, ja Hass entgegentraten ... Es ist ein sehr schwerer Anfang gewesen, und noch mit fünfzig Jahren bin ich noch darauf angesprochen worden, dass wir hier nicht hergehören. Das tut weh. (Cordula Inge Bertram, Jahrgang 1923, aus Schlesien)

Die dörfliche Struktur war in vielen Fällen noch intakt, trotz der dramatischen Kriegsereignisse. Zumindest hatte sich das soziale Netzwerk der Einwohner erhalten. Den Vertriebenen gegenüber versuchte man, Besitzstände zu wahren – so wie auch im Westen Deutschlands. Von einer Gleichberechtigung bei der Verteilung konnte schon deswegen nicht gesprochen werde, da nicht selten die Grundstücke mit hoher Bodenqualität längst vor der Ankunft der meisten Vertriebenen im Jahr 1946 an die Einheimischen gefallen waren.

Endgültige Vertreibung aus Ostpreußen 1947. Zur neuen Bleibe wurde Thüringen. Unwissende Einheimische vertraten jedoch die Meinung, dass die Vertriebenen die alleinige Schuld an dem verlorenen Krieg zu tragen hätten und sie sie aufgrund dessen böswillig als Habenichtse bezichtigen dürften. (Else Bedenik aus Ostpreußen)

In Usadel, im Kreis Neustrelitz, entstehen Neubauernhöfe aus Lehm; 1949

»Alle packen an beim Dachdecken auf dem Neubauernhof Gustebin« (Mecklenburg-Vorpommern); Original-Bildzeile aus dem Jahr 1952

Ein Großteil der an die »Nachzügler« zugeteilten Parzellen stellte sich außerdem als unkultiviertes Land heraus, und viele der Äcker in den einstigen Kampfgebieten Brandenburg und Mecklenburg-Vorpommern waren noch vermint. Immerhin hatten die Flüchtlinge und Vertriebenen bis zur Jahresmitte 1946 bereits 41 Prozent des übertragenen Bodenreformlandes erhalten, 36 Prozent aller Neubauernstellen wurden zu diesem Zeitpunkt von ihnen bewirtschaftet, mehr, als ihrem Bevölkerungsanteil von 24 Prozent eigentlich entsprach.

Hatte ein Umsiedler die trotz aller Schwierigkeiten begehrte Neubauernstelle erhalten, setzten die massiven Hindernisse des Arbeitsalltags ein. Es fehlte an allen Ecken und Enden. An technischem Gerät, an Vieh, an Wohnstätten und Wirtschaftsgebäuden. Wer einen Pferdepflug, einen Wagen oder eine Egge sein Eigen nennen konnte, befand sich in den ersten Jahren schon in einer privilegierten Position. Auch bei der Verteilung des Viehs zeigte sich, dass ein gut funktionierendes soziales Netzwerk Vorteile hatte: Einheimische, alteingesessene Bauern wurden auch hier bevorzugt. Hühner, Schweine, Pferde und Milchkühe wünschten sich viele Neubauern zunächst vergebens.

Noch 1950 besaßen mehr als 20 000 Neubauern weder Häuser noch Ställe. Sie mussten dann entweder bei alteingesessenen Bauern oder in heruntergekommenen ehemaligen Gutshäusern einquartiert werden. Aus dem oben Gesagten wird schnell ersichtlich, dass die meisten der neuen Betriebe aus eigener Kraft nicht tragfähig wirtschaften konnten. Lange Zeit mussten die Neuhinzugekommenen Hilfe der einheimischen Bauern in Anspruch nehmen. Auch fehlte vielen die nötige Qualifikation zur Bearbeitung der Landflächen, die Vertriebenen waren im Wortsinn neue Bauern, Neubauern.

Während die einheimischen Dorfbewohner oft miteinander verwandt waren, bildeten die Umsiedler keine homogene Gruppe. Das Klima zwischen beiden Teilen der Dorfbevölkerung war frostig: Auch in der SBZ empfand man die Flüchtlinge und Vertriebenen auf dem Land als Eindringlinge, Fremde oder Störenfriede.

Einige Schriftsteller nahmen sich des Themas an und sprachen das aus, was in der Öffentlichkeit sonst weitgehend tabuisiert wurde. »Die Umsiedlerin oder das Leben auf dem Lande« nannte Heiner Müller, einer der couragiertesten Dramatiker der DDR, sein zwischen 1956 und 1961 entstandenes Werk, eine Komödie. Die Probleme des schwierigen Neubeginns, des Zusammenlebens von Vertriebenen und Einheimischen jenseits aller Propaganda tauchen in diesem Stück auf, in dem eine der Figuren sagt: »Aus dem Osten kamen die Trecks, Umsiedler wie Heuschrecken, brachten den Hunger mit und den Typhus, die Rote Armee kam mit der Rechnung für vier Jahre Krieg, Menschenschinden und verbrannte Erde, aber mit Frieden auch und Bodenreform. Da war das Stiefellecken nicht mehr Trumpf, das Zuckerlecken noch nicht: Brachland gab's zu viel, Zugvieh zu wenig, Trecker keinen. Da fraß der Große wieder den Kleinen auf, ich hab acht Pferde, was hast du? Hack meine Rüben, wenn du dein Feld gepflügt willst, oder spann dich selber vor den Pflug und krepier in der Furche, Hunger habt ihr? ich bin satt.« Müller, der sich an Anna Seghers' früher Erzählung von 1950 »Die Umsiedlerin« orientiert hatte, bewies ein Gespür für die Dramatik der spannungsreichen Situation: das Einleben beider Bevölkerungsteile in eine neue Zeit unter komplett veränderten gesellschaftlichen, wirtschaftlichen und politischen Bedingungen.

Nach der Uraufführung von Müllers Stück 1961 an der Hochschule für Ökonomie in Berlin-Karlshorst wurden weitere Vorstellungen aus politischen Gründen verboten. Anscheinend war die Zeit zur Enttabuisierung des Vertriebenenthemas in der DDR-Diktatur noch nicht reif.

Nur 15 Prozent aller Flüchtlingsneubauern konnte 1948 als grundsätzlich wirtschaftlich gefestigt bezeichnet werden. Da überrascht die fast schon geringe Zahl derer, die bis 1949 kein Fortkommen sah, sie betrug nämlich nur ein Zehntel aller Umsiedler-Bauern. Deren Betriebe wurden aufgegeben; Anfang der fünfziger Jahre machten sich noch einmal etwa 30 000 Neubauern auf die Suche nach einer neuen wirtschaftlichen Existenz außerhalb der Landwirtschaft.

Nach vier Jahren gaben die zwölf Siedler ihre Höfe auf. Die Erträge waren zwar sehr gut, aber die Bearbeitung des schweren Bodens war für einen Kleinbauern zu schwierig ... (Olga Kleinfeld, Jahrgang 1920, aus Sibirien)

In den ersten Nachkriegsjahren beklagten meine Eltern sehr oft fehlendes Verständnis und Herzlosigkeit der Einheimischen, ebenso die Raffsucht der Bauern ... Beschimpft wurden wir als »Bettler«, »dahergelaufenes Pack«, »Habenichtse« ... Nicht vergessen werde ich beispielsweise die Äußerung Herrn R.s in Mihla, er nehme partout keine Umsiedler auf. Sein Beil stehe immer neben der Haustür, und wenn ihm die Gemeinde trotzdem jemand zuweise, werde er das »Pack« erschlagen ... Nicht immer konnten die Eltern Traurigkeit und Betroffenheit, aber auch Zorn wegen solcher Demütigungen, den Schmerz über die verlorene Heimat, den verlorenen Besitz, über Not und Hunger verbergen. Selbstverständlich blieb davon auch meine Gemütslage nicht unberührt. In meinem damaligen Alter hielten die negativen Gefühle aber nie lange an, abgesehen davon, dass ich die Tragweite aller dieser Geschehnisse und Probleme sowieso noch nicht erfassen konnte. (Edda Dunkel, Jahrgang 1940, aus Böhmen)

War diese Form der Integration mithin gescheitert? Rückblickend offenbart sich zumindest der enorme Unterschied zwischen offiziell proklamiertem und tatsächlichem Integrationsverlauf auf dem Lande, auch wenn nicht alle Neubauern aufgaben oder aufgeben mussten. Die Vertriebenenpolitik war dennoch Ende der vierziger beziehungsweise Anfang der fünfziger Jahre an einem Wendepunkt angelangt. Die erhofften positiven Wirkungen der Bodenreform waren in Bezug auf die

Bau des Hochofens 1 im Eisenhüttenkombinat Ost, April 1951

Umsiedler verpufft. Gleichzeitig rückte die Problematik der Integration in den Hintergrund, und die Anliegen der Vertriebenen wurden staatlicherseits unterdrückt.

In dieser Notgemeinschaft haben wir noch gar nicht gemerkt, was auf uns zukam: nämlich das Misstrauen und die Verachtung der Einheimischen ... Daran hatten wir noch gar nicht gedacht, an diese Möglichkeit. Die Menschen verhielten sich unterschiedlich. Auch sie hatten keine Ahnung von der politischen Lage und dem Geschehen, niemand wusste, warum wir nicht, »wie es sich gehörte«, mit einem Möbelwagen angekommen waren. Das erregte Misstrauen und die üblichen Redensarten: »Der kann viel erzählen, dass er Pastor ist!« ... In einem Nachbardorf hatte vor der Kirche an der Linde ein Zettel gehangen mit folgendem Text: »Die Flüchtlinge fressen sich dick und fett / und stehlen uns noch das Letzte weg / Wir Armen, wir haben eine Pein / Herrgott, schick doch das Gesindel heim! / Schick sie zurück zur Polackei / Herrgott im Himmel, mach uns frei! / Sie haben keinen Glauben und keinen Namen / die dreimal Verfluchten, Amen!«
Wenn mancher diesen Vers ... heute liest, dann wird er vielleicht nachdenklich und vergleicht mit der heutigen Fremdenfeindlichkeit der Einheimischen, deren Verdienst es doch nicht ist, hier zu leben, und die damals sogar deutsche Menschen mit ihrem Hass belegten, die ihnen doch gar nichts getan hatten und in Not waren ... Woher nahmen sie also Hass und Hochmut!? Wir waren ja weder Polen noch Flüchtlinge, sondern Vertriebene. Das Schlimme war, dass niemand der nun Herrschenden die Menschen aufklärte über den Grund unserer Lage. Es wurde alles still so geduldet, und groß war das Misstrauen. (Cordula Inge Bertram, Jahrgang 1923, aus Schlesien)

Eine neue Möglichkeit der Partizipation und Eingliederung tat sich in den fünfziger Jahren auf: die staatlicherseits mit großem Aufwand geförderte industrielle Produktion, in deren Folge ganze Städte neu erbaut wurden. Hinter dieser Eingliederungschance stand allerdings kein exakt geplantes Integrationskonzept. Auch redete in der Rückschau niemand von einem »Wunder« wie in der Bundesrepublik. Integration als Nebeneffekt? Die wirtschaftliche Situation erzwang gewissermaßen dieses Phänomen. Die Anziehungskraft wirkte sich dabei auf alle Einwohner der DDR aus: Einheimische wie Umsiedler sahen eine neue Chance gekommen, sich beruflich und sozial im Hier und Jetzt einzurichten.

Die Wanderungen sind noch nicht zu Ende

Das von der SED-gelenkten Staatsführung der DDR angestrebte Ziel der vollständigen Verwischung aller Unterschiede zwischen Einheimischen und Vertriebenen wurde im Ostteil Deutschlands sukzessive mit Hilfe eines Vokabulars dargestellt, das sich zunehmend an der schwerindustriellen Entwicklung orientierte: »Einschmelzung« lautete das Gebot der Stunde. Ein idealer Musterort der Utopie einer neuen Gesellschaft mit neuen Menschen – verschmolzen aus Einheimischen und Neuhinzugekommenen – sollte Stalinstadt, eine neuerbaute Kommune an der Oder sein, die »erste sozialistische Stadt auf deutschem Boden«.

»50 Jahre EKO Stahl«: Die Feier zum Jubiläum im August 2000 berauschte die ganze Stadt. Bundeskanzler Gerhard Schröder erkannte im Rekordjahr eine Trendwende und pries das ostdeutsche Stahlwerk als eine der erfolgreichsten Privatisierungen im wirtschaftlich schwer gebeutelten Osten zehn Jahre nach der deutschen Einheit. Von dem Phänomen der Flüchtlinge und Vertriebenen hörte man in der gesamten Berichterstattung kein Wort. Dabei hatte die Industriearbeit als quasi beiläufiger Integrationsfaktor in der SBZ/DDR eine herausragende Funktion.

Im August 1950 wurden die ersten Kiefernwälder im Odergebiet bei Fürstenberg gerodet, um Platz für das sozialistische Vorzeigeobjekt zu schaffen. Nach dem Beschluss zum Bau des Eisenhüttenkombinats Ost (EKO) und einer Wohnstadt ging es zügig voran: 1951 konnten die ersten Wohnungen bezogen, der erste Hochofen in Betrieb genommen werden. Hier wurde das realisiert, was im »Gesetz über die weitere Verbesserung der Lage der ehemaligen Umsiedler« vom 8. September 1950 gefordert war: eine Erweiterung des Wohnungsbauprogramms in Betrieben, in denen eine große Anzahl Umsiedler arbeitete. Zinslose eintausend Mark »Wohnbedarfskredit« erhielten zudem Bedürftige, ebenso kamen Umsiedler-Neubauern und Umsiedler-Handwerker in den Genuss von Unterstützung. »Ein Gesetz gibt den Umsiedlern die neue Heimat.« Ob der Text einer Propagandabroschüre Recht behalten

Feierliche Einweihung des ersten Hochofens im EKO-Stahlwerk am 19. September 1951

sollte? Können Gesetze Heimat schaffen? Zudem wurde in diversen Durchführungsbestimmungen der Kreis der Empfänger deutlich eingeschränkt. Beschwerden darüber, dass für den Kredit nichts Entsprechendes angeschafft werden könne, häuften sich: Wer bauen wollte, und keine Steine kaufen konnte, zweifelte am Sinn der Aktion.

Will man die Spuren der »ehemaligen Umsiedler« – man beachte die Integrationspropaganda – nach 1950 verfolgen, gibt es ein schwer-

Wohnhäuser in Stalinstadt, 1959

wiegendes Problem: Die Vertriebenen verschwinden aus den Akten. Die Quellenüberlieferung endet hier schlagartig. In Statistiken tauchen die Flüchtlinge und Vertriebenen von nun an nicht mehr auf. Aus dem sperrigen und dünnen Material gilt es, die Spur nicht zur Gänze zu verlieren.

Die Wohnstadt im Schatten des EKO Stahlwerks bekam 1953 den Namen Stalinstadt. Obschon es kein konkretes politisches Konzept zur Ansiedlung beziehungsweise Anwerbung von Vertriebenen gab, strömten die entlang der Oder oft primitiv untergebrachten Menschen dorthin, wo es Arbeit gab. Der regelrechte Stau von Flüchtlingen in den Regionen an der Oder konnte so entschärft werden: Das Stahlwerk mitsamt der relativ günstigen Wohnsituation übte eine Art Sogwirkung gerade auf diejenigen aus, die in der Landwirtschaft nicht zurechtkamen oder einfach die schlechten Verhältnisse auf dem Lande nicht mehr ertragen wollten. Auf der größten Baustelle des Landes herrschte ein Durch- und Miteinander von ehemaligen Kriegsgefangenen, Bauern, Handwerkern, Umsiedlern usw. Diese »Baustellenbedingung« der Anfangszeit scheint einer Eingliederung im Sinne einer Verschmelzung der genannten Gruppen förderlich gewesen zu sein. Vor Ort kämpften alle mit den gleichen Schwierigkeiten und hatten alle dieselben Chancen.

Während es in den ersten Nachkriegsjahren noch darum gegangen war, das Überleben zu sichern, ermöglichte ein Industriearbeitsplatz den Aufbau einer sicheren Existenz. Dafür nahmen die Umsiedler zum Teil noch einmal eine Wanderung in Kauf, hin zu den Arbeitsplätzen. Bereits 1946 hatte eine freiwillige, gelenkte Verteilung der Umsiedler von den hauptbelasteten Regionen in Richtung Süden begonnen, nach Sachsen und Thüringen. Der über mehrere Jahre anhaltende Ausgleichsprozess ermöglichte den meisten der Betroffenen, einen Ort zu finden, in dem sie sesshaft werden konnten. Endlich hatten sie einen gesicherten Arbeitsplatz und eine intakte Wohnung. Während in der Bundesrepublik zwischen 1950 und 1961 35 Prozent mehr Wohnungen als vorher zur Verfügung standen, betrug dieser Anteil für die DDR im gleichen Zeitraum nur zehn Prozent. Das Kohleveredelungskombinat »Schwarze Pumpe« im Bezirk Cottbus beispielsweise – das größte Investitionsvorhaben der DDR in den sechziger Jahren – versprach nicht nur einen gut bezahlten Arbeitsplatz, sondern vor allem die ausreichende Versorgung mit Wohnraum: Das nahe liegende Hoyerswerda, bis dahin eine Kleinstadt mit weniger als 10 000 Einwohnern, wuchs zur Wohnstadt im Plattenbaustil mit 70 000 Menschen, unter ihnen ein Fünftel Vertriebene.

Berufsfremd eingesetzte Arbeiter – so das Ergebnis von Befragungen – hatten ein besonders starkes Karrierebewusstsein. Eine Erscheinung, die in beiden Teilen Deutschlands zu beobachten war. Allerdings schien sich der Ehrgeiz nicht auf die politische Tätigkeit in der DDR auszudehnen, in Partei und Gewerkschaft gab es nur selten Funktionärsposten, die mit Vertriebenen besetzt waren. Überhaupt scheinen die Umsiedler weniger als die Altbürger politisch engagiert gewesen zu sein, ihr Anteil an SED-Mitgliedern war geringer als unter den Einheimischen.

Die Industrie trug also mit ihrem in der Nachkriegszeit erhöhten Bedarf an Arbeitskräften – wenn auch mit Verzögerung – wesentlich zur Integration der Vertriebenen bei. Das war in der DDR nicht anders als in der Bundesrepublik. Besonders qualifizierte Arbeiter profitierten schnell davon, dass, nachdem die große Welle der Vertreibung abgeschlossen war, eine bessere Organisation der Verteilung von Arbeitskräften geleistet werden konnte. So bot sich eher die Möglichkeit, in gehobenen Positionen eingesetzt zu werden. Weniger qualifizierte Vertriebene wurden ersten Einschätzungen nach verstärkt im Berg-

Transportzug mit demontierten Industrieanlagen aus der sowjetischen Zone auf dem Weg in die UdSSR

bau, auch im Uranbergbau, beschäftigt. Schätzungen zufolge sollen dort mancherorts bis zu 80 Prozent der Arbeiter Vertriebene gewesen sein.

Für andere war der Wanderungsprozess jedoch noch immer nicht abgeschlossen. Ein Leben im Westen lockte.

Verlässliche Daten zur Sozialstruktur der Vertriebenen, die weiter in die Bundesrepublik flohen, gibt es kaum. Lediglich die Volkszählungen erlauben Rückschlüsse. Wie viele Vertriebene, die zuerst in der SBZ/DDR einen Wohnsitz hatten, gelangten ab 1945 in die westliche Hälfte Deutschlands bzw. in die Bundesrepublik? Für den Zeitraum bis 1961 wird davon ausgegangen, dass von den etwa 4,1 Millionen Vertriebenen in der DDR mindestens 600 000 dauerhaft in den Westen kamen. Bemerkenswert ist dabei Folgendes: Unter allen Zuwanderern, die bis dahin aus der DDR geflohen waren – im Westen SBZ-Flüchtlinge genannt –, stellten die Vertriebenen mit über 30 Prozent einen überdurchschnittlich hohen Anteil dar: Ihr Bevölkerungsanteil betrug im angegebenen Zeitraum nur etwa 20 Prozent. Sie verließen ihr erstes Aufnahmeland vor allem bis zum Jahr 1959 überproportional.

Warum war das so? Auf der Suche nach den Gründen stößt man zunächst auf für alle Abwanderer ähnliche Beweggründe: Angst vor Strafmaßnahmen der Besatzungsmacht (besonders bei den NS-Belasteten), der Wunsch der Familienzusammenführung, wirtschaftliche Not und auch politische Motive. Die Furcht vor der Roten Armee in der Anfangszeit war besonders unter den Vertriebenen ausgeprägt, die zum Teil bitteren Erfahrungen der zurückliegenden Monate und Jahre waren haften geblieben. Auch die oft als sinnlos wahrgenommenen Demontagen der Sowjets hatten kein Vertrauen aufkommen lassen.

Bei uns haben die Russen abmontiert, was nicht niet- und nagelfest war. Die Versorgung war sehr schlecht. Auch bei uns blühte der Schwarzmarkt, Möbel waren nur unter einer langen Wartezeit zu bekommen. Die Arbeiter meuterten ... Es hieß, die DDR ist ein Arbeiter- und Bauernstaat. Es hieß aber allgemein, man darf nur kein Arbeiter oder Bauer sein ... (Olga Kleinfeld, Jahrgang 1920 aus Sibirien)

Auch hatten sie natürlich eine geringere Bindung an die neue Umgebung als die Alteingesessenen. Was hatte man schon zu verlieren, wenn man noch einmal den Ort wechselte – es konnte eigentlich nur besser werden. War das hier überhaupt eine neue Heimat? So dachten

Vor dem West-Berliner Flüchtlingsbüro warten DDR-Flüchtlinge auf ihre Registrierung; August 1952

viele. Hinzu kam ein weiteres Moment, das Beachtung verdient: Zahlreiche Flüchtlinge und Vertriebene in der DDR waren von der staatlichen Betreuung enttäuscht. Ihre doch speziellen Probleme als Entwurzelte wurden kaum beachtet. Gelegenheiten, zumindest ein heimatorientiertes kulturelles Vereinsleben aufzubauen, wurden ihnen nicht eingeräumt.

Trotz der psychologisch wichtigen Rolle der Bodenreform, die eine Anerkennung der Neubürger als gleichberechtigte DDR-Bürger wenigstens formal beinhaltete, wandten sich viele ab: Im Westen gab es ein Gesetz mit dem schönen Namen »Lastenausgleich«, das seine Sogwirkung besonders auf ältere Vertriebene nicht verfehlte. – Damit konnte sich die Führung der DDR noch zufrieden geben, denn die Sozialkassen wurden dadurch spürbar erleichtert. Aber die Hälfte aller SBZ-Flüchtlinge – ob Vertriebene oder aus alteingesessenen Familien – war unter 33 Jahre alt, ja zumeist Anfang zwanzig. Dieser Verlust an jungen, am Anfang ihres Berufslebens stehenden Personen bedeutete für den jungen Staat eine enorme Herausforderung. Hinzu trat der Umstand, dass besonders die gut ausgebildeten Facharbeiter der sozialistischen Republik für immer den Rücken kehrten. Nur durch die massenhafte Integration von Frauen in das Berufsleben gelang es der Staats- und Parteileitung, diesen Verlust im Laufe der Jahre zumindest ansatzweise auszugleichen.

Sozusagen in gut verträglichen Dosen kamen die späteren Inhaber des Vertriebenenausweises mit der Kennung »C« für SBZ-Flüchtlinge in den Westen. Und zwar genau solche Personen, die man auch hier zur Schaffung und Weiterführung des »Wirtschaftswunders« benötigte: junge, gut ausgebildete Fachkräfte. Die zusätzliche quantitative Belastung der Einwohnerstruktur in der Bundesrepublik wurde durch das hervorragende Know-how dieser Gruppe qualitativ wettgemacht.

Die Flüchtlinge und Vertriebenen des Zweiten Weltkrieges in der DDR etikettierte man erst als Umsiedler, dann als »ehemalige Umsiedler«. Jetzt war ein Teil von ihnen wieder zu Flüchtlingen geworden: Mit deutlich diskriminierender Betonung bezeichnete die Staatssprache diesen Personenkreis als »Republikflüchtlinge«.

Das Ende der Rückkehrutopie in der DDR

Die Geschichte der Vertreibung in ihrem Gesamtzusammenhang konnte in der DDR auch in den ersten Jahren nicht öffentlich diskutiert werden. Zu sehr lag im kommunistischen Gesellschaftsgefüge der Schatten Stalins über allen Äußerungen. Hinter den offiziellen Kulissen findet sich jedoch noch ein anderes Bild als das vorgestanzte. Nicht alle Rückkehrhoffnungen der Vertriebenen konnten in der DDR unterdrückt werden. Noch 1965 wünschte sich ein Fünftel der Bevölkerung die Grenzen von 1937 zurück, darunter überdurchschnittlich viele der in der Landwirtschaft Tätigen. Diese starke Minderheit, die »Revisionisten«, wies zwangsläufig einen hohen Grad von Vertriebenen auf, wie eine Meinungsumfrage des Zentralkomitees der SED ergab. Dass unter der Oberfläche der Wunsch nach Rückkehr präsent war, im Gegensatz zur offiziellen Propaganda, offenbarte sich unter anderem in einer Demonstration am 17. Juni 1953 im direkt neben Stalinstadt gelegenen Fürstenberg: Forderungen nach Rückgabe der ehemals deutschen Gebiete schallten laut hörbar durch die Straßen.

Rückkehr in die Heimat. Aus Informationsberichten von Parteigruppen und Betrieben des ersten Nachkriegsjahrzehnts geht hervor,

Hoyerswerda, die Wohnstadt für Arbeiter des Kombinats »Schwarze Pumpe«

dass dieser Gedanke bei den Vertriebenen ganz weit oben stand. Die Sehnsucht nach der Heimat verging nur langsam. Auch in Aufrufen und Briefen an die verschiedenen SED-Parteiorgane finden sich empörte Reaktionen auf die Politik den Umsiedlern gegenüber, besonders seit der Auflösung der ZVU und dem Hinweis, das Problem der »Umsiedler« sei als gelöst zu betrachten. Bereits im Frühjahr 1948 war die Behörde geschlossen und dafür eine Abteilung in der Deutschen Verwaltung des Innern geschaffen worden. Ein Signal dafür, dass die Interessen der Vertriebenen nun keine Rolle mehr spielten. Zwar war den Sonderbehörden in den westdeutschen Ländern ein vergleichbares Szenario beschieden gewesen, aber dort hatten sich bald andere Interessenvertretungen der Flüchtlinge und Vertriebenen etabliert, was in der DDR schließlich undenkbar war.

Heikel wurde es nach der Unterzeichnung des Görlitzer Vertrages zwischen Polen und der DDR im Juli 1950. Die Grenze an Oder und Neiße wurde damit von beiden Regierungen als die endgültige polnisch-deutsche Grenze anerkannt. Für viele löste sich so die Vorstellung von einer baldigen Rückkehr in Luft auf. Den Zorn darüber bekamen vor allem die Ortsverbände der SED zu spüren.

Die breite Ablehnung der Grenzvereinbarung veranlasste die Parteiführung zu zweierlei. Erstens wurde eine Kampagne zur besseren

Akzeptanz des Vertrages durchgeführt. Deutsch-polnische Freundschaftswochen sollten jedem Umsiedler die Bedeutung des Abkommens klar machen und die Wut abkühlen lassen. Zweitens schwenkte die Staatsführung kontinuierlich auf einen härteren Kurs gegenüber Kritikern ein. Die Staatssicherheit sollte die entsprechenden Gruppierungen in den Betrieben stärker überwachen. Wer noch immer vom Heimatrecht redete oder die Grenzfrage weiterhin heraufbeschwor, machte sich als Gegner von Staat und Partei verdächtig. Verfolgung und Gerichtsverfahren drohten.

Die Zurückhaltung bei den Flüchtlingen und Vertriebenen – und nicht nur bei ihnen – nahm in der Folgezeit zu. Man schwieg zum eigenen Schicksal, wollte oft das berufliche Fortkommen durch den Hinweis auf die eigene Vergangenheit nicht gefährden. Man richtete sich neu ein.

Der Westen hat keine Ahnung vom Leben in der DDR. Wir mussten hier leben und uns mit diesem Staat arrangieren. (Olga Kleinfeld, Jahrgang 1920, aus Sibirien)

Die erste Phase des Einlebens war vorüber. Der Kampf um das nackte Überleben für die meisten abgeschlossen. Und damit auch das Gefühl, nur Habenichtse zu sein. Auch wenn die Lebenssituation keineswegs als komfortabel zu bezeichnen war, der Übergang zu einem selbständigeren Leben mit beruflichen Aufstiegsmöglichkeiten und besseren sozialen Kontakten war in vielen Fällen gelungen.

Es konnten ja nicht alle in den »goldenen Westen« gehen. Jeder hing ja an seiner Heimat ... Meine Eltern wollten einfach nicht noch mal in ihrem Alter von vorne anfangen und blieben. So bin ich auch in der DDR geblieben. Ich war ihnen ja auch verpflichtet ... So lebten wir, auf bessere Zeiten hoffend. Dann kam 1961 im August das Schlimmste für uns, die Mauer. Wir kamen uns vor, wie vom Rest der Welt abgeschlossen ... Aus der Politik habe ich mich vollkommen rausgehalten. (Olga Kleinfeld, Jahrgang 1920, aus Sibirien)

Die Entscheidung zum Hierbleiben wurde trotz gelegentlich noch vorhandener Rückkehrphantasien getroffen. Der Akzeptanz des Heimatverlustes folgten bei vielen Heirat und Familiengründung.

Die Hoffnung auf Rückkehr war in den fünfziger Jahren bei vielen Vertriebenen noch lebendig; Demonstranten bei Bonn im August 1959

Alle Versuche einer Bildung von Flüchtlingsvereinigungen wurden im Ansatz zunichte gemacht und juristisch verfolgt. Flüchten oder bleiben blieb die einzige Alternative.

Das Sonderbewusstsein als Vertriebene sollte dem entsprechenden Personenkreis in der DDR genommen werden, keine Frage. Man versuchte ihm, wie der ganzen Bevölkerung, die Interessen vorzuschreiben. Sie waren kommunistisch geprägt und im gesellschaftlichen Alltag zu verwirklichen. Aber es hatte eben auch konkrete Integrationsangebote gegeben, zum Beispiel mit der Bodenreform – wie auch immer diese genutzt werden konnten. Wer es nicht attraktiv fand, den vorgeschriebenen Weg vom »Umsiedler« über den »ehemaligen Umsiedler« zum angepassten »Staatsbürger« ideologisch gutzuheißen, der schätzte doch oft die Möglichkeit, sich wirtschaftlich und sozial schließlich vollständig etabliert zu haben. Diese Leistung des »Arbeiter- und Bauernstaates« darf trotz diktatorischer Vorzeichen nicht unterschätzt werden.

Der Bruch mit den gesellschaftlichen Verhältnissen der Vorkriegszeit war in der DDR ungleich tiefer als in der Bundesrepublik. Das erleichterte den Vertriebenen und den Einheimischen das Hineinleben in eine neue Zeit mit neuen Regeln und Normen. Die Distanz zur politischen Führung des Landes mochte im Einzelfall noch so groß sein, über den Kontakt zu den Einheimischen in den Parteien, Sportvereinen, Betrieben usw. schritt der Integrationsprozess stetig voran. Diese Einbindung erfolgte teils aus pragmatischen Überlegungen, teils wegen ihrer auch emotional Halt gebenden Kraft. Schneller als im Westen, da hier die Unterschiede zwischen beiden Gruppen in der von oben verordneten neuen Gesellschaft weniger zu spüren waren und zügiger verwischten.

Viele Angehörige der Flüchtlinge und Vertriebenen, besonders die der jüngeren Jahrgänge, legten dabei ein ausgesprochen starkes Aufstiegsbewusstsein an den Tag. Inwieweit das Engagement nicht nur den beruflichen und sozialen, sondern auch den politischen Bereich umfasste, ist noch nicht abschließend geklärt. Die Reaktionen reichten von eindeutiger Ablehnung der politisch-ideologischen Vorgaben des SED-Regimes bis zur vollständigen politischen Eingliederung in das politische System der DDR.

In gewisser Weise hatten wir nun in Thüringen Fuß gefasst ... Sicher sollte uns durch all die schicksalhaften Ereignisse klar gemacht werden, dass wir hier keine bleibende Stätte haben können und dass unsere wahre Heimat der Himmel ist. Unseren damaligen Peinigern wollen wir in christlicher Weise verzeihen. Die durchlittene schwere Zeit sollten wir auch so deuten, dass sie durchaus eine Folge unseres eigenen Versagens sein könnte. Im Hinblick auf den schmerzlichen Verlust unserer Heimat, drüben im böhmischen Mittelgebirge, möchte ich mit dem öfters gehörten Ausspruch meines Großvaters schließen: »Wer weiß, zu was es gut war!« (Walter Gleißner aus Böhmen)

Polnische »Repatrianten«. Ankunft in Oppeln

Oppeln. In der östlich der Oder gelegenen Stadt endete die russische Breitspurbahn, die sowohl zum Transport der Ostpolen aus Galizien nach Schlesien als auch aus militärischen Gründen bis in das Verwaltungszentrum Oberschlesiens verlegt worden war. Hier und an weiteren Verkehrsknotenpunkten im Gebiet des Oppelner Schlesiens sammelten sich im Juni 1945 mehr als 40 000 Menschen. Nach dem Verlassen

Das Rathaus von Oppeln in Oberschlesien

der russischen Züge blieben sie sich selbst überlassen. Wohin? Was würde als Nächstes geschehen? War das hier die Endstation? Sehnsucht und Apathie breiteten sich unter den Vertriebenen aus.

Mit der Aufnahme der Vertriebenen waren die polnischen Behörden vollkommen überfordert. Es mangelte in Oppeln an sauberem Trinkwasser und sanitären Einrichtungen. Um Hygiene schien sich niemand der vor Ort Verantwortlichen zu sorgen. »Gebt dem Zugführer Schnaps – er fährt euch dann weiter, wohin ihr wollt ...« Waren das ernst gemeinte Ratschläge der russischen Zugbegleiter? Egal, sie hatten keinen Schnaps, die Vertriebenen aus Ostpolen, deren Heimat heute zur Ukraine gehört.

Spätsommer 1945, auf dem Bahnhof von Oppeln. Ein alter Mann, der heute in Popielów lebt, erzählt:

Von 1939 bis 1941 die Russen, von 1941 bis 1944 die Deutschen und dann wieder die Russen. Nach Kriegsende waren die zuvor aus Angst vor Ausschreitungen geflohenen Bewohner der ostpolnischen Gebiete in die zerstörten Dörfer zurückgekehrt. Vor der Front geflohen. Schnell wurde ihnen klar, dass sie nicht bleiben konnten. Der national inspirierte ukrainisch-polnische Konflikt währte noch immer, und die ukrai-

Historischer Exkurs: Posen

Posens Staatszugehörigkeit wechselte um die Wende vom 18. zum 19. Jahrhundert mehrfach. Das, historisch gesehen, klassische polnische Territorium kam 1815, als Polen auf dem Wiener Kongress zum wiederholten Mal geteilt wurde, zu Preußen.
Die neue Provinz, eindeutig agrarisch dominiert, besaß 1817 ungefähr 850000 Einwohner, die sich zu einem Drittel aus Deutschen und zu fast zwei Dritteln aus Polen zusammensetzte. Bis zur Mitte des 19. Jahrhunderts spielten nationale Auseinandersetzungen in den Orten Posens allerdings keine dominierende Rolle, auch feste Sprachgrenzen waren nicht feststellbar. Vor dem Hintergrund der seit der Märzrevolution von 1848 immer stärker werdenden deutschen Einheitsbewegung formierte sich der polnische Widerstand. Der 1871 gegen den Protest der polnischen Abgeordneten erfolgten Eingliederung in das neu gegründete Deutsche Reich schlossen sich erhebliche Diskriminierungen der polnischen Minderheit an, zum Beispiel in der Schul- und Bodenpolitik. Die antipolnische Politik von Reichskanzler Otto von Bismarck fand ihren Höhepunkt 1885 in dem Beschluss der preußischen Regierung, 30000 Polen auszuweisen. Das Verhältnis zu den Deutschen war damit auf einem Tiefpunkt angelangt.
Die Forderung der Polen nach einem eigenen Staat erfüllte sich endlich nach dem Ersten Weltkrieg. Zur polnischen Republik gehörte auch der größte Teil Posens.
Zusammen mit den Resten der Provinz Westpreußen und den übrig gebliebenen Gebieten mit ihren knapp 100 000 deutschen Bewohnern wurde 1920 die Grenzmark Posen-Westpreußen gebildet, die bis 1938 bestand.

nischen Kämpfer hatten längst die Oberhand gewonnen. Wieder ging es vom Land in die Städte, wo man sich mehr Schutz erhoffte. Immer noch bewegten sich die Polen in der Nähe ihrer Heimatdörfer. Natürlicherweise beherrschte der Wunsch nach Rückkehr auch weiterhin ihre Vorstellung von der Zukunft. Wohin sollten sie auch gehen?

Dann war klar: Sie mussten gehen. Ihre Namen fanden sich auf der

»Evakuierungskartei«. Der Befehl, nach Westen auszusiedeln, war nicht abzuwenden. Doch tagelang musste der jetzt alte Mann auf die Transporte warten. Zusammen mit Vater, Mutter und fünf weiteren Geschwistern. Dann kamen endlich die offenen Waggons, in die sie alle einstiegen. Statt nach Westen, fuhr der Zug nun Richtung Osten. Nach Sibirien? Aber plötzlich hielt er und machte dann kehrt. Nach Westen.

Dann also Oppeln. Ohne Schnaps für den Lokomotivführer. Sie konnten den Weg nicht bestimmen. Es ging weiter. Nach kurzer Fahrt stoppte der Zug. Die Gleise verliefen nur bis hier, sie waren abgebaut, demontiert worden. Man war immer noch in Oberschlesien. Wo war man genau? Niemand wusste das in diesem Moment. Das erste Dorf in der Nähe war schon mit Vertriebenen belegt, also weiter auf der Straße, zum nächsten Dorf. Niemand kümmerte sich um die Neuankömmlinge, sie waren in diesem langen Augenblick fast vogelfrei. Schließlich sahen sie leere Häuser mit weißen Fahnen draußen. Sie suchten sich ein Dach und fanden es. Popielów also, eine Gemeinde, die den Grenzverlauf zwischen Ober- und Niederschlesien markiert, zwischen Breslau und Oppeln.

Niemand aus seiner Familie ist zurückgegangen. Die Eltern durften nicht, er wollte später nicht mehr. Das Hier und Jetzt zählte, alles andere war Vergangenheit für ihn, die Geschichte seiner Eltern. Draußen herrschte der Kalte Krieg, der besonders für die Menschen östlich des Eisernen Vorhangs erhebliche Einschränkungen mit sich brachte. Der Überlebenskampf der ersten Nachkriegsjahre prägte Denken und Handeln für das weitere Leben. Mit den verbliebenen Deutschen arbeitete er zunächst im Sägewerk zusammen. Polen und Deutsche waren nach dem Krieg äußerlich kaum zu unterscheiden, zumindest nicht in ihrer Armut. Bildeten sie eine »Gesellschaft der Verlierer«? Nicht wirklich. Denn »die Polen« und »die Deutschen« grenzen sich hier zum Teil bis heute noch deutlich voneinander ab, denken und fühlen in nationalen Kategorien. Trotz eines starken Regionalbewusstseins. Eine Gemeinschaft ja, aber eine, deren Gruppen klar voneinander zu unterscheiden waren und noch sind.

Nein, sie hat nie Angst gehabt, dass die Deutschen wiederkommen würden. – Ein zweites Beispiel aus Popielów. – Nie Angst, dass sie Haus und Hof verlassen müsste, erneut einen Weg ins Ungewisse auf sich nehmend. Ihre Eltern sind aus Ostpolen vertrieben worden, einem Teil der heutigen Ukraine. Über Generationen hinweg hatte die Familie dort durch Arbeit in der Landwirtschaft ihren Lebensunterhalt erwirtschaftet. Vor über fünfzig Jahren nun erging an ihre Eltern die Aufforderung, in ein paar Stunden das zusammenzupacken, was sie mitnehmen konnten, und ihren Heimatort zu verlassen. Alle mussten raus. Über Oppeln gelangten sie schließlich in die Gemeinde Popielów.

Ihre Eltern berichteten später einmal, Jahre später, von den Ermordungen und Gewalttaten, die im Zusammenhang mit dem polnisch-ukrainischen Bürgerkrieg passiert waren.

Sie selbst ist hier in Oberschlesien geboren worden, nach dem Zweiten Weltkrieg. Zur Entbindungsstation hat ihre Mutter jener Mann gefahren, der mit ihnen noch ein Jahr im selben Haus lebte. In dem Haus, dass ihm bis Kriegsende gehört hatte. Während seine Familienangehörigen schon in Deutschland weilten, dachte er an die Möglichkeit einer Rückkehr seiner Nächsten. Er wollte den Hof, das Haus nicht völlig aufgeben. Ob dieses Zusammenleben von entrechteten Deutschen und Polen auf engem Raum in späteren Zeiten gelungen wäre, lässt sich wohl nicht genau vorhersagen. Aber immerhin: Es gab Beispiele gelungenen Nebeneinanders in Zeiten der zerstörten Welten.

Ihre Eltern hatten immer Angst vor einem Wiedersehen mit der alten Heimat oder gar vor einer Rückkehr. Drohten nicht staatliche Zwangsmaßnahmen, eventuell erneute Deportation? Sie hatten für immer Abschied genommen. Auch sie war nie in der Heimat ihrer Eltern. Warum? Heimwehtourismus, gleich welcher Form, wurde in der Sowjetunion nicht geduldet. Noch heute hat sie Angst, die Ukrainer würden sie verjagen. Eine Erfahrung, auf die sie verzichten wollte. Sie ist froh, in Ruhe leben zu können. In einfachen Verhältnissen, an westlichen Maßstäben gemessen. Wenn sie noch einmal jung wäre? Ja, sie würde etwas anders machen. Sie wäre, als es noch irgendwie möglich war, nach Deutschland gegangen.

Die Frau und der Mann aus Popielów: zwei Beispiele für von der Vertreibung direkt oder indirekt betroffene Polen. Vertriebene durften sie nicht genannt werden, da die Verträge der sozialistischen Bruderländer nur positiv besetzte Begriffe kannten. Vertreibung, das Wort war zu negativ besetzt. In Polen erfand man für die aus den polnischen Ostgebieten vertriebenen und die aus der Verbannung in Sibirien in die »Wiedergewonnenen Gebiete« verbrachten Personen deshalb den Begriff der »Repatrianten«. Ein Propagandawort, das in die Leere führt. Es unterstellt die Freiwilligkeit der Zwangswanderung, genauso wie die offizielle polnische Agitation die Vertreibung interpretierte: freiwillige Heimkehr ins Vaterland. Diese Lesart hatte einen konkreten Anlass. Vor dem Hintergrund der abgeschlossenen »Repatriierungsverträge« mit den entsprechenden Sowjetrepubliken hatten die zu Vertreibenden eine Unterschrift geleistet, mit der sie die Freiwilligkeit der Aktion bezeugen sollten. In der Mehrzahl der Fälle waren sie aber dazu gezwungen worden, mittelbar und unmittelbar: Sie unterschrieben aus Angst vor Deportationen, Verhaftungen oder einfach deshalb, weil sie als Polen keine Lebensmittel mehr auf Karte erhielten.

Westgebiete. Der zweite kritische Begriff. So lautet der in Polen heute üblicherweise benutzte Terminus für die ehemals deutschen Ostgebiete. Aber er verdeutlicht auf ganz einfache Art und Weise die Grenz- und Bevölkerungsverschiebung in der Folge des Zweiten Weltkrieges. Aus den deutschen Ost- wurden die polnischen Westgebiete. Noch bis in die fünfziger Jahre hinein wurde dieses Territorium propagandistisch als »Wiedergewonnenes Gebiet« bezeichnet, ein Ausdruck, der einen historisch begründeten Anspruch auf das Territorium unterstellte. Hier, in den Westgebieten also, machten die polnischen

Ostvertriebenen einen Anteil von einem Viertel der Bevölkerung aus. Nicht nur sie waren nach Westen gezogen. Neben dieser Zwangswanderung hatten außerdem allein 1,6 Millionen Menschen aus Zentralpolen im Jahr 1945 ihre Heimat verlassen. »Na Zachód« (In den Westen) verhießen Werbebroschüren für die Umsiedler. Sie versprachen sich von ihrer selbst gewählten Ost-West-Wanderung bessere Lebensverhältnisse, einen Neuanfang. Zwischen beiden Gruppen – Vertriebenen und freiwilligen Umsiedlern – muss im Fall Polens unterschieden werden.

Fakten schaffen, so schnell wie möglich. Fakten, an denen die internationale Politik nicht vorbeigehen konnte. Diese Politik der vollendeten Tatsachen, die sowohl die UdSSR als auch die polnische Regierung schon in den letzten Kriegsmonaten verfolgte, ist bereits beschrieben worden. Sie hatte konkrete Auswirkungen auch auf die polnischen Vertriebenen. Denn manchmal kamen sie einfach zu spät. Zu spät zur Inbesitznahme der von den Deutschen verlassenen Güter. Die Siedler aus Zentralpolen, die frühzeitig nach der Eroberung der Westgebiete aufgebrochen waren, hatten sich nämlich die Häuser und Höfe aussuchen können. Wer zuerst kommt ...

Im Vergleich zu den Umsiedlern aus Zentralpolen waren die Vertriebenen aus den Ostgebieten oft ihrer Habe beraubt worden. Ein Leben in Armut begann, manchmal setzte es sich auch einfach fort. Zu unterscheiden waren die zwei Millionen Vertriebenen, die zehn Prozent der Bevölkerung Polens ausmachten, auch durch ihre Sprache – mochte dies eine Färbung oder ein Dialekt sein – und ihre kulturellen Gewohnheiten. Sie waren anders, die Fremden. Ähnlich wie in den von den Alliierten besetzten Zonen in Deutschland trug diese Zuschreibung – fremd und arm – nicht zur schnellen Integration bei. Viele der betroffenen Vertriebenen erlebten das Gefühl der Entwurzelung mit Schmerzen. Apathie und auch verstärkter Alkoholkonsum waren bei einigen die Folge. Die Traumata der Vertreibung waren zwar individuell verschieden, ihr Vorhandensein bei allen hier besprochenen Gruppen ist aber wohl kaum zu bestreiten.

Ebenso wie die Vertriebenen in der SBZ/DDR und in den Westzonen dachten in Polen die Älteren intensiver an eine mögliche Rückkehr als die Angehörigen der jungen Generation. Lange Zeit wollten sich die erwachsenen Vertriebenen vornehmlich in den ländlichen Gebieten nicht auf Dauer einrichten. Das wiederum führte angesichts des Konkurrenzkampfes zu klaren Nachteilen gegenüber denen, die alle Kraft in die Sicherung und den Ausbau ihrer Existenz legten.

Zwischen allen Stühlen und auf gepackten Koffern: Ein Einrichten in der Gegenwartsgesellschaft verpassten viele der Älteren.

Die Landreform als Schrittmacher der Integration in Polen

Das war die Besonderheit in Polen: speziell vorgesehene Aufnahmegebiete für Vertriebene. Weder in der SBZ noch im Westen Deutschlands gab es dieses Phänomen. Aber die von Großgrundbesitz geprägte Landwirtschaftsstruktur in den polnischen Westgebieten erwies sich nicht geeignet für das Ansiedlungskonzept von Mittel- und Kleinbauern, wie es die Landreform in Polen eigentlich vorsah. Dazu kamen die unmittelbaren Kriegsfolgen: Große Teile des Viehbestandes waren verloren gegangen, die Maschinen zerstört oder demontiert worden, ausreichendes Saatgut nicht vorhanden. Aufgrund der Kampfhandlungen in der Endphase des Krieges in diesen Gebieten gab es kaum intakte Gebäude, es fehlte an Wohnraum und Wirtschaftsgebäuden. Die Anfangsprobleme schienen ins Unermessliche zu wachsen.

Die Westgebiete erwiesen sich daher als wesentlich weniger aufnahmefähig, als von den Planern der Reform anfänglich gedacht worden war. Bereits Ende 1945 waren die landwirtschaftlich nutzbaren Flächen besetzt bzw. die dazugehörigen Wohngebäude überfüllt. Es gab mehr Bauern als Landwirtschaften. Die Konkurrenz um die besten Flächen und Höfe wuchs. Die Vertriebenen konnten sich zumeist gegen die verbliebenen Deutschen Oberschlesiens und die Umsiedler aus Zentralpolen nicht durchsetzen und blieben die am stärksten Benachteiligten im Verteilungskampf. Für Polen liegen keine mit der Situation in der SBZ/DDR vergleichbaren Zahlen zur Bodenreform vor. Unbestritten ist nur, dass die Vertriebenen in Bezug auf die Landzuteilung und die Größe der zugewiesenen Höfe oftmals schlechter abschnitten als die Umsiedler aus Zentralpolen.

Auch in Polen war die Landreform als Teil des gesellschaftlichen Neuaufbaus der Gesellschaft geplant. Der Sozialismus sollte in den Westgebieten ein für alle sichtbares Antlitz erhalten. Als Integrationsklammer dachte man – anders als im geteilten Deutschland – noch

In Milin, dem früheren Fürstenau in Niederschlesien, wurde auf dem ehemaligen Gut eine landwirtschaftliche Genossenschaft gegründet; 1955

immer an die positive Bindekraft des Nationalismus, ohne deren latente Gefahren zu beachten: »Pioniere des Polentums« sollten den Aufbau der neuen Gemeinschaft sichern.

Die »Repolonisierung« der »Wiedergewonnenen Gebiete« wurde als Ziel proklamiert. Aber es gab Pioniere verschiedener Güte: die der ersten Klasse – die Umsiedler –, der zweiten Klasse – die Vertriebenen – und Objekte der Polonisierung – die Einheimischen. Alle Gruppen grenzten sich voneinander ab und hatten überwiegend negative Bilder von den jeweils anderen.

Eines Tages, noch vor Weihnachten 1945, kam plötzlich ein Pole. Er war uns gegenüber nicht gerade unfreundlich, er war guter Dinge. Er hatte Haus und Grundstück meiner Großeltern ins Auge gefasst, sich es ... dokumentieren lassen. So reiste im Frühjahr 1946 dessen Familie an ... Sie kamen östlich des Bugs her ... Für zwei Familien, zweier unterschiedlicher, verfeindeter Nationalitäten war kein Platz unter einem Dach. Die Spannungen nahmen zu. Nichts lag näher als der endgültige »Auszug« aus dem eigenen Haus. (Wolfgang Schmidt aus der Oberlausitz)

Die Umsiedler galten in den Augen der anderen als Plünderer, Karrieristen; Vertriebene als schlampige Wirtschafter. So wie die deutschen Vertriebenen in der BRD und DDR als »Polacken« beschimpft wurden, nannte man die Polen aus den Ostgebieten »Ukrainer«. Gegenseitige Vorurteile, deren Rudimente noch heute spürbar sind.

Die Vertriebenen als Pioniere bei der Schaffung einer neuen kleinbäuerlichen Struktur auf dem Land, das war der Ursprungsgedanke der polnischen Führungseliten. Die Sicherung der Gebiete selbst, so lässt sich aus Regierungsakten jener Frühphase schließen, war der Staatsführung wichtiger als die Eingliederung der »Repatrianten«. Sie waren Mittel zum Zweck.

Ein besonderes Moment in Polen war der vergleichsweise große Widerstand gegen Kollektivierung und Stalinisierung. Die Kollektivierung wurde in Polen schon 1948/49 durchgesetzt, die Besitzverhältnisse änderten sich also bereits zwei Jahre nach der Bodenreform erneut. Besonders betroffen waren davon die Vertriebenen, da sie im Gegensatz zu den verbliebenen Deutschen – den Einheimischen, die fremd im eigenen Land wurden – über keinerlei Grundbucheintragungen ihres zugewiesenen Eigentums verfügten. Die Landflucht in Polen Anfang und Mitte der fünfziger Jahre hatte ihre Ursache ebenfalls in der Kollektivierung.

Die Erfahrungen der Ostpolen mit den kollektivistischen Zwangsmaßnahmen unter der sowjetischen Herrschaft der Jahre 1939 bis 1941 waren den meisten der nun im Westen lebenden Ostpolen in schlechter Erinnerung. Sie hatten gelitten und sahen sich nun wieder der Herrschaft des kommunistischen Moskauer Regimes ausgesetzt. Freude kam da nicht auf. Viele Polen fühlten sich analog zu den verjagten Deutschen als Vertriebene, die einseitig geschädigt und benachteiligt worden waren. Als Mittel zur harmonischen und schnellen Eingliederung in die neue Gesellschaft ist die Landreform in Polen aus der Rückschau jedenfalls gescheitert. Die Anpassungsschwierigkeiten der verschiedenen Bevölkerungsteile untereinander hielten über Jahre an.

All solchen Problemen zum Trotz kennzeichnete die polnischen Vertriebenen nach Überwindung von Apathie und Verzweiflung ein bemerkenswertes Karrierestreben. Die überaus mobile Gruppe suchte ihre Chance, die Traumata der Vertreibung rückten immer stärker in den Hintergrund.

Die Wirtschaftlichkeit der bäuerlichen Betriebe in ihrer kleinteiligen Struktur ließ vielfach stark zu wünschen übrig. Hohe Subventionen überdeckten nur mühsam die strukturellen Missstände. Bis heute zeigt ein Besuch im Oppelner Land, dass eine Mitgliedschaft Polens in der Europäischen Union einen erheblichen Anstieg der Arbeitslosen zur Folge haben würde, da die kleinen Betriebe einer internationalen Konkurrenz nicht gewachsen wären.

Polnische Vertriebene. Kein Votum in der Politik

In Polen wurde die staatliche Vertriebenenbehörde, das PUR (Państwowy Urząd Repatriacyjny), per Dekret bereits im Oktober 1944 gegründet. Zunächst war das »Repatriierungsamt« für die Registrierung und den Transport der Ostpolen zuständig. Nach der Eroberung der deutschen Ostgebiete erfuhr das PUR eine Erweiterung seines Aufgabengebietes: Neben der Aufnahme und Ansiedlung sollte es auch die Fürsorge der »Repatrianten« organisieren. Seit Mai 1945 war das PUR zudem für die Vertreibung der Deutschen und die Rückführung der Polen aus dem Westen zuständig. Eine fast unmögliche Aufgabe, zumindest eine, die die Behörde in dem Kompetenzchaos der Nachkriegszeit deutlich überforderte.

Vertriebene fand man in der staatlichen Verwaltung der ersten Nachkriegsjahre kaum. Ihre politische Gesinnung galt nicht zu Unrecht – nach dem, was sie erlitten hatten – als antikommunistisch beziehungsweise antisowjetisch. In der Provinz Oberschlesien, zu der Oppeln bis heute zählt, arbeiteten im Sommer 1945 fast 1400 Angestellte. Als Besonderheit des PUR stellte sich heraus, dass es nach und nach die Interessen der polnischen Ostvertriebenen vertrat. Oft war es in vielen Orten der Westgebiete die erste und einzige polnische Behörde. Anfangsschwierigkeiten zum Trotz kann seit Anfang 1946 von einem zwar nicht reibungslosen, aber doch geregelten Funktionieren gesprochen werden. Kernpunkt ihrer Aktivitäten blieb, ungeachtet der Vielfalt ihrer Aufgaben, die Betreuung der polnischen Ostvertriebenen. Dabei entwickelte die Behörde erheblichen Ehrgeiz. In zahlreichen Eingaben an das Ministerium für die Wiedergewonnenen Gebiete brachte sie die zuvor zusammengetragenen Wünsche und Forderungen der Vertriebenen zum Ausdruck. Das reichte von

Versorgungsproblemen bis hin zu Gesetzesvorschlägen zur gerechten Verteilung von Land bzw. Immobilien. Man wandte sich in einer Eingabe sogar gegen den weiteren Zuzug von Umsiedlern, um die Lage nicht weiter zu verschärfen. Auch wenn der Einsatz des PUR nicht immer von Erfolg gekrönt war, hatte er doch für die Vertriebenen selbst eine hohe Bedeutung. Sie hatten Vertrauen darauf, dass ihre Interessen ernst genommen würden. So kam den Bemühungen der Behörde eine große integrative Funktion zu, von der letztlich alle Beteiligten profitieren konnten.

Die Zeit des PUR währte jedoch nur kurz. Mit dem Abebben des Stroms der Vertriebenen im Herbst 1946 übernahmen schrittweise Abteilungen der allgemeinen Verwaltung seine Aufgaben. Bereits 1948 wurde das Personal drastisch abgebaut und nach erfolgloser Weiterarbeit das nun schon fast unwichtig gewordene Amt 1951 ganz geschlossen. Auch im Westen und in der SBZ/DDR wurden die Sonderbehörden für Vertriebene schließlich aufgelöst und deren Zuständigkeiten und Aufgaben neu bzw. wegdefiniert und in die allgemeine Verwaltung überführt. Aber in der DDR und in Polen waren nichtstaatliche Organisationen als »Ersatzinteressenvertreter« der Vertriebenen ausgeschlossen. Deshalb hat hier die Auflösung der Sonder-

Oderbrücke der ehemaligen Eisenbahnverbindung zwischen Wriezen und Mohrin im Oderbruch nach Stargard

behörden eine größere Bedeutung als im Westen Deutschlands, wo zahlreiche kulturelle und politische Vereinigungen als Interessenvertreter der Vertriebenen existierten.

Das politische System Polens gelangte schnell an seine Grenzen im Hinblick auf die Aufnahme und die Integration der Vertriebenen. Das reine Überleben und die Versorgung mit dem Nötigsten konnten zwar meistens gewährleistet werden, doch bildeten die »Repatrianten« lange Zeit eine durch Herkunft, Sprache und kulturelle Gewohnheiten von den übrigen Bewohnern ihrer Siedlungsgebiete unterscheidbare Gruppe. Verbunden damit waren Diskriminierungen wirtschaftlicher und politischer Natur.

Anders als in der späteren Bundesrepublik und der DDR trafen die polnischen Ostvertriebenen in ihrer neuen Umgebung allerdings nicht auf eine traditionsbewusste Gemeinschaft, die ihnen gegenüber ausschließlich negativ eingestellt war. Die Ausgangssituationen der einzelnen Gruppen in den polnischen Westgebieten ähnelten sich. Trotzdem entstand ein Konkurrenzkampf, bei dem die sozial deklassierten Vertriebenen den Umsiedlern aus Zentralpolen und den verbliebenen Deutschen oftmals unterlegen waren.

Eigentlich hätte es in den Westgebieten keine Verteilungskonflikte geben müssen, da das gesamte Eigentum für eine Aufteilung zur Verfügung stand. In der Praxis sah das jedoch anders aus. Umsiedler wurden bei der Vergabe von Hofstellen begünstigt. Sie konnten sich auch höhere Stellen in der Wirtschaft und Politik sichern, was langfristig zu sozialen Unterschieden führte.

Da sowohl die Verwaltung als auch die Landreform hinsichtlich der Vertriebenen versagten, kann die offizielle Vertriebenenpolitik in Polen nur als gescheitert bezeichnet werden. Das hatte langfristig Nachwirkungen. Die Integration der »Repatrianten« in der Volksrepublik Polen verzögerte sich erheblich, wodurch der Wiederaufbau der Westgebiete nur langsam vorwärts kam. Der polnische Nationalismus als Klammer der Eingliederung versagte ebenfalls. Die autochthone Bevölkerung der Westgebiete wurde dadurch dem neuen Staatswesen entfremdet, die ehemaligen Bewohner der an die Sowjetunion gefallenen polnischen Ostgebiete fanden nur schwer Zugang zu ihrer neuen Umgebung. Die Vertreter des polnischen Staates hatten sich einiges von der Ansiedlung der Ostpolen versprochen, aber wohl nicht mit der Vielzahl der entstandenen Probleme gerechnet.

Zu Hause in Popielów

Manchmal nachts schlichen Leute ums Haus. Und lauschten. Nicht der Musik oder dem Gesang der Vögel. Sie lauschten, um zu hören, ob hier Deutsch gesprochen wurde. Denn das war hier in Popielów verboten, genauso wie im übrigen Polen. Natürlich redeten die verbliebenen Deutschen, wenn sie unter sich waren, in ihrer Muttersprache. Mit Polnisch hatten viele Schwierigkeiten, zumindest fehlte dabei die Vertrautheit. Bei den Kindern war das schon anders. Sie lernten von klein auf in der Schule auch die polnische Sprache.

Wenn jemand beim Deutsch reden ertappt wurde, gab es Ordnungsstrafen. Manche nahmen das in Kauf, andere lebten mit der »Schere im Kopf«, da sie vor Bespitzelung und Denunziation nie sicher sein konnten.

Mehr als zwei Millionen Ostdeutsche blieben in den alten Siedlungsgebieten, nun jenseits der deutschen Grenze, oder kehrten nach der Flucht vor der Roten Armee dorthin zurück. Nicht alle freiwillig. Fast alle in Schlesien verbliebenen Deutschen – mehr als 860 000 – waren im Regierungsbezirk Oppeln ansässig. Viele von ihnen mussten im oberschlesischen Industriegebiet arbeiten. Im Mai 1945 war sämtliches Eigentum der Deutschen enteignet worden. Zwei Jahre später erließ die polnische Regierung Anweisungen, sämtliche Spuren des Deutschtums auszumerzen und den Gebrauch der deutschen Sprache zu untersagen. Warum verblieben manche Deutsche damals freiwillig im heutigen Polen, solange sie nicht zwangsweise umsiedeln mussten oder zum Dableiben gezwungen waren wie manche Bergleute? Die erste einfache Antwort: weil es ihre Heimat war. Viele von ihnen fürchteten sich mehr vor dem Verlassen ihrer vertrauten Umgebung als vor eventuellen Repressalien. Sie unterzogen sich den Tests, die die Loyalität zur polnischen Gesellschaft sicherstellen sollten. Es bestand also die Möglichkeit, sich als Pole »verifizieren« zu lassen. Zurückgewiesene Antragsteller betrachtete man als Deutsche, die vertrieben wurden. Die erfolgreich »Verifizierten« durften einen Antrag auf die polnische Staatsangehörigkeit stellen. Es gab nur Polen oder Deutsche. Zahlreiche Modifikationen erleichterten das Bekenntnis zum Polentum. Einer Volkszählung von 1950 nach lebten in den Westgebieten 1,1 Millionen Eingesessene, davon 900 000 in Oberschlesien und in Masuren. Unbedingte Assimilation war Voraussetzung für ein

Bleiben. Manchmal reichte schon das Vaterunser, auf Polnisch vorgetragen, um die Bestätigung der Sprachkenntnisse zu erlangen, erzählt man sich in Popielów.

Noch ein Grund für das Hierbleiben: die Kartoffel und das Brot. In Notzeiten verließen sich diese Menschen lieber auf das Wenige, das ihnen sicher war, selbst wenn es oft kaum reichte.

Die Kontakte zwischen eingesessener Bevölkerung und Neuhinzugekommenen beschränkten sich in den Anfangsjahren des Zusammenlebens oft auf das Nötigste im Alltag. Auch hier bildeten die Kinder die Ausnahme.

Mit den Polenkindern kam ich bis auf wenige Ausnahmen gut zurecht. Wir lernten voneinander die Sprache und ritten wie die Cowboys. (Karl Beutner aus Schlesien)

Sie gingen nicht nur zur gleichen Schule, sondern spielten auch gemeinsam auf der Straße. Integrationsbarrieren wurden nur von Erwachsenen aufgebaut und gelegentlich auf die Kinder übertragen. Mischehen gab es nur selten in Popielów.

Offene Auseinandersetzungen bildeten nach den ersten schweren Jahren die Ausnahme, vielleicht weil sich die deutsche Minderheit nicht zu ihrer Geschichte und Kultur bekennen konnte. Im Konfliktfall konnte das Deutschsein zum Problem werden, bei Behördengängen zum Beispiel. Das Bekenntnis zum Deutschsein – wenn auch nur im privaten Raum – legten viele nicht ab. Auch bei den Kindern und Jugendlichen gab es nationale Präferenzen. Kam der Tross der Friedensfahrt – der bedeutendsten Radrundfahrt im Ostblock – nahe an Popielów vorbei, jubelten die meisten der eingesessenen Deutschen ihrem Idol Gustav Adolf »Täve« Schur aus der DDR zu und keinem polnischen Radfahrer. Dass sich lange Jahre viele Deutsche nur als Fremdkörper in der Heimat fühlten, lässt sich alleine an den Aussiedlerstatistiken belegen. War das unter den gegebenen politischen und gesellschaftlichen Bedingungen überhaupt noch Heimat?

Rausmachen, rübermachen. Die Vokabeln klangen einfach. Der Westen lockte, und Westen, das war die Bundesrepublik, nicht die DDR – war ein Leben ohne kommunistische Herrschaft. Und das bedeutete, Anträge auf Ausreise zu stellen. Die Schreibarbeit wiederholte sich oft, für viele zu oft. Sie gaben irgendwann den Versuch auf, ein Ausreisevisum zu erhalten.

Willy Brandt wurde für viele deutsche Oberschlesier zu einem verhassten Politiker. Er hatte ihnen mit seiner Ostpolitik selbst die letzten Hoffnungen genommen, so unrealistisch sie auch gewesen sein mochten. Aber Hoffnungen worauf? Auf Rückkehr? Auf Wiedereingliederung in den Machtbereich der Bundesrepublik? Für manche hier hatte die faktische Anerkennung der Grenzen gefühlsmäßig etwas Unheimliches: Jetzt war Schlesien für die Deutschen hier endgültig verloren. »Verräter«, »Verzichtler«, die Vokabeln der organisierten Vertriebenen in der Bundesrepublik doppelten sich in Schlesien, wenn auch hinter vorgehaltener Hand. Massenweise häuften sich Aussiedlungsanträge, die auch verstärkt genehmigt wurden.

Fährt man heute durch die Gegend von Popielów, erscheinen die Dörfer oft leer, fast ausgestorben. Viele der Deutschstämmigen haben neben der polnischen Staatsangehörigkeit auch das rote Papier, den Reisepass der Bundesrepublik Deutschland. Haben einen Job im Westen und kehren manchmal nur alle zwei bis drei Wochen von der Arbeit für ein Wochenende nach Hause zurück. Im Regierungsbezirk Oppeln leben heute etwa 1,1 Millionen Menschen. Davon arbeiten 70 000 bis 80 000 deutsche Staatsangehörige regelmäßig in Deutschland. Ein neuer Wanderungsprozess ist entstanden. Wieder Richtung Westen. Und immer noch im Zusammenhang mit den Ereignissen, die Flucht und Vertreibung vor mehr als fünfzig Jahren ausgelöst hatten. Ist damit dieses Kapitel beendet?

Meine Gefühle den Polen gegenüber sind bar jeder Feindseligkeit, diese Menschen wurden damals in das Gebiet gebracht – doch eine Spur von Wehmut kann ich bis heute nicht besiegen. (Christa Heidrich, Jahrgang 1936, aus Schlesien)

Sommer 1994. Nach fast fünfzig Jahren wagte ich die erste Besuchsreise nach Ostpreußen. Wie in Trance wandelte ich über Wiesen und Felder ... Die Begegnung mit den polnischen Besitzern unseres Anwesens war ungemein hart und schmerzlich – aber doch herzlich ... Jedoch Hass gegenüber der in ärmlichen Verhältnissen lebenden Familie kam nicht auf – trägt doch auch sie keine Schuld an dem tragischen Geschichtsverlauf. (Else Bedenik aus Ostpreußen)

Die Vertriebenen. Hitlers letzte Opfer?

Im Haus der polnischen Familie nahe der Grenze zu Deutschland, kurz hinter dem Grenzübergang bei Guben, duftet der Kaffee. Selbst gebackener Kuchen wird gereicht. Auf der Recherchereise für die ARD-Dokumentation begleitet uns der Mann, der in diesem Haus der polnischen Familie, das einst seinen Eltern gehörte, geboren wurde.

Auf der Fahrt hat er von seiner Vergangenheit erzählt und uns die Schauplätze der Kindheit und Jugend gezeigt. Wir sind langsam gefahren und haben das in diesem Jahr selten schöne Sommerwetter genossen. Die Landschaft hinter der Grenze, die von vielen Tagestouristen zwecks Einkaufs überschritten wird, diese Landschaft ändert sich nicht wirklich. Fauna und Flora sind gleich diesseits und jenseits der Oder. Staatsgrenzen werden von Menschen geschaffen, die Natur hat ihre eigenen.

Schon in den sechziger Jahren ist der Mann das erste Mal in sein Heimatdorf gefahren, das nur eine Autostunde von seinem heutigen Wohnort entfernt liegt. Die Sehnsucht war zu stark – nicht der Wunsch nach Rückkehr, der bei ihm nur als Phantasie in der allerersten Zeit nach dem Zweiten Weltkrieg existierte. Damals, vor mehr als dreißig Jahren, traf er eine freundliche Familie an, die nun hinter den Mauern lebte, wo er als Kind gespielt hatte. Eine Frau mit ihrem Mann, die während des Zweiten Weltkrieges als ostpolnische Zwangsarbeiter im Protektorat Böhmen und Mähren Zwangsarbeit leisten mussten.

Der Deutsche und die Polen verstanden sich auf Anhieb gut, die sprachliche Verständigung haperte anfangs zwar, aber es reichte für ein freundliches Hallo und ein Reden mit Händen und Füßen. Danach haben sie sich wiederholt gesehen, man erweiterte den Kreis der jeweils zu Besuch mitgenommenen Personen. Als Bekannte unter dem Vorzeichen eines besonderen Schicksals leben sie bis heute ohne Hassgefühle. Das Schicksal der Vertreibung und des schweren Neubeginns band sie auf unsichtbare Weise ein Stück zusammen. Jeder wusste, wovon der andere sprach. Heimatverlust und Neuaufbau bedeutete für alle eine Herausforderung, die ihr weiteres Leben prägte.

Auch wenn die Ereignisse nun schon so weit zurückliegen, sie tauchen bei Gelegenheit wieder auf, gerade im Alter, wenn das Erinnern immer wichtiger wird. Hier in diesem Wohnzimmer spüren wir, dass ein Neubeginn nicht von der Politik bestimmt wird. Sie setzt zwar Rahmenbedingungen, aber nur ein Aufeinanderzugehen der Menschen schafft Fortschritte – fernab der Politik von Vertriebenenverbänden und nationaler Aufgeregtheit.

Nach der Wende habe ich gleich die Gelegenheit wahrgenommen und bin in meine alte Heimat gefahren ... Die Menschen sind z. T. Polen und Rumänen. Aus den polnischen Ostgebieten, die nun den Russen gehören. Sie sind genauso heimatvertrieben wie wir damals, nur mit dem Unterschied, dass sie in ein leeres Land kamen und sich buchstäblich in die gemachten Betten legen konnten ... In mir ist keine Bitterkeit, denn ich habe hier eine neue Heimat gefunden. Es gelang mir, das Pachtland ... zu kaufen, sodass ich keinen Grund mehr habe, zu trauern, und die Erinnerungen sind auch nicht mehr schmerzlich, nun im Alter ... Solange wir Alten noch leben, bleibt die Verbundenheit zwischen uns, ob nun aus Pommern, Ostpreußen, den Sudeten oder aus Schlesien. Aber bald wird es uns nicht mehr geben, unsere Lieder, unsere Sprache nicht mehr, wenn sie auch verschieden ist. Diese Zeit wird vergessen sein. Im Laufe der Jahrhunderte nur ein kleiner Abschnitt der Völkerbewegungen auf dieser Erde. (Cordula Inge Bertram, Jahrgang 1923, aus Schlesien)

Dazu muss der Versuch der Einzelnen kommen, einen inneren Frieden zu schließen, was sicherlich leichter gesagt als getan ist.

Meine Erinnerungen sind deutlich, ich habe meine Schlüsse gezogen. Gegen »die Russen« hege ich keinen Groll, ebenso wenig gegen die Einheimischen, die uns nicht so gut fanden. Mein Abscheu liegt auf den »Hitlers« und ihrem »Herrenmenschentum«. (Dorothea Wilke aus Schlesien)

Das Gefühl einer Leere, wie groß sie auch empfunden werden mag, bricht jedoch gerade im hohen Alter wieder hervor.

Unwiederbringliches ist hin – und ich jetzt als alte Frau allein übrig geblieben, habe unstillbare Sehnsucht nach Hause, wo man meine

Sprache nicht mehr spricht. (Gisela Retter, Jahrgang 1924, aus Schlesien)

Wir sind im Jahr 2002 angelangt. Flucht, Vertreibung und sogar die Auslöschung ganzer Völker haben die Geschichte der Menschheit von alters her beeinflusst. Zur Aufnahme der Flüchtlinge und Vertriebenen des Zweiten Weltkrieges gab es keine vernünftige Alternative, das Gegenstück wäre eine Inkaufnahme des Flüchtlingsdramas mit unabsehbaren Folgen gewesen. Auch in Anbetracht der vielfältigen Probleme, Schwierigkeiten und Hindernisse auf dem Weg zu einer letztlich unterschiedlichen, aber in der Mehrheit gelungenen Integration von Einheimischen und Vertriebenen bleibt festzuhalten, dass dieses Gelingen keineswegs selbstverständlich war. Bilanzierungen sind schwierig. Aber es hilft, nach vorne zu schauen.

Es ist uns Heimat geworden, weil hier unsere Kinder geboren sind, weil ich gelernt habe, dass der Teufelskreis des Unrechts nicht weitergeführt werden darf, dass wir die Hände reichen müssen zur Völkerverständigung, damit unsere Kinder in Frieden leben können. (Ruth Bayer, Jahrgang 1931, aus Schlesien)

Waren die Vertriebenen Hitlers letzte Opfer? Eine nicht einfach zu beantwortende Frage. Ja, sie waren Opfer einer Politik der Verschiebung von Menschen und Grenzen, die maßgeblich durch Hitlers Wahnpolitik und ihre Folgen bestimmt war. Aber nicht nur Hitler trug die Verantwortung für das Geschehene. Wie immer in der Geschichte muss man auf Antworten hinaus, die sich aus vielen kleinen Einzelstücken zusammensetzen. Das komplizierte Verhältnis von Opfern und Tätern findet sich auch hier. Auch in den »Vertreiberstaaten« erfordert die Aufarbeitung der Geschehnisse Mut und Ausdauer. Ohne schmerzliche Selbsterkenntnis geht es nicht. Ebenso müssen sich Teile der Vertriebenen die Frage nach Mitverantwortung im Einzelfall stellen lassen und beantworten.

Vom jetzigen Erwachsenenstandpunkt aus, das Umfeld der Vertreibung betrachtend, halte ich eine optimistische Lebenseinstellung für das Wichtigste: trotz misslicher Situation nicht in Hoffnungslosigkeit verfallen, Auswege suchen, erfinderisch sein. Zusammenhalt in der Fa-

milie und mit anderen ... Anpassungsfähigkeit. Neue Tatsachen akzeptieren, unwiederbringlich Verlorenem nicht pausenlos nachtrauern, sein Schicksal nicht ständig beklagen ... Sich der eigenen Kraft bewusst werden. Neuanfang wagen. (Edda Dunkel, Jahrgang 1940, aus Böhmen)

Die schwierige Suche nach einer neuen Identität zwischen Heimat und Zuhause hat dem Einzelnen jedenfalls niemand abgenommen. Manchmal dauert die Suche noch heute an. Oder sie beginnt gerade erst.

Anhang

SGUT
er
/Saale

NORWEGEN
Oslo
Helsinki
Stockholm
Reval
SCHWEDEN
ESTLAND
Nordsee
Riga
LETTLAND
DÄNEMARK
Ostsee
LITAUEN
Kopenhagen
Kaunas
Königsberg
Danzig
Ostpreußen
Hamburg
Pommern
West-
preußen
Berlin
Brandenburg
Warschau
POLEN
Posen
Wolhynien-
Deutsche
DEUTSCHES REICH
Schlesien
Ost-
Oberschlesien
Sudeten-
Deutsche
Prag
Lemberg
TSCHECHOSLOWAKEI
Karpaten-
Deutsche
München
Pressburg
Wien
SCHWEIZ
ÖSTERREICH
Westungarn-
Deutsche
Budapest
Satmar-
Deutsche
UNGARN
Donau-
Schwaben
Südtiroler
Gottscheer
ITALIEN
Batschka
Banater-
Schwaben
Belgrad
JUGOSLAWIEN
Rom

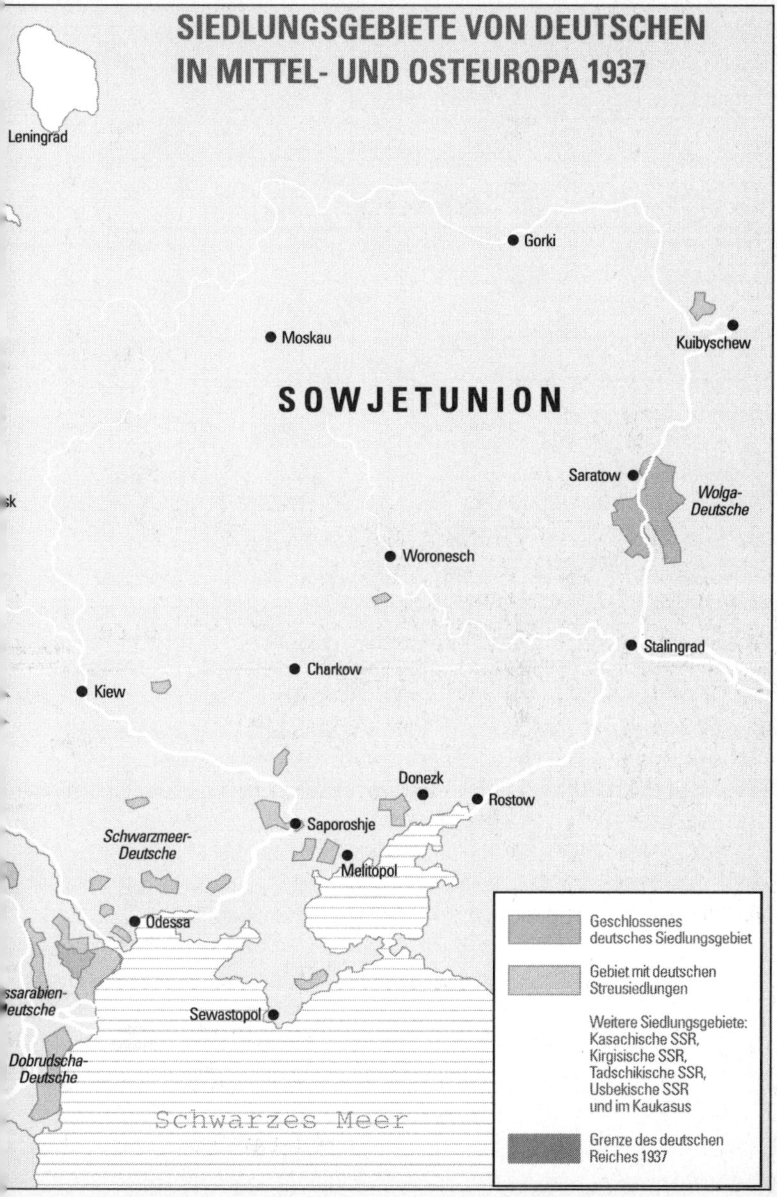
SIEDLUNGSGEBIETE VON DEUTSCHEN
IN MITTEL- UND OSTEUROPA 1937
Leningrad
Gorki
Moskau
Kuibyschew
SOWJETUNION
Saratow
Wolga-
Deutsche
Woronesch
Stalingrad
Charkow
Kiew
Donezk
Rostow
Saporoshje
Schwarzmeer-
Deutsche
Melitopol
Odessa
ssarabien-
eutsche
Sewastopol
Dobrudscha-
Deutsche
Schwarzes Meer
Geschlossenes deutsches Siedlungsgebiet
Gebiet mit deutschen Streusiedlungen
Weitere Siedlungsgebiete:
Kasachische SSR,
Kirgisische SSR,
Tadschikische SSR,
Usbekische SSR
und im Kaukasus
Grenze des deutschen Reiches 1937

DAS „DRITTE REICH" 1933
NORDSEE
OSTSEE
DÄNEMARK
SCHWEDEN
Memel
LITAUEN
Bornholm
SCHLESWIG-HOLSTEIN
Helgoland
Rügen
Königsberg
Danzig
OSTPREUSSEN
MECKLENBURG-SCHWERIN
POMMERN
POMMERN
DANZIG-WEST-PREUSSEN
Hamburg
NIEDER-LANDE
Bremen
OLDEN-BURG
HANNOVER
MECKLENBURG-STRELITZ
Bromberg
PREUSSEN
BRANDENBURG
Posen
Warschau
BRAUN-SCHWEIG
WESTFALEN
Lodz
POLEN
SACHSEN
SCHLESIEN
HESSEN-NASSAU
Dresden
THÜRINGEN
RHEIN-PROVINZ
Krakau
Prag
SAARGEBIET
PFALZ
TSCHECHOSLOWAKEI
BAYERN
Metz
Stuttgart
WÜRTTEMBERG
Brünn
FRANK-REICH
BADEN
Linz
Wien
München
Salzburg
ÖSTERREICH
Innsbruck
SCHWEIZ
Graz
UNGARN
ITALIEN
Reichsgrenze

DAS „GROSSDEUTSCHE REICH" 1944
DÄNEMARK
SCHWEDEN
NORDSEE
OSTSEE
LITAUEN
Memel
Bornholm
Königsberg
OST-PREUSSEN
Helgoland
Kiel
SCHLESWIG-HOLSTEIN
Rügen
Danzig
POMMERN
DANZIG-WEST-PREUSSEN
Schwerin
Hamburg
Stettin
MECKLENBURG
NIEDER-LANDE
Olden-burg
Lüneburg
OST-HANNOVER
WESER-EMS
MAGDE-BURG-ANHALT
Berlin
Posen
Warschau
Münster
Hannover
SÜDHANNOVER-BRAUN-SCHWEIG
MARK BRANDENBURG (KURMARK)
WARTHE- LAND
WESTFALEN-NORD
ESSEN
Bochum
Dessau
DÜSSEL-DORF
WESTFALEN-SÜD
MERSEBURG
Halle
Kassel
NIEDERSCHLESIEN
GENERAL-GOUVERNEMENT
Köln
KÖLN-AACHEN
KURHESSEN
Weimar
Dresden
SACHSEN
Breslau
THÜRINGEN
Reichenberg
OBER-SCHLESIEN
HESSEN-NASSAU
Koblenz
MOSELLAND (Koblenz-Trier)
Frankfurt
MAIN-FRANKEN
SUDETEN-LAND
Prag
Kattowitz
Krakau
BADEN
Würzburg
SUDETENLAND
Bayreuth
SAARBRÜCKEN (Saarpfalz)
Mannheim
Protektorat Böhmen-Mähren
Nürnberg
WESTMARK
FRANKEN
BAYREUTH (Bayrische Ostmark)
Metz
Stuttgart
SLOWAKEI
WÜRTTEMBERG HOHENZOLLERN
NIEDERDONAU
Augs-burg
OBERDONAU
Krems
Linz
Wien
SCHWA-BEN
München
ELSASS
BADEN
DONAU
OBERBAYERN
Salzburg
Innsbruck
TIROL-VORALBERG
SALZBURG
STEIERMARK
SCHWEIZ
Graz
KÄRNTEN
Klagenfurt
UNGARN
ITALIEN
Grenzen des Deutschen Reiches von 1900
„Großdeutsches Reich" in den Grenzen von 1939/45
Verwaltungsgebiete
Angegliederte Gebiete
Gauhauptstadt

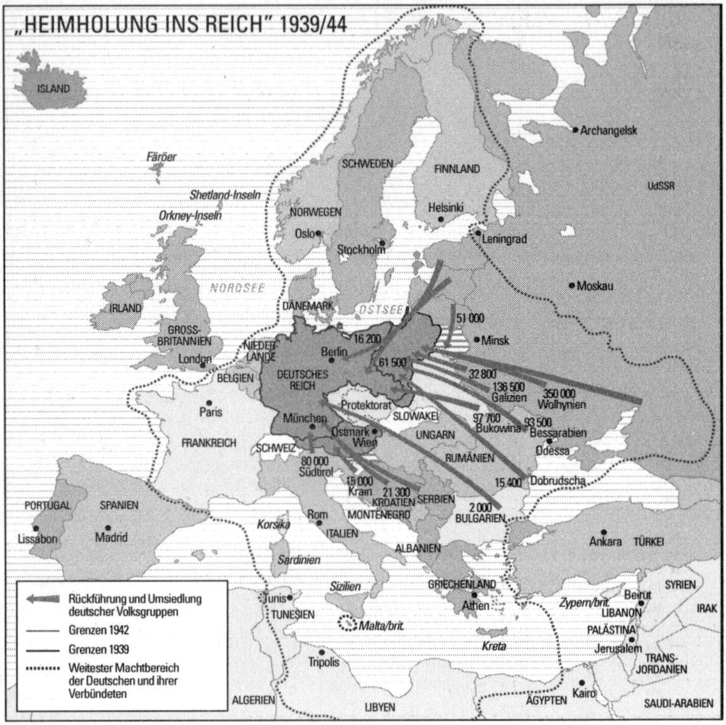
„HEIMHOLUNG INS REICH" 1939/44
ISLAND
Färöer
Shetland-Inseln
Orkney-Inseln
NORDSEE
IRLAND
GROSS-BRITANNIEN
London
SCHWEDEN
FINNLAND
NORWEGEN
Oslo
Stockholm
Helsinki
Leningrad
Archangelsk
UdSSR
Moskau
Minsk
DÄNEMARK
OSTSEE
NIEDER-LANDE
BELGIEN
DEUTSCHES REICH
Berlin
16 200
61 500
51 000
32 800
136 500 Galizien
350 000 Wolhynien
Protektorat
SLOWAKEI
97 700 Bukowina
93 500 Bessarabien
Odessa
München
Ostmark
Wien
UNGARN
RUMÄNIEN
Paris
FRANKREICH
SCHWEIZ
80 000 Südtirol
15 000 Krain
21 300 KROATIEN
SERBIEN
15 400 Dobrudscha
2 000 BULGARIEN
PORTUGAL
SPANIEN
Lissabon
Madrid
Rom
MONTENEGRO
Korsika
ITALIEN
Sardinien
ALBANIEN
Ankara
TÜRKEI
Sizilien
GRIECHENLAND
Athen
Tunis
TUNESIEN
Malta/brit.
Zypern/brit.
Beirut
LIBANON
SYRIEN
IRAK
PALÄSTINA
Jerusalem
TRANS-JORDANIEN
Kreta
Tripolis
ALGERIEN
LIBYEN
ÄGYPTEN
Kairo
SAUDI-ARABIEN
Rückführung und Umsiedlung deutscher Volksgruppen
Grenzen 1942
Grenzen 1939
Weitester Machtbereich der Deutschen und ihrer Verbündeten

BEVÖLKERUNGSVERSCHIEBUNGEN
1939/44
ISLAND
FINNLAND
Archangelsk
Färöer
SCHWEDEN
400 000
265 000
250 000
400 000
UdSSR
Shetland-Inseln
Orkney-Inseln
NORWEGEN
Helsinki
400 000
400 000
Oslo
Stockholm
6 500
46 000
Leningrad
6 500
60 000
34 000
26 000
Moskau
1 500 000
NORDSEE
IRLAND
DÄNEMARK
OSTSEE
56 300
Wolgadeutsche ASSR
(1924-1941)
400 000
GROSS-BRITANNIEN
London
NIEDER-LANDE
Berlin
1 200 000
Minsk
BELGIEN
DEUTSCHES REICH
61 400
General-Gouvernement
Kiew
Charkow
2 000 000
40 000
Paris
Protektorat
SLOWAKEI
100 000
München
150 000
1 600
60 000
FRANKREICH
Wien
SCHWEIZ
Ostmark
UNGARN
160 000
Odessa
220 000
30 000
6 000
300 000
ITALIEN
RUMÄNIEN
61 000
KROATIEN
SERBIEN
100 000
PORTUGAL
SPANIEN
MONTENEGRO
BULGARIEN
Rom
Lissabon
Madrid
Korsika
70 000
30 000
122 000
ALBANIEN
Ankara
TÜRKEI
190 000
Sardinien
Zwangsumsiedlungen
Gruppenwanderungen
Nach Sibirien/Zentralasien
Grenzen 1942
Grenzen 1939
Weitester Machtbereich der Deutschen und ihrer Verbündeten
Sizilien
GRIECHENLAND
SYRIEN
Tunis
Athen
Zypern/brit.
Beirut
IRAK
TUNESIEN
Malta/brit.
LIBANON
PALÄSTINA
Kreta
Jerusalem
Tripolis
TRANS-JORDANIEN
Kairo
ALGERIEN
LIBYEN
ÄGYPTEN
SAUDI-ARABIEN

DIE DEUTSCHEN IM ÖSTLICHEN MITTELEUROPA NACH 1945
Nordsee
DÄNEMARK
SCHWEDEN
Kopenhagen
Helgoland
SCHLESWIG-HOLSTEIN
Hamburg
Bornholm
Rügen
NIEDERLANDE
Bremen
NIEDERSACHSEN
DDR
West Berlin Ost
ehemalige deutsche Ostgebiete
Danzig
Königsberg
Sowjetischer Teil Ostpreußens
Polnischer Teil Ostpreußens
UdSSR
NORDRHEIN-WESTFALEN
Warschau
POLEN
RHEINLAND-PFALZ
HESSEN
SAARLAND
Prag
WÜRTTEMBERG-BADEN
BAYERN
FRANKREICH
TSCHECHOSLOWAKEI
WÜRTTEMBERG-HOHENZOLLERN
BADEN
München
Bratislava
Wien
Budapest
ÖSTERREICH
UNGARN
RUMÄNIEN
JUGOSLAWIEN
Belgrad
249 500
†65 600
15 000
169 500
380 000
†111 900
4 000
290 000
1 883 700
461 900
55 000
1 464 600
2 473 000
489 400
160 000
1 984 400
642 000
†214 600
16 000
430 000
1 371 000
†293 000
431 000
688 000
4 576 500
†727 100
870 000
3 228 600
3 477 000
†446 600
250 000
3 400 000
623 000
†89 000
270 000
213 000
786 000
†136 000
400 000
253 000
536 800
†175 800
82 000
297 500
109 900
230 200
922 800
1 375 500
152 900
419 600
2 090 000
1 917 800
128 200
149 500
148 000
Deutschland unter den Besatzungsmächten
149 500 Vertriebene insgesamt (1950)
430 000 Vertriebene in die BRD (1950, ohne Saarland, aber einschließlich West-Berlin)
2 473 000 Deutsche Bevölkerung (1939)
†65 600 Kriegs- und Nachkriegsverluste der deutschen Bevölkerung, Wehrmachtssterbefälle und Verluste der Zivilbevölkerung
15 000 Zurückgehaltene bzw. zurückgebliebene deutsche Bevölkerung (1950)
Verteilung der Heimatvertriebenen in der BRD

OSTMITTELEUROPA 1950
Helsinki
Reval
Stockholm
ESTNISCHE SSR
SCHWEDEN
Riga
LETTISCHE SSR
Ostsee
Kopenhagen
Memel
LITAUISCHE SSR
Bornholm (Dänemark)
DÄNEMARK
Königsberg
Kaunas
Wilna
Rügen
Danzig
Stralsund
Kolberg
Minsk
Stettin
POLEN
DDR
WEISS-RUSSISCHE SSR
Berlin
Thorn
Bialystok
Frankfurt a. d. O.
Posen
Magdeburg
Warschau
Brest
Lodz
UKRAINISCHE SSR
Dresden
Lublin
Reichenberg
Breslau
Kielce
Luck
Prag
Kattowitz
Krakau
Przemysl
Lemberg
Tarnopol
TSCHECHO-
BRD
Brünn
SLOWAKEI
Pasau
Linz
Wien
Bratislava
Salzburg
Odenburg
Budapest
ÖSTERREICH
Klagenfurt
Graz
UNGARN
RUMÄNIEN
ITALIEN
Triest
Agram
Hermannstadt
Venedig
Fiume
JUGOSLAWIEN
Belgrad

Umsiedlung und Verschleppung von Deutschen in Ostmittel-, Ost- und Südosteuropa während des Zweiten Weltkriegs

Zahlen in 1000 Personen

Länder nach dem Gebietsstand vom 31. Dezember 1937	Deutsche, die aus den vorgenannten Gebieten 1940 bis 1944 aufgrund bilateraler Verträge oder administrativer Maßnahmen des Deutschen Reiches in nachstehende Gebiete umgesiedelt wurden						Deutsche, die 1941 bis 1944 innerhalb der Sowjetunion zwangsumgesiedelt wurden[2)]
Deutsche Siedlungsgebiete im Jahre 1939	Insgesamt[1)]	»Eingegliederte Ostgebiete«	»Generalgouvernement«	Gebiete gem. (Spalten 3 + 4 zusammen)	Deutschland (»Altreich«)	Österreich	
1	2	3	4	5	6	7	8
Polen							
Narew-Gebiet	11	4	5	9	2	–	
Cholmer Land	31	25	6	31	–	–	
Wolhynien, Polesien	67	28	10	38	29	–	
Galizien	57	28	7	35	17	5	
Zusammen	166	85	28	113	48	5	
Baltische Staaten							
Estland	17	13	–	13	4	–	
Lettland	59	38	–	38	21	–	
Litauen	51	36	–	36	15		
Zusammen	127	87	–	87	40		
Sowjetunion							
Wolgagebiet	–	–	–	–	–	–	400
Wolhynien (Ost)	45	35	5	40	5	–	–
Übrige Ukraine	280	200	20	220	60	–	100
Krim	5	5	–	5	–	–	50
Nordkaukasus	5	5	–	5	–	–	80
Südkaukasus	5	5	–	5	–	–	20
Übrige Gebiete	30	15	10	25	5	–	50
Zusammen	370	265	35	300	70	–	700
Rumänien							
Bessarabien	92	57	6	63	20	9	
Buchenland	95	59	6	65	20	10	
Dobrudscha	15	10	–	10	5	–	
Alt-Rumänien	10	2	–	2	7	1	
Zusammen	212	128	12	140	52	20	
Jugoslawien							
Bosnien, Serbien, Herzegowina	20	10	–	10	5	5	
Krain	15	–	–	–	5	10	
	35	10	–	10	10	15	
Insgesamt	**910**	**575**	**75**	**650**	**220**	**40**	**700**

Die Integration der Vertriebenen in den Bundesländern der Bundesrepublik Deutschland

(Bundes-)Land	Erwerbspersonen in Land- und Forstwirtschaft/Industrie und Handwerk/Handel - und Verkehr in % 1946	Beschäftigungsindex (Verhältnis der Beschäftigungsquoten der vertriebenen und der nichtvertriebenen Bevölkerung) 1950	Arbeitslosigkeit unter den Vertriebenen in % 1950/1954	Wohnungsindex (Verhältnis von vertriebenen und nichtvertriebenen Wohnparteien in Untermiete) 1950/1956	Von 100 Vertriebenen wählten eine Interessenpartei bei Bundestagswahlen 1953/1957/1961	Konnubtialitätsindex (Verschwägerungsgrad zwischen Vertriebenen und Nichtvertriebenen) 1950/1960
	(1)	(2)	(3)	(4)	(5)	(6)
Schleswig-Holstein	28,54 / 33,6 / 16,4	91	13,1 / 5,7	2,3 / 2,1	41 / 30 / 14	69 / 87
Hamburg	3,6 / 40,0 / 33,2	121	2,2 / 3,3	1,7 / 1,3	24 / 14 / 7	77 / 90
Niedersachsen	34,5 / 33,4 / 14,7	88	7,9 / 4,4	2,5 / 2,0	42 / 30 / 24	70 / 85
Bremen	4,2 / 40,1 / 29,0	114	4,3 / 3,1	1,9 / 1,4	29 / 15 / 25	78 / 87
Nordrhein-Westfalen	15,3 / 50,5 / 17,3	105	2,1 / 1,2	2,2/1,4	21 / 18 / 6	77 / 85
Hessen	29,9 / 37,4 / 14,8	90	4,9 / 3,0	2,4 / 1,7	36 / 31 / 22	74 / 86
Rheinland-Pfalz	42,8 / 31,2 / 12,6	84	5,8 / 2,4	2,8 / 1,7	20 / 19 / 5	74 / 89
Saarland	*	*	*	*	*	* / 97
Baden-Württemberg	*	88	3,4 / 1,8	2,8 / 1,7	34/28 / 15	58 / 81
darin:						
- *Württemberg-Baden*	31,1 / 39,7 / 13,6	91	*	*	*	57 / *
- *Württ.-Hohenzollern*	44,8 / 33,2 / 8,7	*	*	*	*	61 / *
-(*Süd-*)*Baden*	42,3 / 30,1 / 10,9	*	*	*	*	63 / *
Bayern	37,2 / 33,6 / 13,5	81	7,6 / 3,9	2,7 / 2,0	40 / 35 / 21	66 / 85
Bundesgebiet	**29,2 / 38,6 / 15,4**	**90**	**6,5 / 3,1**	**2,5/1,8**	**34/26 / 15**	**67 / 83**

Die Aufnahme und Verteilung der Vertriebenen anhand der Volkszählungsdaten 1946–1970

(Bundes-)Land	Vertriebene insgesamt 1946	Bevölkerungsanteil in % 1946	Vertriebene aus der Tschechoslowakei 1946	Von 100 Vertriebenen stammten aus der Tschechoslowakei 1946	Von 100 Vertriebenen aus der Tschechoslowakei lebten 1946 in …	Vertriebene insgesamt 1950
	(1)	(2)	(3)	(4)	(5)	(6)
Brandenburg	540 700	21,4	39 400	7,3	1,7	538 411
Mecklenburg-Vorpommern	903 200	42,2	168 800	18,7	7,1	684 601
Sachsen	683 900	12,3	105 400	15,4	4,4	754 939
Sachsen-Anhalt	899 600	21,6	316 100	35,1	13,3	777 963
Thüringen	571 000	19,5	203 000	35,6	8,5	480 301
Berlin-Ost (1946: Groß-Berlin)	116 900	3,7	1500	4,0	0,1	68 861
DDR	**3 598 400**	**20,8**	**832 700**	**23,1**	**34,9**	**3 305 076**
Schleswig-Holstein	833 700	32,2	9 800	1,2	0,4	856 943
Hamburg	55 200	3,9	2 200	4,0	0,1	115 981
Niedersachsen	1 467 800	23,4	38 700	2,6	1,6	1 851 472
Bremen	25 300	5,2	1 100	4,3	0,1	48 183
Nordrhein-Westfalen	698 600	5,8	26 500	3,8	1,1	1 331 959
Hessen	552 500	13,8	335 300	60,7	14,1	720 583
Rheinland-Pfalz	30 600	1,1	2 800	9,2	0,1	152 267
Baden-Württemberg	557 000	9,4	262 000	47,0	11,0	861 526
darin: Württemberg-Baden	509 300	14,1	256 700	50,4	10,8	649 597
Württemberg-Hohenzollern	27 800	2,5	2 900	10,4	0,1	113 554
(Süd-)Baden	19 900	1,7	2 400	12,1	0,1	98 375
Bayern	1 657 800	18,9	871 900	52,6	36,5	1 937 297
Saarland	*	*	*	*	*	*
Berlin-West	*	*	2000	2,5	0,1	148 389
BRD	**5 878 500**	**13,4**	**1 550 300**	**26,4**	**65,1**	**7 876 211**
BRD + DDR	**9 476 900**	**14,9**	**2 386 500**	**24,9**	**100**	**11 181 287**

* = Zahlen nicht verfügbar; VZ 1946 und 1950: Wohnsitzdefinition des Vertriebenenstatus (VZ 1950 DDR jedoch ohne die nach dem 1.9. 1939 geborenen Kinder); VZ 1961 und 1970: Vertriebenenstatus nach Ausweisdefinition, daher Mindestzahlen aufgrund der dadurch bedingten Untererfassung

Bevölkerungsanteil in % 1950	Vertriebene aus der Tschechoslowakei 1950	Von 100 Vertriebenen stammten aus der Tschechoslowakei 1950	Von 100 Vertriebenen lebten 1950 in …	Vertriebene insgesamt 1961	Bevölkerungsanteil in % 1961	Vertriebene insgesamt 1970	Bevölkerungsanteil in % 1970
(7)	(8)	(9)	(10)	(11)	(12)	(13)	(14)
24,6	34 480	6,4	1,4	*	*	*	*
40,7	92 244	13,4	3,7	*	*	*	*
15,6	110 083	15,4	4,4	*	*	*	*
22,9	226 042	28,9	9,0	*	*	*	*
20,2	146 910	30,4	5,8	*	*	*	*
6,6	2 349	3,3	0,1	*	*	*	*
21,3	**612 108**	**18,4**	**24,3**	*	*	*	*
33,0	12 684	1,5	0,5	630 000	27,2	577 000	23,5
7,2	5 818	5,0	0,2	206 000	11,3	228 000	13,1
27,2	57 790	3,1	2,3	1 612 000	24,3	1 573 000	22,7
8,6	2 289	4,8	0,1	98 000	13,9	113 000	16,0
10,1	74 101	5,6	2,9	2 298 000	14,5	2 413 000	14,9
16,7	394 511	54,7	15,6	818 000	17,0	915 000	18,1
5,1	15 771	10,4	0,6	276 000	8,1	298 000	8,4
13,4	322 681	37,5	12,8	1 205 000	15,5	1 417 000	17,3
16,6	301 340	46,4	11,9	856 000	18,1	*	*
9,6	11 012	9,7	0,5	178 000	12,7	*	*
7,3	10 329	10,5	0,4	170 000	10,5	*	*
21,1	1 026 355	53,0	40,7	1 645 000	17,3	1 817 000	18,0
*	*	*	*	18 000	1,7	41.000	3,8
6,9	5 775	3,9	0,2	151 000	6,9	207.000	10,1
16,5	**1 912 000**	**24,3**	**75,7**	**8 956 000**	**15,9**	**9 598 000**	**16,5**
*	**2 524 108**	**22,5**	**100**	*	*	*	*

Literaturhinweise

Borodziej, Włodzimierz, Artur Hajnicz: Kompleks wypęçdzenia. Warszawa 1998.

Brandes, Detlef: Der Weg zur Vertreibung 1938–1945. Pläne und Entscheidungen zum »Transfer« der Deutschen aus Polen und der Tschechoslowakei. München 2001.

Broszat, Martin: Nationalsozialistische Polenpolitik 1939–1945. Stuttgart 1961.

Der Weg in die Katastrophe. Deutsch-tschechoslowakische Beziehungen 1938–1947. Hrsg. v. Detlef Brandes u. Václav Kural. Essen 1994.

Deutsche im Ausland – Fremde in Deutschland. Migration in Geschichte und Gegenwart. Hrsg. v. Klaus J. Bade. München 1992.

Die abgeschobene Geschichte: ein politisch-historisches Lesebuch. Hrsg. v. Petr Pithart. München 1999.

Die Deutschen östlich von Oder und Neiße 1945–1950. Dokumente aus polnischen Archiven. Hrsg. v. Włodzimierz Borodziej u. Hans Lemberg. Band 1. Marburg 2000.

Die Entwicklung Bayerns durch die Integration der Vertriebenen und Flüchtlinge. Hrsg. i. A. des Bayerischen Staatsministeriums für Arbeit und Sozialordnung, Familie, Frauen und Gesundheit. München 1995.

Die Flüchtlingsfrage in der deutschen Nachkriegsgesellschaft. Hrsg. v. Sylvia Schraut u. Thomas Grosser. Mannheim 1996.

Die tödliche Utopie. Bilder, Texte, Dokumente, Daten zum Dritten Reich. Hrsg. v. Horst Möller, Volker Dahm u. Hartmut Mehringer. 4. Auflage München 2002.

Die Vertreibung der Deutschen aus dem Osten. Ursachen, Ereignisse, Folgen. Hrsg. v. Wolfgang Benz. Neuausgabe Frankfurt/Main 1995.

Die Vertriebenen in Westdeutschland. Hrsg. v. Eugen Lemberg u. Friedrich Edding. 3 Bde. Kiel 1959.

Die Vertriebenen vor der Vertreibung. Die Heimatländer der deutschen Vertriebenen im 19. und 20. Jahrhundert: Strukturen, Entwicklungen, Erfahrungen. Hrsg. v. Walter Ziegler. München 1999.

Dokumentation der Vertreibung der Deutschen aus Ost-Mitteleuropa. Hrsg. v. Theodor Schieder. 5 Bde. u. 3 Beihefte. Bonn 1956 ff.

Erzwungene Trennung. Hrsg. v. Detlef Brandes, Edita Ivaničková, Jiří Pešek. Essen 2000.

Esch, Michael G.: »Gesunde Verhältnisse«. Deutsche und polnische Bevölkerungspolitik in Ostmitteleuropa 1939–1950. Marburg 1998.

Flucht und Vertreibung. Zwischen Aufrechnung und Verdrängung. Hrsg. v. Robert Streibel. Wien 1994.

Frantzioch, Marion: Die Vertriebenen. Hemmnisse und Wege ihrer Integration. Berlin 1987

Frantzioch-Immekeppel, Marion: Die Vertriebenen in der Bundesrepublik Deutschland. Flucht, Vertreibung, Aufnahme und Integration. In: Aus Politik und Zeitgeschichte, B 28/96 v. 5.07.1996

Geglückte Integration? Spezifika und Vergleichbarkeiten der Vertriebenen-Eingliederung in der SBZ/DDR. Hrsg. v. Dierk Hoffmann u. Michael Schwartz. München 1999.

Heimat und Exil. Emigration und Rückwanderung, Vertreibung und Integration in der Geschichte der Tschechoslowakei. Hrsg. v. Peter Heumos. München 2001.

Im geteilten Europa. Tschechen, Slowaken und Deutsche und ihre Staaten 1948–1989. Hrsg. v. Hans Lemberg, Jan Křen u. Dušan Kováč. Essen 1998.

Krallert-Sattler, Gertrud: Kommentierte Bibliographie zum Flüchtlings- und Vertriebenenproblem in der Bundesrepublik Deutschland, in Österreich und in der Schweiz. Wien 1989 [Fortsetzung: Dies.: Kommentierte Auswahlbibliographie [...] (Literatur 1987-1995), in: Schlau, Wilfried: Die Ostdeutschen (s. u.)].

Länderbericht Polen. Hrsg. v. Wilhelm Wöhlke. Schriftenreihe der Bundeszentrale für politische Bildung. Band 296. Bonn 1991.

Lehmann, Albrecht: Im Fremden ungewollt zuhaus. Flüchtlinge und Vertriebene in Westdeutschland 1945–1990. München 1991.

Lucas-Busemann, Erhard: So fielen Königsberg und Breslau. Nachdenken über eine Katastrophe ein halbes Jahrhundert danach. Berlin 1994.

Lemberg, Hans: »Ethnische Säuberung«: Ein Mittel zur Lösung von Nationalitätenproblemen? In: Mit unbestechlichem Blick ... Studien von Hans Lemberg zur Geschichte der böhmischen Länder und der Tschechoslowakei. Hrsg. v. Ferdinand Seibt u. a. München 1998.

Neue Heimat im Westen. Vertriebene. Flüchtlinge. Aussiedler. Hrsg. v. Klaus J. Bade. Münster 1990.

Odsun. Die Vertreibung der Sudetendeutschen. Dokumentation zu Ursachen, Planung und Realisation einer »ethnischen Säuberung« in der Mitte Europas 1848/49–1945/46. Hrsg. v. Sudetendeutschen Archiv. München 2000.

Schlau, Wilfried: Die Ostdeutschen. Eine dokumentarische Bilanz. 1945–1995. München 1996.

Seibt, Ferdinand: Deutschland und die Tschechen. Geschichte einer Nachbarschaft in der Mitte Europas. 4. Auflage München, Zürich 1998.

Sie hatten alles verloren. Flüchtlinge und Vertriebene in der sowjetischen Besatzungszone Deutschlands. Hrsg. v. Manfred Wille, J. Hoffmann u. W. Meinicke. Wiesbaden 1993.

Slapnicka, Helmut: Die rechtlichen Grundlagen für die Behandlung der Deutschen und der Magyaren in der Tschechoslowakei 1945–1948. In: Nationale Frage und Vertreibung in der Tschechoslowakei und Ungarn 1938–1948. Hrsg. v. R.G. Plaschka u.a. Wien 1997.

Staněk, Tomáš: Odsun Němců z Československa 1945–1947. Praha 1991.

Ther, Philipp: Deutsche und polnische Vertriebene. Gesellschaft und Vertriebenenpolitik in der SBZ/DDR und in Polen 1945–1956. Göttingen 1999.

Vertriebene in Deutschland. Hrsg. v. Dierk Hoffmann, Marita Krauss u. Michael Schwartz. München 2000.

Verlorene Heimat: Die Vertreibungsdebatte in Polen. Hrsg. v. Klaus Bachmann u. a. Bonn 1998.

Zamojszczyzna – Sonderlaboratorium SS. Zbiór dokumentów polskich i niemieckich z okresu okupacji hitlerowskiej. Hrsg. v. Czesław Madajczyk. 2 Bde. Warszawa 1977.

Zeidler, Manfred: Kriegsende im Osten. Die Rote Armee und die Besetzung Deutschlands östlich von Oder und Neiße 1944/45. München 1996.

Zwangsmigrationen in Mittel- und Südosteuropa. Hrsg. v. Wolfgang Höpken. Leipzig 1996.

Bildnachweis

Archiv der sozialen Demokratie/Friedrich-Ebert-Stiftung, Bonn S. 206
Archiv K. Erik Franzen, München S. 40
Archiv Kristina Kaiserová, Ústí nad Labem S. 200, 202
Bildarchiv Preußischer Kulturbesitz, Berlin S. 51 (Leif Geiges), 53, 54, 55 (Joe Heydecker), 64, 65, 70, 72, 74, 78, 92, 93, 97 (Arkadi Shaykhet), 111, 113 (Arthur Grimm), 136, 144 (Herbert Hoffmann), 153 und 166 (Benno Wundshammer), 170 (Iglartz), 182, 183, 188 r., 191, 214/215, 218 (Germin), 220 o., 221, 223 (Wilhelm Hauschild), 225, 229 (Herbert Hoffmann), 230 (Ernst Grossar), 231 (Germin), 232 (Roeder), 233 (Hilmar Pabel), 235 und 242 (Ernst Grossar), 273 und 274 und 275 (Herbert Hensky), 276 (Gerhard Kiesling), 279 und 282 (Jochen Moll), 312/313
Böhmerwaldmuseum, Passau S. 207 o.
Deutsches Historisches Museum, Berlin S. 86, 147, 161, 162, 175 und 222 und 234 und 248 (Gerhard Gronefeld), 268, 269 (Litzmann), 270
Herder-Institut, Marburg S. 62, 82, 85, 109, 133, 141, 148, 152, 156, 174, 176, 207, 217 o., 293
Neugablonzer Industrie- und Schmuckmuseum S. 253
Stadtarchiv Geretsried S. 243, 244 u., 266
Stadtarchiv Kaufbeuren S. 250
Stadtarchiv Waldkraiburg S. 244 o., 245
Süddeutscher Verlag/Bilderdienst, München S. 41, 43, 46, 48, 49, 50, 68, 75, 77, 79 (Megele), 83, 88, 90, 91, 94, 95, 99, 101, 107, 110, 131, 132, 164, 177, 180, 181, 184, 185, 187, 189, 204, 209, 239, 241, 249 o., 249 u., (Sienz), 252 (Alfred Strobel), 256, 257, 259, 260, 262, 272, 283 (Hannes Betzler), 285, 287, 289, 291, 300, 303 (Helmut Kalle)
Sudetendeutsches Archiv, München S. 124/125, 208, 210, 216, 217 u., 220 u.
Ullstein Bilderdienst, Berlin S. 10/11, 38/39, 158, 165, 169, 173, 196, 197, 198, 263
Kartengrafik: Rainer J. Fischer, Berlin

Die Autoren des Buches

K. Erik Franzen, geboren 1964 in Dormagen, ist Historiker am Collegium Carolinum (München) und freier Autor. Sein wissenschaftliches Interesse gilt insbesondere der Geschichte der Vertriebenen in der Bundesrepublik Deutschland. Im Feuilleton der *Frankfurter Rundschau* äußert er sich regelmäßig zu aktuellen Themen aus Kultur, Politik und Gesellschaft.

Hans Lemberg, Professor für osteuropäische Geschichte, wurde 1933 in Münster geboren. Nach der Promotion und Habilitation in Köln lehrte er 1973–1981 in Düsseldorf und 1981–1998 an der Philipps-Universität Marburg. In seiner Forschungsarbeit konzentrierte er sich hauptsächlich auf die Geschichte Osteuropas, insbesondere auf die der böhmischen Länder, Russlands und Polens. Professor Lemberg ist Vizepräsident des J. G. Herder-Forschungsrates und Kovorsitzender der deutsch-tschechischen und deutsch-slowakischen Historikerkommission.

Die Mitarbeiter der Fernsehreihe

Teil 1:	Autor:	Sebastian Dehnhardt
Flucht	Kamera:	Taimo Trieglaff, Jury Brodskij
	Schnitt:	Jörg Hauschild
	Produktionsleitung:	Ingrid Günther
	Redaktion:	Ulrich Brochhagen / MDR
Teil 2:	Autor:	Christian Frey
Vertreibung	Kamera:	Peter Klotz
	Schnitt:	Dietmar Käfert
	Produktionsleitung:	Holger Kouschil
	Redaktion:	Martin Hübner / MDR
Teil 3:	Autor:	Meinhard Prill
Neubeginn	Kamera:	Christian Widuch
	Schnitt:	Heidi Endruweit
	Produktionsleitung:	Heiko Blumenberg
	Redaktion:	Silvia Gutmann / NDR
	Koordination:	Ulrich Brochhagen, Anke Leuschke/MDR
	Fachberatung:	Prof. Dr. Hans Lemberg, Prof. Dr. Włodzimierz Borodziej
	Recherche:	Kerstin Mauersberger

Ortsregister